Reading
TUTOR 리딩튜터

Junior
4

Welcome to
Reading Tutor Junior

<리딩튜터 주니어> 시리즈는 오랜 시간 동안 여러분의 사랑을 받아온 중학 독해 전문서입니다. **독해가 즐거워지는 놀라운 경험**을 선사해 드리고자 거듭 변화해 온, **<리딩튜터 주니어>** 시리즈가 더욱 새롭게 탄생했어요. 다채로운 소재로 흥미를 끄는 지문들을 읽다 보면 어느새 즐거운 독해가 만드는 실력의 차이를 실감하게 될 거예요.

구성 체계적인 학습을 위한 시리즈 구성 및 난이도

단어 수와 렉사일(Lexile) 지수를 기반으로 개발되어, 더욱 객관적으로 난이도를 비교·선택하실 수 있습니다.

110–130 words
500L-700L

120–140 words
600L-800L

130–150 words
700L-900L

140–160 words
800L-1000L

특징 독해 실력을 향상하는 <리딩튜터 주니어>만의 특징

– 학생들이 호기심을 가지고 접근할 수 있는 소재를 선정하였습니다.
– 이해력을 높여 독해가 쉬워지도록 Knowledge Bank 코너를 강화했습니다.
– 실질적인 실력 향상을 뒷받침하는 내신 서술형 문제를 더 많이 수록하였습니다.
– 수능 영어 영역에서 다루는 문제 유형을 수록하여 수능의 기초를 다질 수 있도록 하였습니다.

How to Study
Reading Tutor Junior

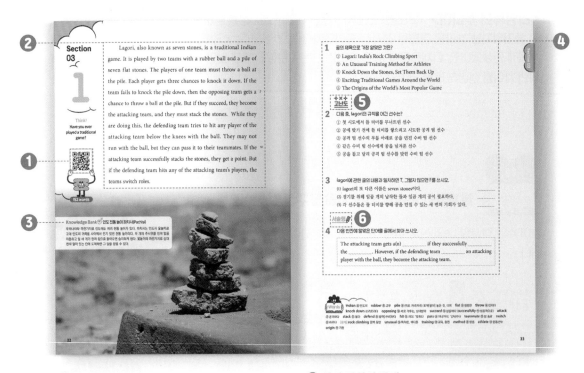

❶ QR코드
지문을 읽기 전에 녹음 파일을 듣고, 내용을 미리 파악해 보세요. 또, 학습 후 녹음 파일을 들으면서 복습할 수도 있어요.

❷ Reading
재미있고 상식도 쌓을 수 있는 지문을 읽어 보세요. 영어 독해 실력 향상은 물론, 상식을 넓히고 사고력도 기를 수 있어요.

❸ Knowledge Bank 👆
지문 이해를 돕는 배경지식을 읽어 보세요. 지문이 이해가 안 될 때, 내용을 더 깊이 알고 싶을 때 큰 도움이 될 거예요.

❹ 최신 경향의 문제
최신 학습 경향을 반영한 다양한 문제를 풀어 보세요. 대의 파악부터 세부 정보 파악, 서술형 문제까지 정답을 보지 않고 스스로 푸는 것이 중요해요.

❺ 고난도
조금 어렵지만 풀고 나면 독해력이 한층 더 상승하는 것을 느낄 수 있어요. 한 번에 풀 수 없으면, 지문을 한 번 더 읽어 보세요.

❻ 서술형 ✏
서술형 문제로 독해력을 높이는 동시에 학교 내신 서술형 문제에도 대비할 수 있어요.

English Only
각 섹션마다 4개의 지문 중 마지막 지문은 문제가 영어로만 제시되어 있어요. 처음에는 어려울 수도 있지만, 영어 실력 향상에 도움이 될 거예요. 차근차근 해석하며 문제를 풀어 보세요.

1 Which is the best title for the passage?
① The Skill of Stacking Eggs
② Guinness Judge: An Interesting Job
③ How to Set a Guinness World Record
④ Traveling to Other Countries to Judge Record Attempts
⑤ Formal Training to Be a Guinness World Records Judge

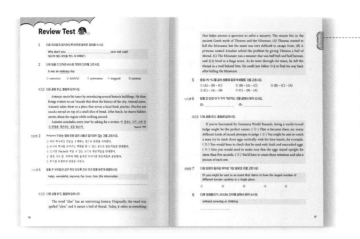

Review Test

각 섹션에서 배운 단어와 숙어를 반복 학습하고,
수능 유형과 최신 내신 기출 서술형 유형을 반영
한 문제를 통해 실전 감각을 기를 수 있어요.

직독직해 워크시트

각 지문의 문장별 직독직해 훈련을 통
해 배운 내용을 더 꼼꼼히 복습할 수 있
어요.

정답 및 해설

정답의 이유를 알려주는 문제 해설, 빠르게 해석
할 수 있는 방법을 보여주는 직독직해, 한눈에
보는 본문 해석, 해석이 안 되는 부분이 없도록
도와주는 구문 해설로 알차게 구성했습니다.

어휘 암기장

본문에 나온 단어와 숙어를 한눈에 볼
수 있도록 정리했습니다. 간단한 확인
문제도 있으니, 가지고 다니며 암기하
고 확인해 볼 수 있어요.

Contents

Section

01

Culture

What's a day in the life of a tour guide like? To learn more about this interesting job, *Travel Magazine* spent a day with Antonio, a tour guide in Spain.

Preparing for a Tour

Antonio leads multiple tours each day, and he always makes ⁵ sure that everyone knows where and when to meet. He instructs them to arrive at the meeting point 10 minutes early.

Sharing Spanish Culture

Antonio starts his tours by introducing several historic buildings. He then brings visitors to see *murals that show the ¹⁰ history of the city. Around noon, Antonio takes them to a place that serves a local food, *pinchos*. *Pinchos* are snacks served on top of a small slice of bread. After lunch, he shares hidden stories about the region while walking around.

Wrapping Up

¹⁵

Antonio concludes every tour by asking for a review. This information helps him improve his wonderful tours.

*mural 벽화

1 글의 제목으로 가장 알맞은 것은?

① Tips for a Successful Tour
② A Curious Tourist in Spain
③ Explore Modern Spanish Food
④ Hidden Historic Places in Spain
⑤ A Day in the Life of a Tour Guide

2 글의 내용과 일치하지 <u>않는</u> 것은?

① Antonio는 스페인의 여행 가이드이다.
② Antonio는 하루에 여러 관광을 안내한다.
③ Antonio의 방문객들은 모임 장소에 약속 시간보다 일찍 도착해야 한다.
④ Antonio는 방문객들을 근처 박물관에 데리고 간다.
⑤ *Pincho*는 작은 빵 조각 위에 제공되는 간식이다.

3 다음 영영 뜻풀이에 해당하는 단어를 글에서 찾아 쓰시오.

an area of land with specific features

____

고난도 서술형

4 다음 빈칸에 알맞은 단어를 글에서 찾아 쓰시오.

Before starting the tour	Antonio makes sure vistors know where and when to meet.
During the tour	1) He introduces historic places. 2) He takes visitors to a place that serves (1) __________ food. 3) He tells them (2) __________ __________ about the region.
After the tour	He asks for a(n) (3) __________ from visitors.

Words
prepare [동] 준비하다 **multiple** [형] 많은, 다수의 **make sure** 확실히하다, 확인하다 **instruct** [동] 지시하다 **historic** [형] 역사적인, 역사적으로 중요한 **serve** [동] 제공하다 **local** [형] 지역의 **hidden** [형] 감춰진 **region** [명] 지역 **wrap up** 마무리 짓다 **conclude** [동] 결론을 내리다; *끝내다, 마치다 **review** [명] 후기 [문제] **successful** [형] 성공적인 **curious** [형] 호기심 많은 **explore** [동] 답사[탐방]하다 **specific** [형] 구체적인; *특정한 **feature** [명] 특징, 특색

One day, a boy visited his grandmother, Nokomis.

(A) "As you know, ⓐ <u>my</u> web catches prey. But look closer. Each stitch catches bad dreams, too! Remember my technique, Nokomis, and use it to weave your own webs. The webs will bring you wonderful dreams each night." "Thank you! I will," ⁵ Nokomis said, "And ⓑ <u>I</u> shall call them dream catchers."

(B) Later on, ⓒ <u>she</u> visited the spider. Actually, it was not a(n) _____ spider—it had powerful magic! "ⓓ <u>You</u> saved me, Nokomis," it said. "Without you, I would have died." Nokomis smiled and responded, "It was my pleasure." "Let me ¹⁰ repay you, faithful friend," the spider said. Then it began moving through its web.

(C) As he entered ⓔ <u>her</u> home, he noticed a spider spinning its web by a window. Taking off his shoe, he shouted, "Grandma!" With his shoe in his hand, he rushed over to kill the creature. ¹⁵ "Sweetheart," Nokomis said, "Please don't. It won't hurt you and it is making a beautiful web."

Knowledge Bank 🌱 드림 캐처(dream catcher)

그물과 깃털 및 구슬 등으로 장식한 작은 고리로, 아메리카 원주민들의 주술품이다. 좋은 꿈을 불러오는 부적과도 같은 역할을 하는데, 이것을 머리맡이나 창문에 걸어 두고 자면, 악몽이 들어오려다가 드림 캐처의 거미줄에 걸려 들어오지 못한다고 믿었다.

1 단락 (A)~(C)를 글의 흐름에 알맞게 배열한 것은?

① (A) – (B) – (C)　② (A) – (C) – (B)　③ (B) – (A) – (C)
④ (C) – (A) – (B)　⑤ (C) – (B) – (A)

2 글의 빈칸에 들어갈 말로 가장 알맞은 것은?

① only　② certain　③ strange
④ ordinary　⑤ poisonous

3 글의 밑줄 친 ⓐ~ⓔ 중, 가리키는 대상이 나머지 넷과 다른 것은?

① ⓐ　② ⓑ　③ ⓒ　④ ⓓ　⑤ ⓔ

서술형

4 다음 빈칸에 알맞은 단어를 [보기]에서 골라 쓰시오.

[보기] | webs　bad　magic　saw　good

Beginning	A boy (1) __________ a spider and tried to kill it.
Middle	Nokomis saved it, and it was a (2) __________ spider.
End	To thank her, the spider taught her how to weave magical (3) __________ that bring (4) __________ dreams.

Words
prey [명] 먹이　stitch [명] 바늘땀, 한 땀　technique [명] 기법, 기술　weave [동] 짜다, 엮다　respond [동] 대답하다　repay [동] (빌린 돈을) 갚다; *(은혜를) 갚다　faithful [형] 충직한　spin a web 거미줄을 치다　take off ~를 벗다　shout [동] 외치다　rush [동] 서두르다; *돌진하다　creature [명] 생물　sweetheart [명] 얘야(애정을 담아 남을 부르는 호칭)　[문제] ordinary [형] 보통의; *평범한　poisonous [형] 독이 있는　magical [형] 마법의

161 words

The word "clue" has an interesting history. Originally, the word was spelled "clew," and it meant a ball of thread. Today, it refers to something that helps answer a question or solve a mystery. The reason lies in the ancient Greek myth of Theseus and the Minotaur. The Minotaur was a monster that was half bull 5 and half human, and it lived in a huge maze. Theseus wanted to kill the Minotaur, but the maze was very difficult to escape from. A princess named Ariadne solved the problem by giving Theseus a ball of thread. As he went through the maze, he left the thread in a trail behind him. He could just follow it to find his way back 10 after killing the Minotaur. That is how the word "clew" got the meaning that we are familiar with today. The modern spelling "clue" was first recorded in the 1400s. Over time, this spelling became more common, and now it is standard.

Knowledge Bank 테세우스

테세우스는 그리스 신화에 등장하는 위대한 영웅 중 하나이다. 그는 아티카 지역의 수많은 괴물과 악당을 물리친 후 아테네의 왕이 되었다. 그의 영웅담 중 가장 유명한 것이 바로 황소의 머리에 인간의 몸을 한 괴물 미노타우루스를 물리친 일화이다.

1 글의 제목으로 가장 알맞은 것은?

① Why Theseus Wanted to Kill the Minotaur
② How the Ancient Greeks Used Balls of Thread
③ The Ancient Greek Myth Behind the Word "Clue"
④ How Princess Ariadne Solved an Ancient Mystery
⑤ The Clue That Helped Theseus Escape the Minotaur's Maze

서술형

2 밑줄 친 the problem이 의미하는 내용을 우리말로 쓰시오.

____

3 글의 내용과 일치하면 T, 그렇지 않으면 F를 쓰시오.

(1) The word "clew" originally referred to a ball of thread. ________
(2) Theseus escaped from the maze following the thread he left. ________
(3) In the 1400s, the spelling of "clue" was changed to "clew." ________

서술형

4 다음 빈칸에 알맞은 단어를 글에서 찾아 쓰시오.

> The word "clue" got its meaning from an ancient Greek myth in which Theseus used a ball of __________ to escape from a(n) __________.

Words clue [명] 단서 originally [부] 원래, 본래 spell [동] 철자를 말하다[쓰다] ball [명] 공; *덩이, 뭉치 thread [명] 실 refer to 언급[지칭]하다 lie [동] 누워 있다; *있다 ancient [형] 고대의 Greek [형] 그리스의 myth [명] 신화 bull [명] 황소 maze [명] 미로 escape [동] 탈출하다 name [동] 이름을 지어주다 trail [명] 오솔길 be familiar with ~에 익숙하다 record [동] 기록하다 common [형] 흔한, 평범한 standard [형] 일반적인; *표준의

182 words

If you're fascinated by Guinness World Records, being a world-record judge might be the perfect career. This is because there are many different kinds of record attempts to judge. You might be sent to watch a man try to stack three eggs vertically with his bare hands, _____. (a) You would have to check that he used only fresh and uncracked eggs. (b) Also, you would need to make sure that the eggs stayed upright for more than five seconds. (c) Or you might be sent to an event that claims to have the largest number of different tomato varieties in a single place. (d) Spain is famous for its traditional Tomato Festival, which uses about 40 tons of tomatoes each year. (e) You'd have to count those tomatoes and take a picture of each one.

To become a Guinness World Records judge, you need to be accurate, responsible, and good at applying rules. You must also have the ability to share bad news with people who fail to set a record and be willing to travel. If you meet these requirements, you might become a judge someday!

1 Which is the best title for the passage?

① The Skill of Stacking Eggs
② Guinness Judge: An Interesting Job
③ How to Set a Guinness World Record
④ Traveling to Other Countries to Judge Record Attempts
⑤ Formal Training to Be a Guinness World Records Judge

2 Which is the best choice for the blank?

① however   ② therefore   ③ as a result
④ for example   ⑤ in addition

3 Which sentence does NOT fit in the context among (a)~(e)?

① (a)   ② (b)   ③ (c)   ④ (d)   ⑤ (e)

서술형 ✍

4 What does the underlined these requirements mean in the passage? Write it in Korean.

_____

_____

Review Test

1 다음 우리말과 일치하도록 빈칸에 알맞은 표현을 쓰시오.

> Why don't you _____ _____ your wet coat?
> (당신의 젖은 코트를 벗는 게 어때요?)

2 다음 밑줄 친 단어와 비슷한 의미의 단어를 고르시오.

> It was an ordinary day.

① common ② faithful ③ poisonous ④ magical ⑤ curious

3-4 다음 글을 읽고, 물음에 답하시오.

> Antonio starts his tours by introducing several historic buildings. He then brings visitors to see *murals that show the history of the city. Around noon, Antonio takes them to a place that serves a local food, *pinchos. Pinchos* are snacks served on top of a small slice of bread. After lunch, he shares hidden stories about the region while walking around.
>
> Antonio concludes every tour by asking for a review. 이 정보는 그가 그의 멋진 관광을 개선하는 것을 돕는다.
> *mural 벽화

수능유형 3 Antonio가 하는 일에 관한 글의 내용과 일치하지 <u>않는</u> 것을 고르시오.

① 여러 역사적인 건물을 소개하는 것으로 관광을 시작한다.
② 도시의 역사를 보여주는 벽화를 볼 수 있는 곳으로 방문객들을 안내한다.
③ 12시쯤 *Pincho*를 먹을 수 있는 곳으로 방문객들을 안내한다.
④ 점심 식사 전, 지역에 대한 숨겨진 이야기를 방문객들과 공유한다.
⑤ 후기를 요청하며 관광을 마친다.

서술형 4 밑줄 친 우리말과 같은 뜻이 되도록 상자 안의 말을 바르게 배열하시오.

> helps, wonderful, improve, his, tours, him, this information

---

5-6 다음 글을 읽고, 물음에 답하시오.

> The word "clue" has an interesting history. Originally, the word was spelled "clew," and it meant a ball of thread. Today, it refers to something

that helps answer a question or solve a mystery. The reason lies in the ancient Greek myth of Theseus and the Minotaur. (A) Theseus wanted to kill the Minotaur, but the maze was very difficult to escape from. (B) A princess named Ariadne solved the problem by giving Theseus a ball of thread. (C) The Minotaur was a monster that was half bull and half human, and ⓐ it lived in a huge maze. As he went through the maze, he left the thread in a trail behind him. He could just follow ⓑ it to find his way back after killing the Minotaur.

5 문장 (A)~(C)를 글의 흐름에 알맞게 배열한 것을 고르시오.

① (A) – (B) – (C)   ② (B) – (A) – (C)   ③ (B) – (C) – (A)

④ (C) – (A) – (B)   ⑤ (C) – (B) – (A)

서술형 **6** 밑줄 친 ⓐ와 ⓑ가 각각 가리키는 것을 글에서 찾아 쓰시오.

ⓐ: _____   ⓑ: _____

7-8 다음 글을 읽고, 물음에 답하시오.

If you're fascinated by Guinness World Records, being a world-record judge might be the perfect career. (①) This is because there are many different kinds of record attempts to judge. (②) You might be sent to watch a man try to stack three eggs vertically with his bare hands, for example. (③) You would have to check that he used only fresh and uncracked eggs. (④) Also you would need to make sure that the eggs stayed upright for more than five seconds. (⑤) You'd have to count those tomatoes and take a picture of each one.

수능유형 **7** 다음 문장이 들어갈 위치로 가장 알맞은 곳을 고르시오.

Or you might be sent to an event that claims to have the largest number of different tomato varieties in a single place.

①   ②   ③   ④   ⑤

8 다음 영영풀이가 나타내는 단어를 글에서 찾아 쓰시오.

without covering or clothing

_____

하늘을 나는 사람들?

멕시코에서는 기원전부터 지켜온 전통 제례의식이 있습니다. 바로 볼라도레스(Voladores)입니다. 에스파냐어로 '하늘을 나는 사람들'이라는 뜻을 가지고 있어요. 말 그대로 공중에서 사람들이 하늘을 나는 것과 같은 묘기를 선보입니다.

이 의식은 중앙아메리카와 멕시코의 몇몇 부족이 **한 해의 풍작을 기원하며 지내온 의식**이에요. 기우제와도 비슷합니다. 가뭄이 심했던 시절에 신을 숭배하는 뜻으로 이러한 의식을 올리기 시작했다고 전해져요.

이 의식에는 순서가 있는데요. 먼저 숲에서 막 잘라 온 나무 기둥을 세우는 일이에요. 이 나무 기둥은 20m에서 40m까지 이르는 아주 무시무시한 높이에 달합니다. 그리고 이 기둥 아래에는 땅의 여신에게 바치기 위해 술과 검은 닭을 두고 기도를 올려요.

이후 네 명의 남자가 차례차례 나무 기둥을 타고 올라가서 산의 신에게 용서를 구하고 기다립니다. 이제 마지막으로 **카포랄(Caporal)**이라고 불리는 다섯 번째 남자가 기둥의 가장 끝에 있는 지지대에 어떤 보호장치도 없이 올라서요. 그리고 카포랄은 작은 북이 달린 피리를 꺼내서 음악을 연주합니다.

이제 하이라이트! 그 순간에 네 명의 남자들은 각자 하나의 줄에 매달려 허공으로 몸을 내던집니다. 왜 '하늘을 나는 사람들'이라는 뜻을 가졌는지 알겠죠? 네 사람은 하늘을 나는 것과 같은 자세를 취하면서 기둥을 돌아 끝내 땅에 착지합니다.

볼라도레스는 2008년 **유네스코 인류 무형유산**으로 지정되었어요. 눈앞에서 펼쳐지는 아찔한 묘기를 보고 싶지 않나요?

Section

02

Society

Section 02

1

Think!
What are some unique ways to recycle?

159 words

Did you just finish a bag of chips? Most people throw the empty bag away. However, at a nonprofit organization in the U.S., empty chip bags are being transformed into sleeping bags.

Eradajere Oleita from Nigeria came up with this project. She found a video in which someone used empty chip bags to make ⁵ a sleeping bag. At first, she decided to make the bags for the homeless by herself, but after a while she recruited volunteers to help her.

To make the sleeping bags, the chip bags are soaked in hot, soapy water. Next, they are cut open and ironed together. Finally, ¹⁰ *padding from old jackets is put inside the sleeping bags to make them warmer. After the whole process is completed, the volunteers go into the streets and give out the bags to homeless people.

The project is a great example of "_____." Homeless people can stay warm while the amount of garbage ¹⁵ being thrown away is reduced.

*padding 속[심], 충전재

Knowledge Bank 과자 봉지의 비밀
과자 봉지는 보통 뚱뚱하게 부풀어 있는데, 이는 내용물들을 보호하기 위해서이다. 음식물은 산소와 반응하면 상하기 때문에 과자 봉지 안에 산소 대신 질소를 채우면 과자의 변질을 막을 수 있다. 또한, 봉지 안의 압력이 높아져 봉지가 눌리지 않아 과자가 부서지는 것을 막을 수 있다.

1 글의 주제로 가장 알맞은 것은?

① making new fashion items out of old ones
② why a lot of trash is thrown onto the streets
③ a way to help the homeless and the environment
④ a project for getting people to clean their recycling
⑤ an organization collecting food for homeless people

고난도

2 글의 빈칸에 들어갈 말로 가장 알맞은 것은?

① time is money
② a piece of cake
③ no pain no gain
④ two birds with one stone
⑤ the early bird catches the worm

3 글의 밑줄 친 this project에 관한 글의 내용과 일치하지 않는 것은?

① Oleita가 한 동영상에서 영감을 받아 시작했다.
② Oleita 혼자 침낭을 만들려고 했으나 나중에 자원봉사자를 모집했다.
③ 감자칩 봉지를 뜨거운 비눗물에 담그는 과정이 포함된다.
④ 침낭은 오래된 재킷의 충전재를 사용해 만들어진다.
⑤ 노숙자들에게 유용한 기술을 가르치는 데 도움을 준다.

서술형

4 다음 빈칸에 알맞은 단어를 글에서 찾아 쓰시오.

> A nonprofit organization is using __________ chip bags to make sleeping bags for __________ people.

Words throw away ~을 버리다[없애다] nonprofit [형] 비영리적인 organization [명] 단체, 기구 transform A into B A의 용도를 B로 바꾸다 sleeping bag 침낭 homeless [형] 노숙자의 after a while 잠시 후 recruit [동] 모집하다 volunteer [명] 자원봉사자 soak [동] (액체 속에 푹) 담그다[담기다] soapy water 비눗물 iron [동] 다리미질을 하다 complete [동] 완성하다 give out 나눠주다 garbage [명] 쓰레기 reduce [동] 줄이다 [문제] recycling [명] 재활용 collect [동] 모으다 worm [명] 벌레

144 words

For people who have difficulty walking, visiting a beach can be (A) tough / effortless. Thankfully, Greece has developed a new way for disabled people to access the sea—Seatrac.

Seatrac looks like a chair attached to a long track that stretches into the water. It carries the user into the sea safely 5 and smoothly. The system is (B) challenging / ideal for people who have trouble walking, including pregnant women and the elderly. The chair is managed by remote control. Users can use the remote control to (C) operate / assemble the chair and move it along the track. The system is powered entirely by solar energy. It 10 does not need any other form of power.

People can use the Seatrac service for free in Greece. The system has been mainly funded by the Greek government and the *EU. The hope is that everyone can access Greece's beautiful beaches without any difficulties. 15

*EU(European Union) 유럽 연합

1 글의 제목으로 가장 알맞은 것은?

① The Best Way to Enjoy Summer Vacation
② Why Greece's Beaches Are Becoming Popular
③ The Only Chair You'll Ever Need at the Beach
④ Strengthening the Body Through Sea Swimming
⑤ A Device Making the Beach More Accessible to Everyone

2 (A), (B), (C)의 각 네모 안에서 문맥에 맞는 단어로 가장 적절한 것은?

	(A)		(B)		(C)
①	tough	……	challenging	……	assemble
②	tough	……	ideal	……	operate
③	tough	……	ideal	……	assemble
④	effortless	……	ideal	……	operate
⑤	effortless	……	challenging	……	assemble

3 Seatrac에 관해 글을 읽고 답할 수 없는 질문은?

① Who are the target users of the Seatrac system?
② When was the Seatrac system invented?
③ How is the Seatrac system managed?
④ How is the Seatrac system powered?
⑤ How much do users pay to use the Seatrac system?

서술형

4 다음 빈칸에 알맞은 단어를 글에서 찾아 쓰시오.

> The Seatrac system helps people who have trouble __________ to __________ the sea.

Words tough [형] 힘든, 어려운 effortless [형] 힘이 들지 않는 thankfully [부] 고맙게도, 다행스럽게도 develop [동] 성장하다; *개발하다 disabled [형] 장애를 가진 access [동] 접속하다; *접근하다 (accessible [형] 접근하기 쉬운) attach [동] 붙이다 track [명] 길; *트랙 stretch [동] 늘이다; *뻗어 있다[펼쳐지다] smoothly [부] 부드럽게 system [명] 제도; *장치 challenging [형] 도전적인; *간단하지 않은 ideal [형] 이상적인 including [전] ~을 포함하여 pregnant [형] 임신한 elderly [형] 연세가 드신 manage [동] ~을 해내다; *(기계 등을) 다루다, 조작하다 remote control 리모컨 operate [동] 가동하다 assemble [동] 모이다; *조립하다 power [동] 작동시키다, 동력을 공급하다 [명] 동력, 에너지 entirely [부] 완전히 solar [형] 태양의 form [명] 방식[형태] for free 무료로 mainly [부] 주로 fund [동] 자금을 대다 [문제] strengthen [동] 강화하다, 더 튼튼하게 하다 target [명] 목표, 대상

Section 02

3

Think!

Have you talked with a vegetarian?

159 words

Imagine your teacher gives you homework about *vegetarianism. You could research the topic on the Internet or visit a library to find information. But there's a better way. Why not talk directly to a vegetarian at a human library? [5]

Human libraries, sometimes referred to as "living libraries," give people the chance to learn about topics from living experts. Each expert is called a "human book." People who visit human libraries to learn are called "readers." Readers can "borrow" [10] human books and have conversations with them.

The purpose of human libraries is to help people learn from one another through direct communication. Human books can share their real life experiences with their own voices, and readers can ask any specific questions they have. Also, human [15] libraries encourage _____ between people who would not normally meet. It is hoped that this will reduce problems caused by prejudice and stereotypes.

What kind of book would you like [20] to borrow from a human library?

*vegetarianism 채식주의 (vegetarian 채식주의자)

1 인간 도서관의 목적으로 가장 알맞은 것은?

① 전 세계 사람들이 소통하는 것
② 타인과 대화함으로써 배우는 것
③ 과제를 위한 정보를 제공하는 것
④ 편견과 고정 관념을 깨닫게 하는 것
⑤ 다방면의 전문가가 되도록 도와주는 것

2 글에서 인간 도서관에 관해 언급되지 않은 것은?

① 위치 ② 다른 이름 ③ 독자
④ 이용 방법 ⑤ 기대 효과

고난도

3 글의 빈칸에 들어갈 말로 가장 알맞은 것은?

① trust ② support ③ concern
④ understanding ⑤ positive thinking

서술형

4 다음 빈칸에 알맞은 단어를 글에서 찾아 쓰시오.

In human libraries, human books _________ their experiences with readers who want to learn about specific topics. People believe these libraries can _________ conflicts caused by misunderstandings of certain people or things.

Words research [동] 조사[연구]하다 directly [부] 직접 (direct [형] 직접적인) refer to A as B A를 B라고 부르다 expert [명] 전문가 conversation [명] 대화 purpose [명] 목적 one another 서로 specific [형] 구체적인; 특정한 encourage [동] 격려하다; *장려하다 normally [부] 보통, 정상적으로 prejudice [명] 편견 stereotype [명] 고정 관념 [문제] concern [명] 걱정; *관심사 conflict [명] 갈등 misunderstanding [명] 오해

4

139 words

When you walk around the streets of Denmark, you may notice strollers outside. The babies inside them are sleeping in front of shops even when the weather is cold!

In Denmark, people frequently leave napping infants outdoors. (①) They believe it helps babies to get used to cold ⁵ weather, which is essential in northern countries. (②) They also think that breathing fresh outdoor air can strengthen the babies' *immune systems, reducing illness and supporting healthy lungs. (③) People in Denmark tend to use large strollers. (④) They do not fit easily in buildings that were constructed ¹⁰ 80 to 100 years ago. (⑤) So, maybe the practice is just to avoid _____ .

The babies may look unsafe, but don't worry! Some parents use a thermometer to make sure it's not too cold in the stroller. Others use a monitor to keep constant watch over the baby. ¹⁵

*immune system 면역 체계

Knowledge Bank
적정한 수면 온도

전문가들에 따르면 잠잘 때 가장 좋은 온도는 섭씨 20~22도이다. 특히, 낮 시간의 온도보다는 2~5도 정도 낮은 온도의 시원하고 쾌적한 공기가 수면에 도움이 된다고 한다. 침실이 너무 따뜻할 경우 우리 몸은 체온을 조절하지 못해 피곤함을 느낄 수 있다고 한다.

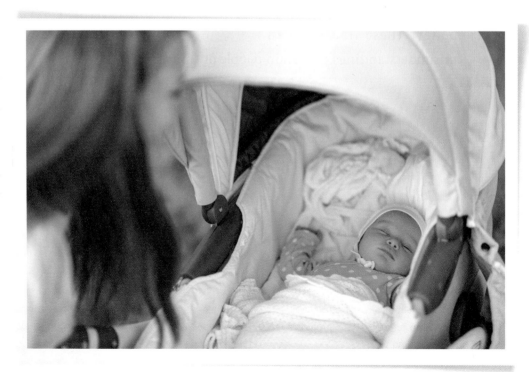

1 Which is the best title for the passage?

① The Importance of Fresh Air for Babies
② How to Keep Babies Safe in Cold Weather
③ Why Do Babies Sleep Outside in Denmark?
④ Strollers or Cribs: The Best Sleeping Spot for Babies
⑤ Denmark's Strategies for Keeping Warm in Winter

2 Where would the following sentence best fit in?

However, there may be another reason for this.

①　　②　　③　　④　　⑤

고난도

3 Which is the best choice for the blank?

① someone stealing large strollers
② the infants crying loudly indoors
③ the difficulty of bringing strollers indoors
④ the need to carry extra blankets for the babies
⑤ exposing babies to unsafe outdoor environments

서술형

4 Fill in the blanks with the words from the passage.

The reasons why babies in Denmark take a nap outside

Reason 1	In Denmark, people believe taking a nap outside is good for babies' health. • It helps babies to get used to the (1) __________ __________. • Getting fresh air can help (2) __________ the immune system and support healthy lungs.
Reason 2	The large strollers don't easily (3) __________ in old buildings.

Words stroller [명] 유모차 frequently [부] 자주 nap [동] 낮잠을 자다 infant [명] 아기, 유아 outdoors [부] 야외에서 (outdoor [형] 옥외[야외]의) essential [형] 필수적인, 중요한 northern [형] 북쪽에 위치한 breathe [동] 숨을 쉬다 illness [명] 병 support [동] 지지하다; *지원하다 lung [명] 폐 tend to-v ~하는 경향이 있다 fit [동] (어느 장소에 들어가기에) 맞다 construct [동] 건설하다 practice [명] 실행; *관행 thermometer [명] 온도계 monitor [명] 모니터, 감시 장치 keep watch over ~을 지키다, 감시하다 constant [형] 끊임없는 [문제] importance [명] 중요성 crib [명] 아기 침대 spot [명] 점; *장소 strategy [명] 전략 indoors [부] 실내에서 extra [형] 추가의 expose [동] 드러내다; *(유해한 환경 등에) 노출시키다 take a nap 낮잠자다

Review Test

1 다음 빈칸에 알맞은 단어를 보기에서 골라 쓰시오.

| 보기 | operate | breathe | encourage |

1) The poster was made to _____ students to join the club.

2) It's important to _____ slowly and deeply during meditation.

2 다음 우리말과 일치하도록 빈칸에 알맞은 표현을 쓰시오.

Please _____ _____ the trash before you leave.
(떠나기 전에 쓰레기를 버려주세요.)

3-4 다음 글을 읽고, 물음에 답하시오.

Greece has developed a new way for disabled people to access the sea—Seatrac. Seatrac looks like a chair attached to a long track that stretches into the water. It carries the user into the sea safely and smoothly. The system is ideal for people who have trouble walking, including pregnant women and the elderly. The chair is managed by remote control. Users can use the remote control to operate the chair and move it along the track. The system is powered entirely by solar energy. It does not need any other form of power. People can use the Seatrac service for free in Greece. The system has been mainly funded by the Greek government and the *EU. 바람은 모든 사람들이 아무 어려움 없이 그리스의 아름다운 해변에 접근하는 것이다.

*EU(European Union) 유럽 연합

수능유형 **3** Seatrac에 관한 글의 내용과 일치하지 <u>않는</u> 것을 고르시오.

① 물속으로 뻗어 있는 긴 트랙에 부착된 의자이다.
② 걷는 데 어려움이 있는 사람들이 해변에 갈 수 있게 도와준다.
③ 리모컨을 조작하여 의자를 이동시킬 수 있다.
④ 여러 형태의 에너지로 작동된다.
⑤ 무료로 이용할 수 있다.

서술형 **4** 밑줄 친 우리말과 같은 뜻이 되도록 상자 안의 말을 바르게 배열하시오.

is, everyone, the hope, can, Greece's beautiful beaches, access, that

_____

without any difficulties.

5-6 다음 글을 읽고, 물음에 답하시오.

Human libraries, sometimes referred to as "living libraries," give people the chance to learn about topics from ⓐ living experts. Each expert is called a "human book." People who visit human libraries to learn are called "readers." Readers can "borrow" human books and have conversations with them. The purpose of human libraries is to help people ⓑ learn from one another through direct communication. Human books can share their real life experiences with their own voices, and readers can ask any ⓒ specific questions they have. Also, human libraries encourage understanding between people who would not ⓓ normally meet. It is hoped that this will ⓔ increase problems caused by prejudice and stereotypes.

*vegetarianism 채식주의 (vegetarian 채식주의자)

수능유형 5 밑줄 친 ⓐ~ⓔ 중, 단어의 쓰임이 적절하지 <u>않은</u> 것을 고르시오.

① ⓐ   ② ⓑ   ③ ⓒ   ④ ⓓ   ⑤ ⓔ

6 다음 영영풀이가 나타내는 단어를 글에서 찾아 쓰시오.

without anyone or anything else between two people or things

_____

7-8 다음 글을 읽고, 물음에 답하시오.

In Denmark, people frequently leave napping infants outdoors. They believe <u>it</u> helps babies to get used to cold weather, which is essential in northern countries. They also think that breathing fresh outdoor air can strengthen the babies' *immune systems, reducing illness and supporting healthy lungs. _____, there may be another reason for this. People in Denmark tend to use large strollers. They do not fit easily in buildings that were constructed 80 to 100 years ago. So, maybe the practice is just to avoid the difficulty of bringing strollers indoors.   *immune system 면역 체계

서술형 7 밑줄 친 <u>it</u>이 가리키는 내용을 우리말로 쓰시오.

_____

8 빈칸에 들어갈 말로 가장 알맞은 것을 고르시오.

① However   ② Instead   ③ Therefore   ④ As a result   ⑤ For example

기발한 공익 캠페인

Who made my clothes?
지금 여러분이 입은 옷은 어떻게 만들어졌을까요?

2013년 어느 날, 방글라데시의 한 의류 공장에서 화재가 발생해 일하던 천여 명의 노동자가 모두 사망하는 참극이 벌어졌어요. 비영리 단체 패션 레볼루션 (Fashion Revolution)은 이 열악한 현실에 문제의식을 갖고 사람들의 인식을 개선할 캠페인을 기획했습니다. 장소는 베를린의 한 광장. 한복판에 티셔츠를 2 유로에 파는 자판기를 두자 곧 사람들이 몰려들었어요. 이 자판기에 돈을 넣고 사이즈를 선택하면 화면에 장시간 노동과 저임금에 시달리는 의류 공장 노동자의 현실이 소개되어요. 영상 말미에는 '아직도 티셔츠를 2유로에 사고 싶으십니까?' 라는 문구가 뜨고 셔츠를 살 것인지 기부할 것인지를 묻습니다. 우리가 싼값에 사입는 티셔츠가 사실은 **누군가의 희생으로 만들어진다**는 사실을 깨닫게 된 사람들은 대부분 기꺼이 기부를 선택했어요. 이후 이 실험 과정을 담은 동영상이 화제가 되면서 의류 공장 노동자의 현실이 세계적인 관심을 받았어요.

Only for Children
꽃으로도 때리지 말라

스페인의 아동 보호 단체인 아나 재단 (Anar Foundation)은 세계 아동 학대 예방의 날(11월 19일)을 맞아 특별한 광고판을 고안했어요. 이 단체는 아동이 가해자인 어른과 함께 있을 때 도움을 청하기 어렵다는 점에 주목했고, 특수 인쇄 기술을 이용해 광고가 **어린이의 눈높이에서는 다르게** 보이도록 만들었습니다. 이 광고판을 어른의 눈높이에서 보면 평범한 아이의 얼굴로 보이지만, 어린이의 눈높이에서는 얼굴에 멍이 들고 입술이 터진 아이가 보이며 '누군가 너를 때린다면 전화해. 우리가 도와줄게.'라는 문구가 나타납니다. 상단에는 '때로 아동 학대는 피해를 당하는 어린이에게만 보입니다.'라는 문구가 아동 학대 근절을 위한 사회 구성원의 적극적인 관심을 촉구합니다.

03

Sports & Leisure

1

153 words

전통 놀이를
해본 적이 있나요?

Lagori, also known as seven stones, is a traditional Indian game. It is played by two teams with a rubber ball and a pile of seven flat stones. The players of one team must throw a ball at the pile. Each player gets three chances to knock it down. If the team fails to knock the pile down, then the opposing team gets a chance to throw a ball at the pile. But if they succeed, they become the attacking team, and they must stack the stones. While they are doing this, the defending team tries to hit any player of the attacking team below the knees with the ball. They may not run with the ball, but they can pass it to their teammates. If the attacking team successfully stacks the stones, they get a point. But if the defending team hits any of the attacking team's players, the teams switch roles.

Knowledge Bank 인도 전통 놀이 파치시(Pachisi)

우리나라와 마찬가지로 인도에도 여러 전통 놀이가 있다. 파치시는 인도식 윷놀이로 고대 인도의 귀족들 사이에서 인기 있던 전통 놀이이다. 두 개의 주사위를 던져 말을 이동하고 말 네 개가 먼저 집으로 돌아오면 승리하게 된다. 윷놀이와 마찬가지로 상대편의 말이 있는 칸에 도착하면 그 말을 잡을 수 있다.

1 글의 제목으로 가장 알맞은 것은?

① Lagori: India's Rock Climbing Sport
② An Unusual Training Method for Athletes
③ Knock Down the Stones, Set Them Back Up
④ Exciting Traditional Games Around the World
⑤ The Origins of the World's Most Popular Game

고난도

2 다음 중, lagori의 규칙을 어긴 선수는?

① 첫 시도에서 돌 더미를 무너뜨린 선수
② 공에 맞기 전에 돌 더미를 쌓으려고 시도한 공격 팀 선수
③ 공격 팀 선수의 무릎 아래로 공을 던진 수비 팀 선수
④ 같은 수비 팀 선수에게 공을 넘겨준 선수
⑤ 공을 들고 달려 공격 팀 선수를 맞힌 수비 팀 선수

3 lagori에 관한 글의 내용과 일치하면 T, 그렇지 않으면 F를 쓰시오.

(1) lagori의 또 다른 이름은 seven stones이다. ________
(2) 경기를 위해 일곱 개의 납작한 돌과 일곱 개의 공이 필요하다. ________
(3) 각 선수들은 돌 더미를 향해 공을 던질 수 있는 세 번의 기회가 있다. ________

서술형

4 다음 빈칸에 알맞은 단어를 글에서 찾아 쓰시오.

> The attacking team gets a(n) __________ if they successfully __________ the __________. However, if the defending team __________ an attacking player with the ball, they become the attacking team.

Words

Indian [형] 인도의 rubber [명] 고무 pile [명] (위로 차곡차곡) 포개[쌓아] 놓은 것, 더미 flat [형] 평평한 throw [동] 던지다 knock down 쓰러뜨리다 opposing [형] 서로 겨루는, 상대방의 succeed [동] 성공하다 (successfully [부] 성공적으로) attack [동] 공격하다 stack [동] 쌓다 defend [동] 방어[수비]하다 hit [동] 치다; *맞히다 pass [동] 지나가다; *건네주다 teammate [명] 팀 동료 switch [동] 바꾸다 [문제] rock climbing 암벽 등반 unusual [형] 특이한, 색다른 training [명] 교육, 훈련 method [명] 방법 athlete [명] 운동선수 origin [명] 기원

Section 03

2

Think!
Have you won
a big victory
in a game or a
sport?

156 words

Winning feels great. But do you know what is better than winning? Winning a grand slam! The term "grand slam" was originally used to refer to an outstanding victory in the card game bridge. A sports reporter first used the term when a tennis player won the four major tennis events. Eventually, "grand slam" became ⁵ a term used when players in other sports _____, too. (a) For example, a golfer achieves a grand slam when he or she wins all of the major golf championships. (b) When it comes to baseball, a grand slam is when a batter hits a home run with players on all the bases. (c) However, only 13 Major League ¹⁰ Baseball players have hit two grand slams in one game. (d) The term is also used in many other sports, such as *track and field, figure skating, and mountain climbing. (e) These days, "grand slam" is even used for great achievements in other fields, such as online games. ¹⁵

*track and field 육상 경기

34

고난도

1 글의 빈칸에 들어갈 말로 가장 알맞은 것은?

① stand out suddenly
② break their own records
③ show their hidden skills
④ win their first gold medal
⑤ accomplish great things

2 글의 (a)~(e) 중, 전체 흐름과 관계없는 것은?

① (a) ② (b) ③ (c) ④ (d) ⑤ (e)

3 글에서 그랜드 슬램에 관해 언급된 것을 모두 고르시오.

① 쓰이지 않는 분야
② 본래 사용된 분야
③ 최초로 사용된 스포츠
④ 최초로 달성한 선수
⑤ 달성하는 것의 어려움

서술형

4 다음 빈칸에 알맞은 단어를 글에서 찾아 쓰시오.

> The ________ "grand slam" originally came from a card game and is now common in ________. Nowadays it is used in a wide variety of ________.

Knowledge Bank 생애[통상] 그랜드 슬램(career grand slam)

테니스와 남자 골프는 4개, 여자 골프는 2013년에 하나가 추가되어 5개의 주요 대회가 있는데, 한 시즌에 모두 우승하면 그랜드 슬램, 활동 기간 내 모두 우승하는 것을 생애 그랜드 슬램이라고 한다. 국제테니스연맹(ITF)은 시즌에 관계없이 모두 우승하는 것을 그랜드 슬램이라고 인정하므로 많은 선수가 달성했지만, 골프에서 그랜드 슬램을 달성한 사람은 1930년 Bobby Jones뿐이다. 우리나라 박인비 선수는 2015년에 생애 그랜드 슬램을 달성했다.

Words term [명] 용어 outstanding [형] 뛰어난, 두드러진 victory [명] 승리 major [형] 주요한 eventually [부] 결국 achieve [동] 달성하다, 성취하다 (achievement [명] 업적) championship [명] 선수권 대회 when it comes to ~에 관해서라면 batter [명] 타자 base [명] (사물의) 맨 아래 부분; *[야구] 루, 베이스 field [명] 들판; *분야 [문제] stand out 두드러지다 accomplish [동] 성취하다

3

146 words

Bethany Hamilton grew up in Hawaii, where she began surfing as a little girl. Her dream was to grow up to be a professional surfer. However, when Bethany was 13, a shark attacked her and bit her left arm. She was taken to a hospital, where doctors saved her life, but she lost her arm. <u>Most people</u> 5 <u>believed that Bethany would never surf again.</u> Bethany, however, had no intention of giving up. One month after leaving the hospital, Bethany was back to surfing. She was in the ocean almost every day, _____ without her left arm. Less than a year after her attack, Bethany entered a surfing 10 competition.

Bethany is now married and has four children. She is still a passionate professional surfer. Bethany knew when she was a little girl that she wanted to be a surfer, and nothing could stop her. Not even a shark! 15

1 글의 제목으로 가장 알맞은 것은?

① How to Stay Safe While Surfing
② Recovering from Surfing Injuries
③ Surfing: The Most Dangerous Sport
④ The Surfer Who Couldn't Be Stopped
⑤ Should Children Be Allowed To Surf?

2 글의 빈칸에 들어갈 말로 가장 알맞은 것은?

① learning to surf
② wanting to give up
③ practicing swimming
④ worried how she looked
⑤ saving people in danger

3 Bethany Hamilton에 관한 글의 내용과 일치하지 <u>않는</u> 것은?

① 서핑을 처음 시작한 곳은 하와이이다.
② 13세에 상어의 공격을 받았다.
③ 퇴원 후 한 달 만에 다시 서핑을 시작했다.
④ 한쪽 팔이 없는 채로 시합에 나갔다.
⑤ 결혼 이후 서핑을 취미로 즐긴다.

고난도 서술형

4 글의 밑줄 친 문장의 이유가 되는 편견을 글을 통해 유추하여 우리말로 쓰시오.

_____

Words surf ⑧ 파도타기[서핑]를 하다 professional ⑨ 전문적인; *직업으로 하는, 프로의 bite ⑧ 물다 (bite-bit-bitten) intention ⑨ 의사, 의도 give up 포기하다 leave the hospital 퇴원하다 competition ⑨ 경쟁; *대회, 시합 passionate ⑨ 열렬한, 열정적인 [문제] recover ⑧ 회복하다 injury ⑨ 부상

4

141 words

If you enjoy watching baseball or soccer, you might have noticed something about the players. Many of them chew gum! 5 Have you ever wondered why?

Researchers have claimed that chewing gum improves athletes' performance. The action of chewing sends electrical signals to the brain, and this keeps the mind _____ . So if athletes chew gum while they play, they can think faster and 10 concentrate better on the game. Their reactions will also be faster. (①) Those are not the only benefits of chewing gum, though. (②) Research has shown that athletes who chew gum have relatively lower levels of a stress hormone called cortisol. (③) When athletes stay calm, they can make smart decisions under 15 pressure and avoid mistakes. (④) Therefore, athletes can improve their performance by chewing gum. (⑤) The next time you see athletes chewing gum, remember that it helps them perform at their best!

1 What is the passage mainly about?

① how sports increase stress levels

② the adverse effects of chewing gum

③ how to improve sports performance

④ different ways to reduce stress levels

⑤ why athletes chew gum while playing

2 Which is the best choice for the blank?

① busy   ② active   ③ bright

④ worried   ⑤ peaceful

3 Where would the following sentence best fit in?

> Lower cortisol levels can help people remain calm.

①   ②   ③   ④   ⑤

4 Find the word in the passage which has the given meaning.

> to make something better or to become better

_____

5 Fill in the blanks with the words from the box.

> perform   focus   advantages   calm   movements

> Chewing gum provides several _____ for athletes. It helps them think faster, _____ better, and stay _____, allowing them to _____ better in the game.

Words chew ⑧(음식을) 씹다 claim ⑧주장하다 performance ⑨공연; *실적, 성과 electrical ⑩전기의 signal ⑨신호 concentrate on ~에 집중하다 reaction ⑨반응 benefit ⑨이점 relatively ⑨비교적[상대적]으로 hormone ⑨호르몬 decision ⑨결정 under pressure 스트레스를 받는[압박감을 느끼는] at one's best 가장 좋은 상태에서 [문제] increase ⑧증가시키다[하다] adverse ⑩부정적인, 불리한 active ⑩활동적인 peaceful ⑩평화로운 remain ⑧계속[여전히] ~이다 focus ⑧집중하다

39

Review Test

1 다음 빈칸에 알맞은 단어를 **보기**에서 골라 쓰시오.

보기 | field   injury   intention

1) Many people think of Jason as a leader in his _____.
2) Do you have any _____ of changing your plans?

2 **보기**와 같은 관계가 되도록 빈칸에 알맞은 단어를 쓰시오.

보기 | achieve : achievement

1) compete : _____
2) _____ : accomplishment

3-4 다음 글을 읽고, 물음에 답하시오.

The term "grand slam" was originally used to refer to an outstanding victory in the card game bridge. A sports reporter first used the term when a tennis player won the four major tennis events. Eventually, "grand slam" became a term used when players in other sports accomplish great things, too. For example, a golfer achieves a grand slam when he or she wins all of the major golf championships. When it comes to baseball, a grand slam is when a batter hits a home run with players on all the bases. The term is also used in many other sports, such as *track and field, figure skating, and mountain climbing. These days, "grand slam" is even used for great achievements in other fields, such as online games.   *track and field 육상 경기

3 다음 중 그랜드 슬램이라고 말할 수 <u>없는</u> 경우를 고르시오.

① 카드 게임 브릿지에서 성적이 뛰어난 사람
② 네 개의 주요 테니스 대회를 모두 이긴 테니스 선수
③ 주요 골프 선수권 대회를 모두 이긴 골프 선수
④ 선수들이 모든 루에 있는 상태에서 안타를 친 야구 선수
⑤ 온라인 게임에서 성적이 매우 뛰어난 사람

4 다음 영영풀이가 나타내는 단어를 글에서 찾아 쓰시오.

success in a war or competition

_____

5-6 다음 글을 읽고, 물음에 답하시오.

When Bethany was 13, a shark attacked her and bit her left arm. She was taken to a hospital, where doctors saved her life, but she lost her arm. Most people believed that Bethany would never surf again. Bethany, _____, had no intention of giving up. (A) Less than a year after her attack, Bethany entered a surfing competition. (B) One month after leaving the hospital, Bethany was back to surfing. (C) She was in the ocean almost every day, learning to surf without her left arm. Bethany is now married and has four children. She is still a passionate professional surfer.

5 빈칸에 들어갈 말로 가장 알맞은 것을 고르시오.

① meanwhile   ② therefore   ③ however   ④ moreover   ⑤ for example

6 문장 (A)~(C)를 글의 흐름에 알맞게 배열한 것을 고르시오.

① (A) – (B) – (C)   ② (A) – (C) – (B)   ③ (B) – (A) – (C)
④ (B) – (C) – (A)   ⑤ (C) – (B) – (A)

7-8 다음 글을 읽고, 물음에 답하시오.

The action of chewing sends electrical signals to the brain, and this keeps the mind active. So if athletes chew gum while they play, ⓐ they can think faster and concentrate better on the game. ⓑ Their reactions will also be faster. ⓒ Those are not the only benefits of chewing gum, though. Research has shown that athletes who chew gum have relatively lower levels of a stress hormone called cortisol. Lower cortisol levels can help people remain calm. When athletes stay calm, ⓓ they can make smart decisions under pressure and avoid mistakes. Therefore, athletes can improve ⓔ their performance by chewing gum. The next time you see athletes chewing gum, 그것이 그들이 가장 좋은 상태에서 경기를 하도록 도와준다는 것을 기억해라!

수능유형 **7** 밑줄 친 ⓐ~ⓔ 중, 가리키는 대상이 나머지 넷과 다른 것을 고르시오.

① ⓐ   ② ⓑ   ③ ⓒ   ④ ⓓ   ⑤ ⓔ

서술형 **8** 밑줄 친 우리말과 같은 뜻이 되도록 상자 안의 말을 바르게 배열하시오.

at their best, helps, remember, perform, them, that, it

과거의 스포츠 규칙

축구와 농구는 전 세계에서 인기 있는 스포츠 종목입니다. 오늘날 우리가 즐기는 축구와 농구가 완성되기까지는 많은 시행착오가 있었습니다. 공정한 경기를 위해 어떻게 규칙이 변해왔는지 함께 알아볼까요?

더는 시간 끌지 마세요!

30년 전에는 골키퍼가 선수들의 백패스를 손으로 잡을 수 있었어요. 하지만 이기고 있는 팀의 선수들이 골키퍼에게 백패스를 하고 골키퍼는 손으로 잡는 행위를 반복해 **경기 시간을 지연시키는 일**이 빈번히 일어났습니다. 결국 고의적인 백패스가 축구의 재미를 반감시킨다는 반발이 일어났고, 1992년 골키퍼가 선수의 백패스를 손으로 잡는 것은 공식적으로 금지되었습니다.

경기 시간 지연과 관련하여 2019년에 규칙이 하나 더 바뀌었습니다. 바로 선수 교체 아웃에 관한 규정입니다. 이전에는 이기고 있는 팀의 감독이 경기 종료를 얼마 남겨두지 않고 선수 교체를 지시하면 해당 선수는 오랫동안 그라운드를 누비며 시간을 지연시키곤 했어요. 그러나 이 규칙은 주심의 특별한 지시가 없을 경우, 교체 아웃 된 선수는 자신과 **가장 가까운 터치라인이나 골라인 밖으로 나가도록** 변경되었답니다.

원래는 없었던 농구의 꽃

농구에서 빠질 수 없는 기술은 바로 드리블이에요. 농구에서는 공을 가지고 이동할 때 반드시 드리블을 해야 합니다. 하지만 초창기 농구에는 드리블이라는 개념이 없었고, **패스를 받은 사람이 곧장 패스 해야 했어요.** 그러다 1896년도에 예일 대학교에서 공격 수단으로 드리블을 시험 삼아 도입했고, 1913년에 공식적인 기술 중 하나로 인정되었습니다.

농구에만 있는 규칙인 점프볼은 심판이 던진 공을 선수들이 손으로 쳐서 볼의 소유권을 정하는 방법이에요. 1936년까지는 득점이 이뤄질 때마다 코트 중앙에서 점프볼로 공수를 정했어요. 또한, 공이 골대의 테에 걸렸을 때, 볼 소유권을 명확히 결정할 수 없을 때도 점프볼로 공수를 결정하곤 했습니다. 하지만 이 규칙은 경기 진행을 매우 더디게 만들었고, 키가 가장 큰 선수가 있는 팀이 계속해서 득점하는 상황이 발생했어요. 현재는 국제농구연맹의 규정에 따라 경기 시작 전 **단 한 번의 점프볼로 첫 쿼터의 공수를 정하고**, 이후에는 공격권을 번갈아 가지는 것으로 변경되었어요.

04

Art

Think!
What do you
use when you
draw?

147 words

When we make a cake, we use eggs to make sure that the dough sticks together and the cake doesn't fall apart. Eggs can be used for a similar purpose in art. They help bind the mixture of a certain kind of paint called egg tempera.

Egg tempera was commonly used in Europe until oil paints ⁵ became more popular around the 1500s. (①) To make egg tempera, you need dry pigment and egg yolk. (②) The pigment provides the color, and the yolk allows the pigment to stick to a surface. (③) So painters using egg tempera had to work quickly because they needed to apply the paint before it dried. ¹⁰ (④) However, it produces a smooth finish, and it does not fade as quickly as oil paint does. (⑤) Paintings such as Michael Damaskinos's *The Last Supper* were made centuries ago with egg tempera, and they can still be seen today!

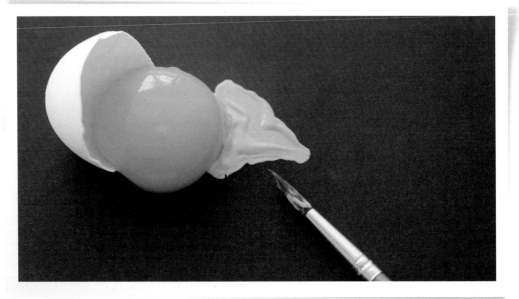

Knowledge Bank 그리스 최후의 만찬

그리스 문명의 원천인 크레타섬을 대표하는 화가 미카엘 다마스키노스(Michael Damaskinos)의 〈최후의 만찬(The Last Supper)〉은 레오나르도 다빈치의 〈최후의 만찬〉과 구분되어 〈그리스 최후의 만찬〉으로 불린다. 두 그림은 서로 다른 화풍을 사용했지만 유사한 주제를 다루고 있다. 다마스키노스의 그림에는 레오나르도 다빈치의 〈최후의 만찬〉과 비슷한 여성 인물이 등장한다. 다마스키노스의 〈최후의 만찬〉은 현재 크레타섬 헤라클리온에 있는 아기아 아이카테리니 수도원에 소장되어 있다.

1 글의 제목으로 가장 알맞은 것은?

① The Easiest Way to Make Egg Tempera
② Famous Paintings Made with Egg Tempera
③ Egg Tempera: An Old But Reliable Type of Paint
④ Why Today's Artists Prefer Oil Paints over Egg Tempera
⑤ How Egg Tempera Became the Most Common Type of Paint

2 다음 문장이 들어갈 위치로 가장 알맞은 곳은?

Egg tempera dries more quickly than oil paint.

①　　　　　②　　　　　③　　　　　④　　　　　⑤

3 글의 내용과 일치하면 T, 그렇지 않으면 F를 쓰시오.

(1) 계란 템페라는 유화 물감이 인기를 얻기 전까지는 드물게 사용되었다. ＿＿＿＿＿＿

(2) 계란의 노른자가 템페라 물감의 색을 다양하게 만든다. ＿＿＿＿＿＿

(3) 계란 템페라를 사용한 그림들은 오늘날에도 남아 있다. ＿＿＿＿＿＿

서술형 🖊

4 다음 빈칸에 알맞은 단어를 글에서 찾아 쓰시오.

Egg tempera is a type of paint made by mixing ＿＿＿＿＿ pigment with egg ＿＿＿＿＿. Painters have to work ＿＿＿＿＿ since it dires faster than oil paint.

Words　dough 몡 밀가루 반죽　stick 통 찌르다; *붙다　fall apart 산산이 부서지다　bind 통 묶다; *뭉치다　mixture 몡 혼합물　certain 혱 확실한; *어떤　oil paint 유성 페인트; *유화 물감　pigment 몡 색소　yolk 몡 노른자　work 통 일하다; *제작[작업]하다　apply 통 신청하다; *(페인트 등을) 바르다　produce 통 생산하다; *만들어내다　smooth 혱 매끈한　finish 몡 마지막 부분; *(페인트 등의) 마감 칠(상태)　fade 통 바래다[희미해지다]　[문제] reliable 혱 믿을 수 있는　prefer 통 선호하다

2

Think!
Do you like to visit
art museums?

136 words

When it comes to Roman art, headless sculptures have become iconic images. Accidental damage is an obvious reason for some of the missing heads. However, some statues seem to be without their heads for another reason.

The Romans were very practical. So, they wanted their 5 artistic works to be adaptable to new situations. They understood that _____. Imagine you paid for an expensive sculpture of a heroic figure of the time. What if the person suddenly became unpopular? There was an easy solution—simply remove the head and replace it with another. Therefore, artists 10 only needed to create a typical body with a removable head.

By simply changing the head, the statue could become anyone. Other body parts may have also been changeable. However, the head was considered important for identity, so most statues had changeable heads. 15

1 글의 제목으로 가장 알맞은 것은?

① The Reason Romans Made Statues
② Why Roman Statues Often Lack Heads
③ How Roman Art Has Remained Popular
④ The Most Difficult Body Part for Artists to Draw
⑤ Restoring Roman Statues: The Importance of Heads

고난도

2 글의 빈칸에 들어갈 말로 가장 알맞은 것은?

① sculptures could be lost
② public opinion could change
③ statues could become broken
④ the value of the artwork could stay the same
⑤ social standards of beauty rarely changed

3 글의 내용과 일치하지 <u>않는</u> 것은?

① 고대 로마 예술에서 머리가 없는 조각상은 상징적인 이미지이다.
② 머리가 없는 조각상이 모두 의도된 것은 아니다.
③ 고대 로마인들은 실용적이었다.
④ 고대 로마 예술가들은 전형적인 몸통 조각상을 만들기도 했다.
⑤ 조각상의 몸통이 인물의 정체성에서 가장 중요하게 여겨졌다.

서술형

4 다음 빈칸에 알맞은 단어를 글에서 찾아 쓰시오.

Many Roman statues were made with a(n) ________ that could be replaced because the figure could become ________.

Words when it comes to ~에 관한 한 Roman [형] 고대 로마의 headless [형] 머리가 없는 sculpture [명] 조각품 iconic [형] 상징이 되는 image [명] 이미지, 인상 accidental [형] 우연한 damage [명] 손상 obvious [형] 명백한 missing [형] 없어진 statue [명] 조각상 practical [형] 실용적인 adaptable [형] 적응할 수 있는 situation [명] 상황 heroic [형] 영웅적인 figure [명] 수치; *인물 unpopular [형] 인기 없는 (↔ popular 인기 있는) remove [동] 제거하다 (removable [형] 제거할 수 있는) replace A with B A를 B로 교체하다 typical [형] 전형적인 changeable [형] 바뀔 수도 있는 identity [명] 정체성 [문제] lack [동] ~이 없다[부족하다] restore [동] 회복시키다; *복원하다 public opinion 여론 broken [형] 깨진, 부서진 artwork [명] 삽화; *미술품 standard [명] 기준 rarely [부] 드물게, 좀처럼 ~하지 않는

150 words

In 17th and 18th century Europe, some _____ women had dollhouses that looked exactly like real homes but were smaller. They were up to two meters tall and

▲ 17세기 독일

5

open on one side. They also contained many objects in each room, including tiny books, furniture, and dishes. Each of the objects was handmade and decorated in great detail. Some houses even had small paintings done by famous artists! It is no wonder that the owners spent a lot of money creating them. Interestingly, these houses were not toys to play with. Collecting them was considered a hobby for adult women.

In modern times, these luxurious dollhouses have turned out to have historical value as well. Some of them have special rooms that existed only inside very old European houses. Since the real homes are no longer around, we can look at these old dollhouses to see how people lived at that time.

18세기, by Sara Rothé
@ Frans Hals 박물관,
네덜란드 ▶

고난도

1 글의 요지로 가장 알맞은 것은?

① 인형의 집은 예술적 가치가 뛰어나다.

② 17세기 유럽 부유층의 취미는 다양했다.

③ 인형의 집은 장난감 이상의 의미를 지닌다.

④ 역사적 의미는 의외의 것에서 찾을 수 있다.

⑤ 고전적 건물 양식은 인형의 집에서 잘 드러난다.

2 글의 빈칸에 들어갈 말로 가장 알맞은 것은?

① weak   ② lonely   ③ childish   ④ wealthy   ⑤ beautiful

3 17-18세기 인형의 집에 관해 글을 읽고 답할 수 <u>없는</u> 질문은?

① Who collected them as a hobby?

② How many exist now?

③ How tall were they?

④ What did they have inside?

⑤ How were the objects in them made?

서술형

4 글의 밑줄 친 <u>special rooms</u>가 중요한 이유를 우리말로 쓰시오.

_____

17세기, from Petronella de la Court
@ Centraal 박물관, 네덜란드 ▶

Words   **dollhouse** 명 인형의 집   **contain** 동 ~이 들어 있다   **furniture** 명 가구   **hand-made** 형 수제의   **decorate** 동 장식하다
in detail 상세하게   **time** 명 시간; *pl.* 시대   **luxurious** 형 사치스러운   **turn out** 밝혀지다   **historical** 형 역사적인
exist 동 존재하다   **no longer** 더 이상 ~ 아닌   [문제] **childish** 형 어린애 같은   **wealthy** 형 부유한

Section 04

4

Think!
Can you draw an object without looking at it?

161 words

I am sure you have heard of the great Italian artist Michelangelo. His paintings are all amazing, but if you look closely, you might discover <u>something strange</u>. The appearances of the women in many of his paintings are unnatural. Many seem too muscular to be women. (a) Actually, a study was conducted ⁵ on this subject. (b) Researchers studied the women painted on the ceiling of the Sistine Chapel, one of Michelangelo's masterpieces. (c) However, all of his work is so beautiful that it is hard to choose one piece. (d) According to the study, the women have many features unique to the male body. (e) They have broad shoulders ¹⁰ and narrow hips. They also have long thighs. This means Michelangelo likely used male models to draw the women. No one knows for sure, but it was probably difficult to find female models at that time. So, most likely, Michelangelo made sketches of male models and painted women's clothing on top of them to complete ¹⁵ his paintings.

Knowledge Bank
시스티나 성당의 천장화

미켈란젤로는 교황 율리아스로부터 시스티나 성당 천장에 그림을 그리라는 지시를 받은 후, 높은 곳에서 일할 수 있도록 만든 임시 구조물 위에서 1508년부터 1512년까지 작업했다. 그는 몸을 활처럼 뒤로 젖힌 채 그림을 그려 목이 굳기도 했으며, 작업 도중 여러 차례 물감 세례를 받았다고도 전해진다. 이런 혼신의 노력 끝에 탄생한 작품 중 가장 유명한 것이 하나님과 아담이 손가락 끝에 서로 맞대고 있는 〈아담의 창조〉이다. 시스티나 성당은 몰라도 〈아담의 창조〉를 모르는 사람은 거의 없다고 할 만큼 이 벽화는 미켈란젤로의 가장 위대한 걸작 중 하나로 손꼽힌다.

✧✧✧ 고난도

1 Which sentence does NOT fit in the context among (a)~(e)?

① (a) ② (b) ③ (c) ④ (d) ⑤ (e)

2 Choose all of the topics that are mentioned in the passage.

① Michelangelo's studies
② the kinds of models Michelangelo preferred
③ the reason female models were hard to find
④ the features of women painted by Michelangelo
⑤ Michelangelo's painting that was used for the study

서술형

3 What does the underlined something strange mean in the passage? Write it in Korean.

____

서술형

4 Fill in the blanks with the words from the passage.

Women in Michelangelo's Paintings

What They Look Like	They look as (1) __________ as men. They have broad shoulders, narrow hips, and long thighs.
Why That Is	It is believed that Michelangelo used (2) __________ models to draw women, as it was hard to get (3) __________ models.
How He May Have Painted Them	He might have sketched men's bodies and drawn women's (4) __________ on the sketches.

Words appearance [명] 외모, 모습 unnatural [형] 부자연스러운, 이상한 muscular [형] 근육질의 conduct [동] (특정한 활동을) 하다, 시행하다 subject [명] 주제 ceiling [명] 천장 masterpiece [명] 명작 feature [명] 특징 unique [형] 독특한; *고유의 male [형] 남성의 broad [형] 넓은 narrow [형] 좁은 thigh [명] 허벅지 likely [부] 아마도 female [형] 여성의 complete [동] 완료하다, 끝마치다

Review Test 📖))

1 다음 밑줄 친 단어와 반대 의미의 단어를 고르시오.

> She has a broad knowledge of the subject.

① smooth   ② reliable   ③ popular   ④ typical   ⑤ narrow

2 다음 우리말과 일치하도록 빈칸에 알맞은 표현을 쓰시오.

> Steve has lied to me several times, and I _____ _____ trust him.
> (Steve가 내게 여러 번 거짓말을 해서, 나는 더 이상 그를 신뢰하지 않는다.)

3-4 다음 글을 읽고, 물음에 답하시오.

> To make egg tempera, you need dry pigment and egg yolk. The pigment provides the color, and the yolk allows the pigment to stick to a surface. Egg tempera dries more quickly than oil paint. So painters using egg tempera had to work quickly because they needed to apply the paint before it dried. However, it produces a smooth finish, and it does not fade as quickly as oil paint does. Paintings such as Michael Damaskinos's *The Last Supper* were made centuries ago with egg tempera, and they can still be seen today!

3 밑줄 친 apply와 같은 의미로 쓰인 것을 고르시오.

① She plans to apply for a visa next week.
② He will apply for a new job tomorrow.
③ She needs to apply the paint to the wall.
④ He decided to apply for a loan to buy a new car.
⑤ Many students apply to colleges during their senior year.

서술형 **4** 다음 질문에 우리말로 답하시오.

> Q. Why did painters have to work quickly when they used egg tempera?

_____

5-6 다음 글을 읽고, 물음에 답하시오.

> The Romans were very practical. So, they wanted their artistic works to be adaptale to new situations. (①) They understood that public opinion

could change. (②) Imagine you paid for an expensive sculpture of a heroic figure of the time. (③) What if the person suddenly became unpopular? (④) There was an easy solution—simply remove the head and replace it with another. (⑤) By simply changing the head, the statue could become anyone. Other body parts may have also been changeable. <u>그러나 머리는 정체성을 위해 중요하게 여겨져서,</u> so most statues had changeable heads.

수능유형 **5** 다음 문장이 들어갈 위치로 가장 알맞은 곳을 고르시오.

Therefore, artists only needed to create a typical body with a removable head.

①   ②   ③   ④   ⑤

서술형 **6** 밑줄 친 우리말과 같은 뜻이 되도록 상자 안의 말을 바르게 배열하시오.

for identity, important, the head, considered, was

However, _____ ,

7-8 다음 글을 읽고, 물음에 답하시오.

Michelangelo's paintings are all amazing, but if you look closely, you might discover something strange. The appearances of the women in many of his paintings are unnatural. Many seem too muscular to be women. Actually, a study was conducted on this subject. (A) According to the study, the women have many features unique to the male body. (B) They have broad shoulders and narrow hips. (C) Researchers studied the women painted on the ceiling of the Sistine Chapel, one of Michelangelo's masterpieces. They also have long thighs. This means Michelangelo likely used male models to draw the women.

7 문장 (A)~(C)를 글의 흐름에 알맞게 배열한 것을 고르시오.

① (A) – (B) – (C)   ② (B) – (A) – (C)   ③ (B) – (C) – (A)
④ (C) – (A) – (B)   ⑤ (C) – (B) – (A)

8 다음 영영풀이가 나타내는 단어를 글에서 찾아 쓰시오.

having a lot of muscles

무궁무진한 예술의 세계

흔히 '예술'이라고 하면 물감으로 그린 그림이나 대리석 조각상이 떠오르지요. 하지만 세계 곳곳에는 일상에서 흔히 볼 수 있는 소재로 훌륭한 예술품을 만들어내는 예술가들이 있답니다. 예술은 생각보다 우리 가까이에 있다는 사실!

코끼리가 연필 속에, 연필심 아트

커다란 코끼리와 기차가 가느다란 연필심 안에 들어갈 수 있는 연필심 아트. 1센트 동전과 비교하면 얼마나 세밀한 작업이 필요한지 알 수 있죠?

Credit to: Cindy Chinn (www.cindychinn.com)

밥상 위 예술 작품, "Eggshibit"

어느 평범한 아침, 달걀 프라이를 만들다 예쁜 무늬를 발견한 후 시작된 달걀 아트! Eggs(달걀)+exhibit(전시품) 영단어를 활용하여 이름까지도 재밌는 'Eggshibit'이네요. 작품은 그날의 식사가 되는데 가끔은 너무 많아서 가족들과 함께 먹는다고 해요.

Credit to: Michele Baldin
(www.instagram.com/the_eggshibit)

섬세한 손길로 요리 아닌 그림을, 소금아트

검은 판에 흰 물감으로 그린 그림 같지만, 사실 이 작품은 소금으로 만들어진 작품이랍니다. 섬세한 손길과 소금만으로 완성한 모건 프리먼의 생생한 초상화, 멋지지 않나요?

Credit to: Dino Tomic
(atomiccircus.deviantart.com)

Technology

Think!

Have you ever
knitted
something
for others?

138 words

다른 사람을 위해
뜨개질을 해본 적이
있나요?

One of every hundred babies born across the world suffers from heart disease. Some of these newborns have a hole in their heart. They struggle to breathe and do not grow properly. (①) A doctor in Bolivia decided to create a device that can help these babies. (②) It had to be small enough to fit in their tiny hearts. (③) Aymara women traditionally knit clothes and blankets. (④) He asked some of the Aymara women to use their knitting skills to make the device. (⑤) It was a great success! Because the device was very small and sophisticated, it took only 30 minutes to insert it into the heart and close the hole. Thanks to <u>this device</u>, the babies could avoid major surgery. Since its initial success in Bolivia, the device has been used to save babies in nearly 60 other countries.

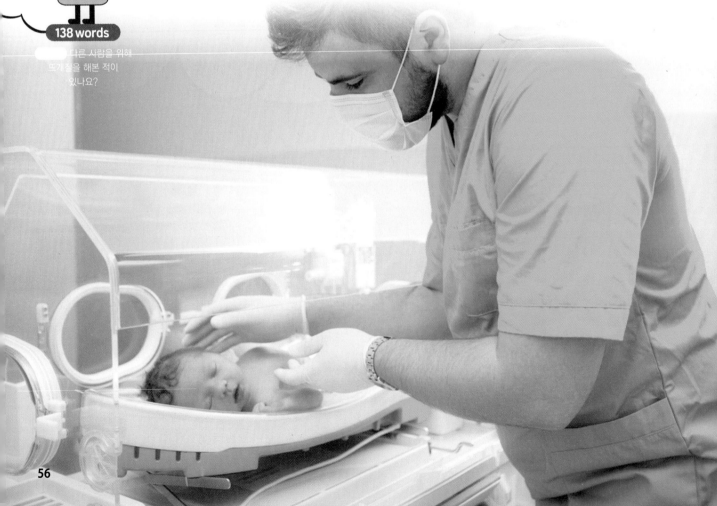

1 글의 주제로 가장 알맞은 것은?

① a problem caused by heart surgery
② the reason why Bolivians are so healthy
③ the cause of an increase in heart disease
④ a medical device made with knitting skills
⑤ the traditional medicine of the Aymara people

2 다음 문장이 들어갈 위치로 가장 알맞은 곳은?

This made the doctor think of the Aymara people.

① ② ③ ④ ⑤

3 밑줄 친 this device에 관한 글의 내용과 일치하지 않는 것은?

① It is very small in size.
② It is knitted by a Bolivian doctor.
③ It is put into a baby's heart.
④ It prevents major surgery for babies.
⑤ It is now used in many countries.

서술형

4 다음 빈칸에 알맞은 단어를 글에서 찾아 쓰시오.

A medical device inspired by a traditional __________ is being used to save babies born with a(n) __________ in their heart.

Words
suffer from ~로 고통받다, ~을 앓다 **disease** [명] 질병 **newborn** [명] 신생아 **struggle** [동] 분투하다 **properly** [부] 제대로, 적절히 **traditionally** [부] 전통적으로 **knit** [동] (실로 옷 등을) 뜨다 **success** [명] 성공 **sophisticated** [형] 세련된; *정교한 **insert** [동] 끼우다, 넣다, 삽입하다 **surgery** [명] 수술 **initial** [형] 처음의, 초기의 **nearly** [부] 거의 [문제] **medical** [형] 의학[의료]의 (**medicine** [명] 의학, 의술)

Think!

In what situations can robots work instead of humans?

155 words

After a terrible earthquake, a building has collapsed! Are there people trapped inside? How can we find them? This is a job for a robotic snake!

(A) Because of this, it can go places where people and other robots cannot. (B) Its body consists of 16 separate sections, so it can move in many different ways by twisting, turning, and rotating. (C) A robotic snake is about 90 centimeters long and only 5 centimeters wide.

When a building collapses, the robot can be put inside it with a rope. An engineer can then use a remote control to make it move through pipes and other small spaces. It has a light on its head, as well as a camera, a speaker, and a microphone. Therefore, it can gather important information about the situation inside. The engineer can even communicate with trapped people, assuring them that help is on the way.

Hopefully, the robotic snake will _____ in the future!

고난도

1 문장 (A)~(C)를 글의 흐름에 알맞게 배열한 것은?

① (A) – (B) – (C) ② (B) – (A) – (C) ③ (B) – (C) – (A)
④ (C) – (A) – (B) ⑤ (C) – (B) – (A)

2 글의 빈칸에 들어갈 말로 가장 알맞은 것은?

① go everywhere
② treat injured people
③ help save many lives
④ communicate with engineers
⑤ stop buildings from collapsing

3 글에서 로봇 뱀에 관해 언급되지 않은 것은?

① 움직이는 방식 ② 무게 ③ 크기
④ 사용되는 상황 ⑤ 장착 기기

서술형

4 다음 빈칸에 알맞은 단어를 글에서 찾아 쓰시오.

When a building __________, a robotic snake can be placed inside of it. It can __________ data about the situation and send it to an engineer. The engineer can also use the robot to tell trapped people that __________ is coming.

Words earthquake [명] 지진 collapse [동] 붕괴되다 trap [동] 가두다 robotic [형] 로봇의 consist of ~로 구성되다 separate [형] 분리된; *서로 다른, 별개의 section [명] 부분, 구획 rotate [동] 회전하다 rope [명] 밧줄 engineer [명] 기술자 microphone [명] 마이크 communicate [동] 의사소통하다 assure [동] 장담하다, 확언하다 hopefully [부] 바라건대 [문제] treat [동] 대하다; *치료하다 injured [형] 부상을 입은

3

Think!
Discuss the
greatest recent
inventions.

149 words

Hedy Lamarr was a Hollywood actress. She was very famous, but she found acting ⓐ <u>exciting</u>. So in her free time, she worked on a variety of inventions, including an improved traffic light and a tablet that changed water into a soft drink.

During World War II, Lamarr wanted to ⓑ <u>help</u> America ₅ and its *allies. She decided to invent new technology that could be used to ⓒ <u>win</u> battles. Working together with a composer named George Antheil, Lamarr invented a way of quickly switching between **radio frequencies. It could be used to stop the enemy from ⓓ <u>blocking</u> messages. Although it was ⓔ <u>never</u> used during ₁₀ World War II, the U.S. Navy began using it 20 years later.

In 1997, Lamarr and Antheil were honored for their work. <u>Their invention</u> helped others develop important new technology, including Bluetooth, Wi-Fi, and GPS. Today, some people even refer to Lamarr as "the mother of Wi-Fi." ₁₅

*ally 연합[동맹]국   **radio frequency 무선 주파수

1 글의 제목으로 가장 알맞은 것은?

① Movie Technology Helps Win a War
② Wi-Fi: World War II's Secret Weapon
③ Hedy Lamarr: From Actress to Soldier
④ An Actress Who Was Also an Inventor
⑤ The Boring Life of a Hollywood Actress

2 글의 밑줄 친 ⓐ~ⓔ 중, 단어의 쓰임이 적절하지 않은 것은?

① ⓐ　② ⓑ　③ ⓒ　④ ⓓ　⑤ ⓔ

3 Hedy Lamarr에 관한 글의 내용과 일치하지 않는 것은?

① She was a famous actress in Hollywood.
② She invented a tablet that can make a soft drink.
③ She worked with a composer to invent the radio.
④ Her invention was used by the U.S. Navy.
⑤ She received an award in 1997.

고난도 서술형

4 글의 밑줄 친 Their invention이 가리키는 내용을 우리말로 쓰시오.

____

Knowledge Bank 헤디 라머(Hedy Lamarr, 1914~2000)

오스트리아 출신의 배우로, 유럽에서 활동하다가 할리우드에 발탁되었다. 그녀는 제2차 세계대전 당시 독일군이 장악한 오스트리아 출신으로 미국에서 큰 돈을 벌고 편하게 생활하는 데 죄책감을 느꼈다고 한다. 그래서 전쟁 기금 모금 캠페인에 적극적으로 참여하기도 했고, 글에서 언급된 기술인 '비밀 통신 시스템(Secret Communication System)'을 발명한 후 특허권을 미국에 기증하였다. 그 공로를 인정받아 2014년에는 미국 발명가 명예의 전당(National Inventor Hall of Fame)의 회원으로 등록되었다.

Words actress [명] 여배우　work on ~에 공을 들이다　a variety of 다양한　invention [명] 발명품 (invent [동] 발명하다)　improved [형] 개선된, 향상된　traffic light 신호등　tablet [명] 알약　soft drink 청량음료　battle [명] 전투　composer [명] 작곡가　switch between ~(사이)를 전환하다　enemy [명] 적(군/국)　block [동] 막다, 차단하다　navy [명] 해군　be honored for ~로 상을 받다　[문제] weapon [명] 무기

4

148 words

Speed bumps are everywhere, and they have an important purpose. They force drivers to slow down to a safer speed. If they don't, they risk damaging their car as they drive over the speed bump. _____(A)_____, speed bumps sometimes damage cars even when they're moving at slow speeds. To deal with this problem, ⁵ a company has created liquid speed bumps. They are made of strong plastic and contain a special liquid. When a car drives slowly over one of these speed bumps, the liquid remains a liquid. But if a car drives over one at high speeds, something amazing happens. The strong impact causes the liquid to harden and ¹⁰ become an obstacle. _____(B)_____, these new speed bumps cause problems only for fast drivers and don't affect slow drivers. Liquid speed bumps are easy to install. And more importantly, the company says the liquid is safe and won't harm the environment.

Knowledge Bank 비뉴턴 유체

비뉴턴 유체는 액체에 물에 녹지 않는 아주 작은 고체 입자를 많이 넣었을 때 만들어지는 물질이다. 액체에 가깝지만 고체 입자가 녹지 않은 상태로 존재해서 액체와는 다르다. 비뉴턴 유체를 천천히 밀면 물질 속 고체 입자와 액체가 밀리면서 물처럼 흘러가지만, 빠르게 힘을 가하게 되면 혼합물의 고체는 밀려나지 않고 끈끈하게 뭉쳐져 버린다.

1 What is the passage mainly about?

① a new safety product that makes cars waterproof

② an environmental problem caused by speed bumps

③ the invention of a plastic that is not easily damaged

④ an unusual liquid being used to improve road safety

⑤ the reason why many drivers don't like speed bumps

서술형 ∅

2 What does the underlined this problem refer to in the passage? Write it in Korean.

_____

3 Which is the best choice for the blanks (A) and (B)?

	(A)		(B)
①	Finally	······	Also
②	However	······	Therefore
③	Fortunately	······	Moreover
④	Next	······	Otherwise
⑤	Instead	······	Nevertheless

✦✖✦
고난도 서술형 ∅

4 Fill in the blanks with the words from the passage.

Liquid Speed Bumps

How they work	When a car drives over one at high speeds, the speed bump will (1) _____.
Their advantages	• They cause problems only for (2) _____ drivers. • They are easy to (3) _____. • They are safe and don't harm the (4) _____.

Words speed bump 과속 방지턱   force ⑧~을 강요하다[~하게 만들다]   risk ⑧ 위태롭게 하다[걸다]; *~의 위험을 무릅쓰다   damage ⑧ 손상을 주다   liquid ⑨ 액체   impact ⑨ 영향, 충격   harden ⑧ 굳다   obstacle ⑨ 장애물   affect ⑧ 영향을 끼치다   install ⑧ 설치하다   harm ⑧ 해를 끼치다   [문제] waterproof ⑩ 방수의   otherwise ⑨ 그렇지 않으면   nevertheless ⑨ 그럼에도 불구하고   advantage ⑨ 장점

63

Review Test))

1 다음 빈칸에 알맞은 단어를 보기 에서 골라 쓰시오.

> 보기 | collapse   section   weapon

1) You can find the magazine in the travel _____.

2) The roof may _____ because the building was badly damaged.

2 다음 우리말과 일치하도록 빈칸에 알맞은 표현을 쓰시오.

> I used to _____ _____ headaches due to lack of sleep.
> (나는 수면 부족으로 인한 두통을 앓곤 했다.)

3-4 다음 글을 읽고, 물음에 답하시오.

A robotic snake is about 90 centimeters long and only 5 centimeters wide. Its body consists of 16 separate sections, so ⓐ it can move in many different ways by twisting, turning, and rotating. Because of this, ⓑ it can go places where people and other robots cannot. When a building collapses, the robot can be put inside ⓒ it with a rope. An engineer can then use a remote control to make it move through pipes and other small spaces. ⓓ It has a light on its head, as well as a camera, a speaker, and a microphone. Therefore, ⓔ it can gather important information about the situation inside. The engineer can even communicate with trapped people, assuring them that help is on the way. Hopefully, the robotic snake will help save many lives in the future!

수능유형 **3** 밑줄 친 ⓐ~ⓔ 중, 가리키는 대상이 나머지 넷과 <u>다른</u> 것을 고르시오.

① ⓐ   ② ⓑ   ③ ⓒ   ④ ⓓ   ⑤ ⓔ

4 다음 영영풀이가 나타내는 단어를 글에서 찾아 쓰시오.

> to share information with someone by speaking or writing

_____

5-6 다음 글을 읽고, 물음에 답하시오.

During World War II, Lamarr wanted to help America and its *allies. (A) It could be used to stop the enemy from blocking messages. (B) She decided

64

to invent new technology that could be used to win battles. (C) Working together with a composer named George Antheil, Lamarr invented a way of quickly switching between **radio frequencies. Although it was never used during World War II, the U.S. Navy began using it 20 years later. In 1997, Lamarr and Antheil were honored for their work. 그들의 발명은 다른 사람들이 블루투스와 와이파이, GPS를 포함하여 중요한 신기술을 개발하는 것을 도왔다.

*ally 연합[동맹]국 **radio frequency 무선 주파수

5 문장 (A)~(C)를 글의 흐름에 알맞게 배열한 것을 고르시오.

① (A) – (B) – (C)   ② (A) – (C) – (B)   ③ (B) – (A) – (C)

④ (B) – (C) – (A)   ⑤ (C) – (B) – (A)

서술형 **6** 밑줄 친 우리말과 같은 뜻이 되도록 상자 안의 말을 바르게 배열하시오.

others, important new technology, helped, their invention, develop

_____ ,

including Bluetooth, Wi-Fi, and GPS.

7-8 다음 글을 읽고, 물음에 답하시오.

Speed bumps sometimes damage cars even when they're moving at slow speeds. To deal with this problem, a company has created liquid speed bumps. They are made of strong plastic and contain a special liquid. When a car drives slowly over one of these speed bumps, the liquid remains a liquid. But if a car drives over one at high speeds, something amazing happens. The strong impact causes the liquid to harden and become an obstacle. Therefore, these new speed bumps cause problems only for fast drivers and don't affect slow drivers. Liquid speed bumps are easy to install.

수능유형 **7** 액체 과속 방지턱에 관한 글의 내용과 일치하지 <u>않는</u> 것을 고르시오.

① 느린 속도의 차를 손상시키지 않기 위해 만들어졌다.

② 강한 플라스틱과 특별한 액체로 만들어졌다.

③ 자동차가 느린 속도로 달리면 액체 상태를 유지한다.

④ 자동차가 빠른 속도로 달리면 액체가 굳는다.

⑤ 설치하기 어렵다는 단점이 있다.

서술형 **8** 다음 빈칸에 알맞은 단어를 글에서 찾아 쓰시오.

A new liquid speed bump remains a(n) _____ at low speeds and becomes a(n) _____ at high speeds.

동식물을 닮은 구조 로봇

로봇은 과연 어디까지 진화할 수 있을까요? 생물체의 여러 특징에서 아이디어를 얻어 발명된 로봇들이 재난 현장에서 구조를 돕고 있습니다. 최근에 발명된 기발한 구조 로봇들을 만나볼까요?

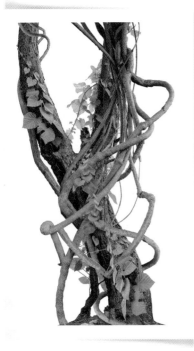

넝쿨을 닮은 필로봇(FiloBot)

넝쿨처럼 길게 뻗어 나가 몸을 스스로 늘릴 수 있는 로봇이 있습니다. 바로 이탈리아기술원(IIT) 연구팀이 개발한 '필로봇(FiloBot)'입니다. 지렁이 같은 몸통과 원뿔 모양의 머리를 갖고 있는 이 로봇은 빛과 압력 등의 자극에 반응하여 **넝쿨처럼 자라나는 특징**을 갖고 있습니다. 필로봇은 머리에 3D 프린터 잉크인 플라스틱이 담긴 관이 있어요. 자극을 받으면 이 플라스틱을 녹여 인쇄하면서 자라납니다. 인쇄된 플라스틱은 식으면서 단단해져 완전한 몸체를 형성합니다. 머리 부분에는 광센서가 장착되어 빛을 감지할 수 있고, 필라멘트를 녹이는 온도에 변화를 줘서 방향을 틀 수도 있습니다. 즉, 장애물이나 위험 요소와 마주치면 이를 올라가거나 감고 넘을 수 있다는 것이죠.

이렇게 유연하게 움직일 수 있는 필로봇은 향후 다양한 분야에서 활용될 것으로 기대됩니다. 건물이 무너져 사람이 진입하지 못하는 재난 현장에서 틈이나 잔해 사이로 들어가 사람의 열을 탐지하여 구조활동을 도울 수 있습니다. 뿐만 아니라 뱀처럼 똬리를 틀어 특정 물체나 사람을 감싸 보호하는 역할도 할 수 있습니다.

모여라, 달팽이 로봇!

비가 오는 날 달팽이들이 벽이나 경사면을 기어다니는 모습을 흔히 볼 수 있습니다. 그들은 짝짓기나 수분을 유지하기 위해 함께 무리 지어 다니곤 해요. 홍콩중문대학(CUHK) 연구팀은 달팽이들의 생태에 영감을 받아 **특별한 군집 로봇**을 개발했습니다. 이 로봇들의 발 내부에는 자석이 박혀 있으며, 두 발 사이에는 전력을 통해 작동하는 발판이 장착되어 있어 험난한 지형 위를 효과적으로 이동할 수 있습니다.

달팽이 로봇은 개별적으로도 행동할 수 있지만, 여러 개체가 협력하면 못하는 것이 없습니다. 단일 개체로는 이동이 불가능한 곳에서도 여러 대의 로봇이 서로 협력하여 해결책을 만들어냅니다. 예를 들어, 한 달팽이 로봇이 자석이 달린 발로 다른 달팽이 로봇의 껍질 위를 쉽게 올라갈 수 있습니다. 여러 달팽이 로봇이 협력하면 사다리도 뚝딱 만들 수 있습니다. 게다가 발판을 작동시킨 상태에서 몸통만 회전시켜 팔처럼 유연하게 움직일 수도 있습니다. 로봇들이 함께 모여 팔처럼 작동해 짐을 잡고 내리는 것이 가능합니다. 연구팀은 이러한 달팽이 로봇 무리가 머지않아 위험한 환경을 정찰하거나, 재난 현장에서 생존자를 수색하는 임무를 수행할 것으로 기대하고 있어요.

Section

06

Life

Think!

Have you ever taken the MBTI test? Does your type describe you well?

132 words

Have you ever taken a personality test? ___(A)___ the information it provides could be true for lots of people, you might feel like it describes you personally. This phenomenon is called the Barnum effect.

The Barnum effect is a cognitive bias that leads people to believe that general personality descriptions accurately represent them as individuals. It has been found in individuals responding to *horoscopes, fortune-telling, and various personality tests. Many personality tests, such as the MBTI, tend to provide a rather vague description of one's personality. ___(B)___, those descriptions are designed to be broadly appealing on purpose. Yet individuals often think of them as their own unique personality traits.

To avoid falling for the Barnum effect, remember that broad statements can apply to lots of people and may not show your true self.

*horoscope 점성술, 별점

Knowledge Bank
MBTI(Myers–Briggs Type Indicator)
MBTI는 스위스의 정신분석학자 카를 융의 심리 유형론을 바탕으로 마이어스(Myers)와 브릭스(Briggs)가 만든 성격 유형 검사 도구이다. 검사는 간단하고 쉬운 편이다. 4가지 분류 기준에 따라 총 16가지의 유형으로 성격적 특성을 설명하며, 개인의 성격과 행동의 관계를 이해하는 데 도움을 준다고 알려져 있다.

1 글의 목적으로 가장 알맞은 것은?

① to discuss the history of personality tests
② to inform readers about the Barnum effect
③ to analyze the effectiveness of the MBTI test
④ to compare different types of personality tests
⑤ to explain the scientific basis of personality tests

2 글의 내용과 일치하면 T, 그렇지 않으면 F를 쓰시오.

(1) 바넘 효과는 점을 보거나 성격 검사를 할 때 경험할 수 있다. ________
(2) 성격 검사에서 모호한 진술은 의도된 것이다. ________

3 글의 빈칸 (A), (B)에 들어갈 말로 바르게 짝지어진 것은?

	(A)		(B)
①	Since	……	on the other hand
②	Unless	……	on the other hand
③	Unless	……	In fact
④	Even though	……	In fact
⑤	Even though	……	otherwise

서술형

4 다음 빈칸에 알맞은 단어를 [보기]에서 골라 쓰시오.

[보기] | detailed   cognitive   physical   vague

The Barnum effect is a ________ bias in which a ________ personality description is believed to refer to a specific individual.

Words personality [명] 성격 describe [동] 묘사하다 (description [명] 서술, 표현) phenomenon [명] 현상 cognitive [형] 인지의 bias [명] 편견, 편향 general [형] 일반적인 accurately [부] 정확하게 represent [동] 대표하다; *나타내다 individual [명] 개인 fortune-telling [명] 길흉 판단, 점 rather [부] 꽤, 약간 vague [형] 모호한 design [동] 설계하다; *만들다[고안하다] broadly [부] 광범위하게 (broad [형] 광범위한) appealing [형] 매력적인, 흥미로운 on purpose 의도적으로 trait [명] 특성 apply to ~에 적용되다 self [명] 모습 [문제] inform [동] 알리다 analyze [동] 분석하다 effectiveness [명] 효과성 compare [동] 비교하다 basis [명] 근거, 이유 refer to ~에 적용되다

149 words

(A) When he was a small boy, Saroo Brierley became lost on the streets of Kolkata, far from his hometown in rural India. Saroo was adopted by an Australian family and had a happy life. However, he never stopped hoping to find his family in India.

5

(B) After many years, Saroo accidently found a familiar-looking small town called Ganesh Talai. This was the name that Saroo mispronounced as "Ginestlay!" One year later, Saroo traveled to India to find his family. With the help of local people, he finally met his mother, brother, and sister, still living in Ganesh Talai. It took 25 years!

10

(C) In college, Saroo began to search satellite images of India to find his hometown. It seemed like a good idea, but it was not easy because he only remembered the name "Ginestlay" and a few landmarks near his childhood home. Saroo repeatedly stopped and restarted his search.

15

Knowledge Bank 구글 어스(Google Earth)

구글에서 제공하는 인공위성 영상 지도 서비스로, 사이트에 접속하면 마우스 조작이나 주소 입력만으로 전 세계의 평면 위성 사진은 물론, 각지의 건물이나 풍경을 3차원 이미지를 통해 실제와 비슷하게 볼 수 있다. Saroo Brierley는 그의 자서전 〈A Long Way〉에서 자신이 구글 어스를 이용했다고 밝혔다.

1 글의 제목으로 가장 알맞은 것은?

① A Trip to India for Vacation
② Various Uses of Satellite Images
③ A Man's Long Journey to Find His Family
④ Rural India: The Best Place for Children
⑤ Saroo Brierley: A Man Who Got Lost in Australia

2 단락 (A)~(C)를 글의 흐름에 알맞게 배열한 것은?

① (A) – (B) – (C)　② (A) – (C) – (B)　③ (B) – (A) – (C)
④ (C) – (A) – (B)　⑤ (C) – (B) – (A)

3 Saroo Brierley에 관한 글의 내용과 일치하지 않는 것은?

① 어릴 적에 집에서 먼 곳에서 길을 잃었다.
② 입양된 가정에서 행복하게 자랐다.
③ 수년의 탐색 끝에 고향의 위치를 우연히 찾았다.
④ 헤어진 가족을 25년만에 만났다.
⑤ 고향의 랜드마크를 많이 기억했다.

서술형

4 글의 밑줄 친 his search가 가리키는 내용을 우리말로 쓰시오.

____

Saroo Brierley ▶

Words hometown [명] 고향 rural [형] 시골의, 지방의 adopt [동] 입양하다 accidently [부] 우연히 familiar-looking [형] 눈에 익은, 익숙한 mispronounce [동] 잘못 발음하다 travel [동] (특히 장거리를) 여행하다; *가다 college [명] 대학교 search [동] 찾아보다 [명] 찾기 satellite [명] 위성 landmark [명] 랜드마크, 주요 지형지물 childhood [명] 어린 시절 repeatedly [부] 반복적으로 restart [동] 다시 시작하다

Think!
How long could you go without checking your cell phone?

148 words

Lena constantly surfs the Internet and checks her messages on her cell phone, even when she is on vacation with her family. She knows she should spend time with them, but she cannot stop using her phone. Lena has something called "popcorn brain," which is _____(A)_____.   5

Popcorn brain is a negative effect of recent developments in technology. People with popcorn brain have difficulty reading human emotions. Popcorn brain even affects their ability to focus. _____(B)_____, using the Internet excessively for a long time causes the part of the brain used for thought to become smaller.   10

But don't worry! There are ways to keep popcorn brain from developing. First, put limits on how long you use the Internet. Apps that track and limit your phone usage can help you. Second, fill up your time with other fun activities. You can find a new hobby or spend time with your friends.   15

✦✧✦
고난도

1 글의 빈칸 (A)에 들어갈 말로 가장 알맞은 것은?

① difficulty finishing one's work
② the need to be online all the time
③ the desire to know as much news as possible
④ a problem communicating with one's family
⑤ the ability to find information quickly and easily

2 글의 빈칸 (B)에 들어갈 말로 가장 알맞은 것은?

① Also ② In short ③ However
④ Therefore ⑤ Nevertheless

3 글의 밑줄 친 People with popcorn brain이 가질 수 있는 문제가 아닌 것은?

① They might not have a close relationship with their family.
② They might have difficulty communicating online.
③ They might not understand others' feelings.
④ They might have trouble concentrating.
⑤ The area of their brain used for thought could get smaller.

서술형

4 다음 빈칸에 알맞은 단어를 글에서 찾아 쓰시오.

How to avoid (1) __________ popcorn brain

1. Put (2) __________ on the time you spend online.
2. Try to do something fun instead of using the (3) __________.

Words
constantly [부] 끊임없이 surf the Internet 인터넷을 검색하다 be on vacation 휴가 중이다 negative [형] 부정적인 effect [명] 영향, 결과 recent [형] 현재의 emotion [명] 감정 excessively [부] 과도하게 limit [명] 제한 [동] 제한하다 track [동] 추적하다 usage [명] 사용(법) [문제] desire [명] 욕구 relationship [명] 관계 concentrate [동] 집중하다

After Linda got a kidney *transplant, something strange happened. Although she had always disliked spicy foods, she started to crave them. She also stopped enjoying her pottery class, which had been her favorite activity. Then she started becoming forgetful. Linda told her doctor, who said something shocking. He 5 said that Linda's donor may have been someone with these same traits! He explained that some reports suggest memory is not only stored in the brain but also in other organs, such as the kidneys and the heart.

According to those reports, living cells in these organs store 10 information about a person. (A) This information includes parts of the person's emotional, mental, and physical memories. (B) This could make it possible for someone to form new habits or thoughts after receiving an organ transplant. (C) Whenever the organs are moved, the memories go with them. Thus, Linda's changes may 15 have been caused by her new kidney, which was acting as if it were still inside the donor.

*transplant 이식

1 Which is the best title for the passage?

① An Important Discovery about the Brain
② Organ Transplants Can Change Your Traits
③ Improving Your Memory with a Transplant
④ A Scary Story: The Woman with Two Personalities
⑤ A Scientific Mystery—Where Are Memories Stored?

고난도

2 Which is the best order of the sentences (A)~(C)?

① (A) – (B) – (C)　② (A) – (C) – (B)　③ (B) – (A) – (C)
④ (C) – (A) – (B)　⑤ (C) – (B) – (A)

3 Write T if the statement is true or F if it is false.

(1) After the transplant, Linda's tastes changed. ________
(2) According to some reports, the brain is not the only organ that stores memories. ________

서술형

4 What traits does Linda's donor likely have? Write them in Korean.

____

Knowledge Bank 세포 기억설(cellular memory)

장기 이식 수혜자들이 장기 이식을 받을 때 기증자의 식성, 생활 습관, 관심 분야 등이 함께 전이되는 현상을 가리킨다. 실제로, 한 아마추어 화가로부터 심장을 이식 받은 남성이 이식 후 뛰어난 그림 실력을 가지게 되는 등 세포 기억설을 뒷받침하는 사례들이 있지만, 아직 과학이나 의학적으로 증명되지는 않았다.

Words kidney [명] 신장　dislike [동] 싫어하다　crave [동] 갈망[열망]하다　pottery [명] 도자기; *도예　forgetful [형] 잘 잊어버리는　donor [명] 기증자　suggest [동] 제안하다; *시사하다　store [동] 저장하다　organ [명] 장기　cell [명] 세포　emotional [형] 감정의　mental [형] 정신의　[문제] taste [명] 맛; *입맛, 미각

Review Test

1 다음 빈칸에 알맞은 단어를 **보기** 에서 골라 쓰시오.

> **보기** | general   trait   cognitive

1) Doing puzzles helps your _____ skills.

2) Kindness is a good _____ to have.

2 다음 우리말과 일치하도록 빈칸에 알맞은 표현을 쓰시오.

> I think he ignored my call _____ _____.
> (나는 그가 내 전화를 의도적으로 무시했다고 생각한다.)

3-4 다음 글을 읽고, 물음에 답하시오.

The Barnum effect is a cognitive bias that leads people to believe that general personality descriptions accurately represent them as individuals. (a) It has been found in individuals responding to *horoscopes, fortune-telling, and various personality tests. (b) Some personality tests are also used in corporate settings for team-building exercises. (c) Many personality tests, such as the MBTI, tend to provide a rather vague description of one's personality. (d) In fact, those descriptions are designed to be broadly appealing on purpose. (e) Yet individuals often think of them as their own unique personality traits.

*horoscope 점성술, 별점

수능유형 3 (a)~(e) 중, 전체 흐름과 관계<u>없는</u> 문장을 고르시오.

① (a)   ② (b)   ③ (c)   ④ (d)   ⑤ (e)

4 다음 영영풀이가 나타내는 단어를 글에서 찾아 쓰시오.

> unclear and not specific

_____

5-6 다음 글을 읽고, 물음에 답하시오.

Popcorn brain is a negative effect of recent developments in technology. People with popcorn brain have difficulty reading human emotions. Popcorn brain even affects their ability to focus. Also, using the Internet excessively for a long time causes the part of the brain used for thought to become smaller. But don't worry! 팝콘 브레인이 생기는 것을 막는 방법들이 있다. First, put limits on how long you use the Internet. Apps that track and limit your phone usage can help you. Second, fill up your time with other fun activities. You can find a new hobby or spend time with your friends.

서술형 **5** 밑줄 친 우리말과 같은 뜻이 되도록 상자 안의 말을 바르게 배열하시오.

there, developing, to keep, are, popcorn brain, from, ways

---

6 팝콘 브레인을 막는 방법으로 적절하지 <u>않은</u> 것을 고르시오.

① 인터넷 사용 시간 정하기 ② 스마트폰 사용을 제한할 수 있는 앱 이용하기
③ 다른 재미있는 취미 활동하기 ④ 친구들과 자주 만나기
⑤ 온라인에서 친구 사귀기

7-8 다음 글을 읽고, 물음에 답하시오.

After Linda got a kidney *transplant, something strange happened. Although she had always disliked spicy foods, she started to crave them. Then she started becoming forgetful. Linda told her doctor, who said <u>something shocking</u>. He said that Linda's donor may have been someone with these same traits! He explained that some reports suggest memory is not only stored in the brain but also in other organs, such as the kidneys and the heart. According to those reports, living cells in these organs store information about a person. This information includes parts of the person's emotional, mental, and physical memories. Whenever the organs are moved, the memories go with them. This could make it possible for someone to form new habits or thoughts after receiving an organ transplant. _____, Linda's changes may have been caused by her new kidney, which was acting as if it were still inside the donor. *transplant 이식

7 빈칸에 들어갈 말로 가장 알맞은 것을 고르시오.

① Instead   ② Thus   ③ However   ④ Moreover   ⑤ For example

서술형 **8** 밑줄 친 <u>something shocking</u>이 가리키는 것을 우리말로 쓰시오.

지도에 없는 나라, 우주피스(Uzupis)

리투아니아의 수도인 빌뉴스에 있는 작은 마을, 우주피스(Uzupis 또는 Užupio)는 거짓말처럼 만우절(매년 4월 1일)에만 '국가'가 됩니다. 우주피스는 여의도 면적의 20%밖에 되지 않는 작은 마을이고 인구도 7,000명 남짓이지만, 만우절 하루 24시간 동안만은 대통령뿐만 아니라 국기와 화폐, 헌법까지 있는 버젓한 '국가'예요! 우주피스의 헌법은 크게 3가지에 가치를 두고 있는데, '싸우지 말 것', '이기지 말 것', '굴복하지 말 것'입니다. 각 항목을 자세히 살펴보면 국민이 자신의 자유에 따라 행동할 권리를 소중히 여기는 국가라는 것을 알 수 있습니다.

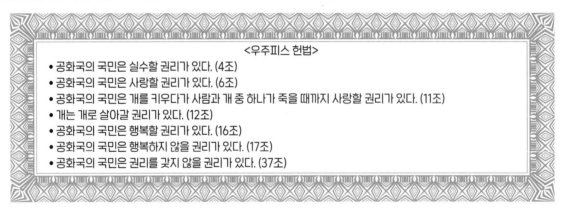

<우주피스 헌법>
- 공화국의 국민은 실수할 권리가 있다. (4조)
- 공화국의 국민은 사랑할 권리가 있다. (6조)
- 공화국의 국민은 개를 키우다가 사람과 개 중 하나가 죽을 때까지 사랑할 권리가 있다. (11조)
- 개는 개로 살아갈 권리가 있다. (12조)
- 공화국의 국민은 행복할 권리가 있다. (16조)
- 공화국의 국민은 행복하지 않을 권리가 있다. (17조)
- 공화국의 국민은 권리를 갖지 않을 권리가 있다. (37조)

사실 우주피스는 공식적인 국가는 아니고, 천여 명의 예술가들이 주축이 되어 1997년 4월 1일에 리투아니아로부터 독립을 선언한 후 마이크로네이션(국제기구나 다른 나라들로부터 인정받지 못한 독립 국가)을 표방하고 있는 지역입니다. 유네스코 세계 문화유산으로도 지정되어 있을 만큼 아름다운 예술 마을이며, '독립기념일'인 만우절이 되면 입국 심사대도 생기고 여권을 소지해야 입국할 수 있는 등 특이한 광경들이 펼쳐져 많은 관광객의 발길을 이끕니다. 실제 여권에 '우주피스 공화국(Užupio Respublika)'이라는 국가명으로 도장까지 찍힌다고 해요!

Think!

Have you ever built a mechanical device?

160 words

A Rube Goldberg machine is a device that carries out a simple task in a very complicated way. The machine uses a series of simple tasks, one right after another. Once one process ends, the next one begins immediately.

5

For example, here is a Rube Goldberg machine that gives a dog a tasty treat. You start the machine by dropping a marble into a paper tube. (A) As the toy car rolls, it pushes the treat off 10 the table and onto the floor. (B) The marble passes through the tube, rolls down to the table, and hits a line of dominoes. (C) The dominoes knock each other down and the last one hits a toy car. Now the dog can reach it.

This kind of machine was named after Rube Goldberg, an 15 American cartoonist and inventor who lived from 1883 to 1970. He drew these complex machines in his cartoons. You can find these machines in TV shows, movies, or even science classes.

1 글의 제목으로 가장 알맞은 것은?

① How to Reuse Old Machine Parts
② The Simplest Way to Build a Machine
③ A Complex Machine for a Simple Task
④ A Complicated Way to Draw Cartoons
⑤ Save Time on Your Tasks with This Machine

고난도

2 문장 (A)~(C)를 글의 흐름에 알맞게 배열한 것은?

① (A) - (B) - (C)　　② (A) - (C) - (B)　　③ (B) - (A) - (C)
④ (B) - (C) - (A)　　⑤ (C) - (A) - (B)

3 루브 골드버그 장치에 관한 글의 내용과 일치하면 T, 그렇지 않으면 F를 쓰시오.

(1) 복잡한 일을 단순한 방식으로 수행한다. ________
(2) 일련의 작업을 동시에 수행한다. ________
(3) 영화에서 이 장치를 찾아볼 수 있다. ________

고난도 서술형

4 다음 빈칸에 알맞은 단어를 [보기]에서 골라 쓰시오.

[보기] | complex　　drawn　　easy　　copied

A Rube Goldberg machine is a device for doing a(n) __________ task in a(n) __________ way. The first machines of this kind were __________ by Rube Goldberg, a cartoonist.

Words machine [명] 기계, 장치　carry out 실행하다　task [명] 작업　complicated [형] 복잡한　a series of 일련의　one after another 차례로, 잇따라서　immediately [부] 즉시　tasty [형] 맛있는　treat [명] 간식　marble [명] 대리석; *구슬　tube [명] (기체·액체를 실어나르는) 관　roll [동] 구르다, 굴러가다　push [동] 밀다　pass through 통과하다　domino [명] 도미노 패　knock down 쓰러뜨리다　reach [동] 도착하다　be named after ~의 이름을 따서 (이름) 지어지다　cartoonist [명] 만화가 (cartoon [명] 만화)　complex [형] 복잡한　[문제] reuse [동] 재사용하다

Section 07

2

Think!
What inventions throughout history made our lives easier?

136 words

Vending machines are a modern convenience that many people use. Surprisingly, however, modern people were not the first to use them.

In ancient Egypt, people bought holy water to wash themselves before entering a temple. Priests often distributed ⁵ holy water, but this took a long time. (①) However, without the priests, people could take more water than they paid for. (②) So how did this machine work? (③) When a visitor put a coin in the machine, it fell onto one side of a long tray. (④) Its weight caused the tray to tilt, which opened a pipe at the bottom of the machine. ¹⁰ (⑤) This allowed the holy water to flow out. When the coin slid off the tray, the pipe closed and no more water came out. Thanks to Hero's automatic water *dispenser, many ancient priests were able to _____!

*dispenser 분배기

Knowledge Bank
헤로(Hero[Heron] of Alexandria)

그리스의 기계학자·물리학자·수학자로, 수학과 과학의 발전에 많은 기여를 한 인물이다. 원기둥이나 사각뿔 같은 다양한 도형의 부피를 구하는 방법을 발견하였고, 월식을 이용하여 로마와 알렉산드리아 사이의 거리도 측정하였다. 또한, 여러 기계들도 발명하였는데, 그의 발명품에는 증기 기관을 이용한 자동문과 수력 오르간, 증기 터빈인 '기력구' 등이 있다.

1 글의 제목으로 가장 알맞은 것은?

① A Machine That Did a Priest's Job
② The History of Vending Machines
③ Hero of Alexandria's First Invention
④ Using Vending Machines: A Way to Be Modern
⑤ Priests' Problems: How to Save Money and Time

2 다음 문장이 들어갈 위치로 가장 알맞은 곳은?

> A Greek engineer named Hero of Alexandria solved these problems by inventing the first vending machine in 215 BC.

①　　　　②　　　　③　　　　④　　　　⑤

3 글의 빈칸에 들어갈 말로 가장 알맞은 것은?

① attract more visitors　　② become busier than ever
③ prepare more holy water　　④ save time and holy water
⑤ use less money but become tired

✦✖✦
고난도 서술형 ✏

4 다음 빈칸에 알맞은 단어를 글에서 찾아 쓰시오.

> Because a coin's _____ opened the _____, Hero's automatic water dispenser gave holy water only while a coin was on the _____.

Words vending machine 자동판매기　modern 휑 현대의　convenience 똉 편리; *편의 시설　ancient 휑 고대의　holy water 똉 성수　temple 똉 신전, 사원　priest 똉 사제　distribute 똉 나누어 주다　work 똉 일하다; *작동하다　tray 똉 쟁반　tilt 똉 기울다　flow out 흘러나오다　slide off 미끄러져 떨어지다　automatic 휑 자동의　[문제] attract 똉 마음을 끌다; *끌어모으다

3

159 words

A different court is used for each different sport because every game requires its own lines and markings. But what if you wanted to play two sports on one court? It would take a lot of time and money to repaint the gym floor.

However, a German company came up with a brilliant idea. 5 By simply pressing a button, a court can be switched,   (A)   , from a basketball court to a volleyball court. The gym floor has LED lights beneath a surface of hard glass. They show the lines and markings for different sports and can be changed in a second. Also, an aluminum frame protects the floor, so it is strong 10 enough to bounce balls on.   (B)   , its special glass does not reflect the light. Plus, with balls that have sensors, referees can see digitally marked landing spots so that they can quickly make better judgments. In the near future, this multipurpose floor could change the way sports are played. 15

1 글의 제목으로 가장 알맞은 것은?

① A Single Floor for a Variety of Sports
② The Strongest Gym Floor in the World
③ The History of Gym Floor Development
④ LEDs: Technology for the Future of Sports
⑤ The Advantages and Disadvantages of LEDs

2 글의 빈칸 (A), (B)에 들어갈 말로 바르게 짝지어진 것은?

	(A)		(B)
①	nevertheless	……	However
②	for example	……	However
③	for example	……	Moreover
④	on the other hand	……	Moreover
⑤	on the other hand	……	Otherwise

3 밑줄 친 a brilliant idea에 관한 글의 내용과 일치하지 않는 것은?

① 독일 회사가 만들었다.
② 간단하게 조작이 가능하다.
③ 강화 유리와 알루미늄이 재료로 쓰인다.
④ 공을 튀겨도 문제되지 않는다.
⑤ 심판의 역할이 더 많아졌다.

서술형

4 다음 빈칸에 알맞은 단어나 표현을 글에서 찾아 쓰시오.

The Materials That the (1) __________ Court Consists Of

Materials	Functions
(2) __________ __________	to show the lines and markings on the floor
an aluminum frame	to make the floor (3) __________ enough to play sports on it
special glass	not to (4) __________ the light

Words

require [동] 필요로 하다 marking [명] 무늬, 반점; *표시 repaint [동] 다시 칠하다 gym [명] 체육관 come up with ~를 떠올리다, 생각해 내다 beneath [전] 아래에 in a second 금세, 순식간에 frame [명] 틀 bounce [동] 튀기다 reflect [동] 반사하다 sensor [명] 센서, 감지기 referee [명] 심판 judgment [명] 판단 multipurpose [형] 다목적의 [문제] disadvantage [명] 단점

4

160 words

In 1859, Henry Dunant, a Swiss businessman, happened to see the battlefield after the Battle of Solferino had finished. He saw at least 40,000 soldiers lying dead or hurt on the ground. Sadly, nobody was there to offer them any medical help. Dunant could not stop thinking about what he had seen.

5

To tell the world about the tragedy, he wrote a book titled *A Memory of Solferino*. In the book, Dunant called for a national organization of volunteers who would aid soldiers wounded in combat. This led to the creation of *the International Committee of the Red Cross. He also insisted that doctors and nurses working on the battlefield should not be harmed. He wanted them to be able to treat every wounded soldier, regardless of nationality. This inspired an important international agreement about proper behavior on the battlefield, known as the 1864 **Geneva Convention. It was just one book, but it helped make the terrible battlefield less tragic.

10

15

*the International Committee of the Red Cross 국제 적십자 위원회

**Geneva Convention 제네바 협약

1944년 노르망디 전투 ▶

1 Which is the best title for the passage?

① A Story That Started a Great Battle
② Brave Volunteers on the Battlefield
③ A Book That Changed the Battlefield
④ Nations Working Together for a Better World
⑤ The Importance of Medical Care for the Wounded

2 Write T if the statement is true or F if it is false.

(1) After the Battle of Solferino, Dunant treated wounded soldiers. ________

(2) The 1864 Geneva Convention applies to battlefields. ________

서술형

3 Why did Dunant write *A Memory of Solferino*? Write it in English.

____

고난도 서술형

4 Fill in the blanks with the words from the passage.

Dunant's Suggestions	Result
Nations should make a(n) (1)__________ of volunteers who (2)__________ soldiers wounded in combat.	The International Committee of the Red Cross
Nations should treat wounded soldiers of all nationalities and protect (3) __________ teams on the battlefield.	The 1864 Geneva Convention

Knowledge Bank 국제 적십자 위원회와 제네바 협약

1863년에 국제 적십자 위원회가 창설되어 전쟁의 희생자들을 돕고 보호하는 활동을 펼쳐 세 차례 노벨 평화상을 수상했다. 1864년에는 12개국의 대표들이 제네바에서 회담을 갖고 제네바 협약을 타결한 후 포로의 보호, 전쟁 중 범죄 금지 등의 내용이 추가·보완되어 1949년에는 제4협약까지 승인되었다. 현재 이 협약은 전쟁과 관련한 국제법의 거의 대부분을 차지하며, 196개국이 가입해 있다.

Words businessman [명] 회사원; *사업가 battlefield [명] 전장 lie [동] 누워 있다 tragedy [명] 비극 (tragic [형] 비극적인) title [동] 제목을 붙이다 call for 요구하다 national [형] 국가의, 국가적인 (nationality [명] 국적) aid [동] 돕다 wounded [형] 다친 combat [명] 전투 creation [명] 창조, 창설 insist [동] 주장하다 harm [동] 해를 입히다; *다치게 하다 regardless of ~에 상관없이 inspire [동] 고무하다, 격려하다 agreement [명] 협정, 합의 behavior [명] 행동, 행위

Review Test

1 다음 괄호 안에서 알맞은 단어를 고르시오.

1) The man (insisted / resisted) the seat was his.

2) The table (slid / tilted) a little, so the pen rolled down.

2 다음 밑줄 친 단어와 반대 의미의 단어를 고르시오.

> The museum holds a lot of <u>modern</u> paintings.

① holy   ② complex   ③ ancient   ④ national   ⑤ automatic

3-4 다음 글을 읽고, 물음에 답하시오.

A Rube Goldberg machine uses a series of simple tasks, one right after another. Once one process ends, the next one begins immediately. 예를 들어, 여기에 강아지에게 맛있는 간식을 주는 루브 골드버그 장치가 있다. You start the machine by dropping a marble into a paper tube. The marble passes through the tube, rolls down to the table, and hits a line of dominoes. The dominoes knock each other down and the last one hits a toy car. As the toy car rolls, it pushes the treat off the table and onto the floor. Now the dog can reach <u>it</u>. This kind of machine was named after Rube Goldberg, an American cartoonist and inventor who lived from 1883 to 1970. He drew these complex machines in his cartoons.

서술형 **3** 밑줄 친 우리말과 같은 뜻이 되도록 상자 안의 말을 바르게 배열하시오.

> a Rube Goldberg machine, here, a tasty treat, that, is, gives, a dog

For example, _____.

4 밑줄 친 it이 가리키는 것으로 적절한 것을 고르시오.

① the toy car   ② the floor   ③ the treat

④ the table   ⑤ the marble

5-6 다음 글을 읽고, 물음에 답하시오.

In ancient Egypt, people bought holy water to wash themselves before entering a temple. Priests often distributed holy water, but this took a long time. However, without the priests, people could take more water than they paid for. A Greek engineer named Hero of Alexandria solved these problems by inventing the first vending machine in 215 BC. So _____? When a visitor put a coin in the machine, it fell onto one side of a long tray. Its weight caused the tray to tilt, which opened a pipe at the bottom of the machine. This allowed the holy water to flow out. When the coin slid off the tray, the pipe closed and no more water came out.

수능유형 5 빈칸에 들어갈 말로 가장 알맞은 것을 고르시오.

① who invented this machine   ② what was this machine made of
③ where was this machine installed   ④ how did this machine work
⑤ how much money did engineers earn

6 다음 영영풀이가 나타내는 단어를 글에서 찾아 원형으로 쓰시오.

to hand out or deliver things to others

_____

7-8 다음 글을 읽고, 물음에 답하시오.

What if you wanted to play two sports on one court? It would take a lot of time and money to repaint the gym floor. However, a German company came up with a brilliant idea. By simply pressing a button, a court can be switched, for example, from a basketball court to a volleyball court. The gym floor has LED lights beneath a surface of hard glass. They show the lines and markings for different sports and can be changed in a second. Also, an aluminum frame protects the floor, so it is strong enough to bounce balls on. Moreover, its special glass does not reflect the light. Plus, with balls that have sensors, referees can see digitally marked landing spots so that they can quickly make better judgments.

수능유형 7 새로운 디지털 코트에 관한 글의 내용과 일치하지 않는 것을 고르시오.

① 바닥이 강화 유리로 되어 있다.   ② LED 조명으로 선을 표시한다.
③ 알루미늄 틀이 바닥을 보호한다.   ④ 빛을 반사한다.
⑤ 공의 낙하지점이 디지털로 표시된다.

서술형 8 다음 질문에 우리말로 답하시오.

Q. Why was this new digital court invented?

황당한 연구를 찾습니다!

인류 발전에 공헌한 연구나 업적을 기리는 노벨상에 대해서는 들어 보지 않은 사람이 없을 것이다. 그렇다면 이그노벨상(Ig Nobel Prize)에 대해서는 들어본 적 있는가? 이그노벨상은 미국 하버드 대학교의 유머 과학 잡지 Annals of Improbable Research(AIR, 있을 것 같지 않은 연구의 연보) 가 과학에 대한 관심을 불러일으키기 위해 제정한 상이다. **'처음엔 사람들을 웃기지만, 그런 뒤에 생각하게 하는 연구'**라는 원칙을 바탕으로 황당해 보이지만 의미 있는 연구를 선정하여 총 10개 분야에서 상을 준다.

◀ 이그노벨상의 공식 마스코트 〈The Stinker〉

의학상 수상: 가려움증을 극복하는 획기적인 방법

독일 뤼베크 대학교 연구팀은 2016년, '거울을 보고 오른팔을 긁으면 왼팔의 가려움증이 해소된다.'는 연구로 의학상을 수상했다. 이는 뇌의 일시적인 착각으로 가능한 것인데, 가려워도 긁을 수 없는 피부병이 있을 때 거울을 보고 반대쪽을 긁는 것만으로도 해결할 수 있다는 데 실험의 의의가 있다.

생리학상 수상: 어디에 벌이 쏘이면 가장 아플까?

Michael Smith는 벌에 쏘이면 어디가 가장 아픈지 알아내기 위해 직접 벌에 쏘이는 실험을 진행해 2015년에 생리학상을 수상했다. 38일간 25군데의 신체 부위로 실험을 진행한 결과 벌에 쏘이면 가장 아픈 곳은 콧구멍이고 정수리와 팔뚝, 가운뎃발가락이 가장 아프지 않다는 사실을 알아냈다.

화학상 수상: 잘못을 풍자하기 위한 시상

황당한 연구만 이그노벨상을 수상하는 것은 아니다. 2015년 폭스바겐은 자사 자동차의 배기가스 배출량이 환경 기준을 충족하도록 조작하였다. 이 사실이 알려진 후 폭스바겐이 이그노벨 화학상 수상자로 선정되었는데, 주최 측은 "자동차가 테스트를 받을 때만 자동적으로 배기가스를 전기·기계적 조작을 통해 줄어들게 함으로써 환경 오염 문제를 해결했다."면서 당시 조작 사건을 신랄하게 풍자했다.

노벨상과 이그노벨상을 모두 수상한 유일한 사람

영국 맨체스터 대학교의 Andre Geim 교수는 2010년, 최첨단 신소재 '그래핀 (Graphene)'을 발명한 공로를 인정받아 노벨 물리학상을 받았다. 놀라운 것은 10년 전인 2000년에 이미 전자기 부양 효과 연구 실험에서 개구리를 공중 부양시킨 것을 인정받아 이그노벨상을 수상했다는 것이다! Geim 교수는 노벨상을 받은 후 "저는 이그노벨상과 노벨상에 똑같은 가치를 둡니다. 이그노벨상은 제가 농담거리가 될 수 있다는 사실을 가르쳐 주었습니다. 약간의 겸손은 언제나 좋은 것이죠."라고 수상소감을 발표했다.

Andre Geim ▶

Think!
What can we
do to protect
bees?

150 words

Bees are *pollinators. They help us grow plants by transferring pollen from flower to flower. Their population, however, has been decreasing due to habitat loss. As cities and towns expand, natural areas are (A) disappearing / appearing . This is why bee bus stops were created. 5

Bee bus stops are found in some European countries, including the Netherlands and the UK. They are similar to normal bus stops, except for the small gardens on their roofs. The flowers in these gardens were specially selected by experts. ⓐ They are favorites of bees and other pollinators. So they help stop pollinator 10 populations from (B) increasing / decreasing .

These unique roofs have other (C) benefits / damages as well. In summer, their plants help cool the city by absorbing extra light and heat. ⓑ They are also made from materials that were either recycled or upcycled. These eco-friendly bus stops will help 15 both bees and humans by creating a sustainable environment.

*pollinator 꽃가루 매개자

1 글의 제목으로 가장 알맞은 것은?

① Why Are Bees Attracted to Bus Stops?

② A Transportation System for Pollinators

③ Bus Stops That Benefit Humans and Nature

④ Let's Replace Bus Stops with Flower Gardens

⑤ Keeping Bees Cool Helps Keep Them Healthy

✧✖✧
고난도

2 (A), (B), (C)의 각 네모 안에서 문맥에 맞는 단어로 가장 적절한 것은?

	(A)	(B)	(C)
①	disappearing	increasing	damages
②	disappearing	decreasing	benefits
③	disappearing	increasing	benefits
④	appearing	decreasing	benefits
⑤	appearing	increasing	damages

서술형✐

3 글의 밑줄 친 ⓐ와 ⓑ가 각각 가리키는 것을 글에서 찾아 쓰시오.

ⓐ : _____   ⓑ : _____

서술형✐

4 다음 빈칸에 알맞은 단어를 글에서 찾아 쓰시오.

Bee Bus Stops

What is their purpose?	They help prevent a decline in the (1) _____ of bees and other pollinators.
How do they benefit people?	They can keep the city cool in summer by (2) _____ light and heat.

Words transfer ⑧옮기다, 이동하다   pollen ⑨꽃가루   decrease ⑧감소하다 (↔ increase ⑧증가하다)   habitat ⑨서식지   loss ⑨상실, 손실   expand ⑧확대[확장]되다   disappear ⑧사라지다 (↔ appear ⑧나타나다)   stop ⑨멈춤; *정류장   European ⑨유럽의   except for ~을 제외하고   favorite ⑨좋아하는 물건   absorb ⑧흡수하다   material ⑨직물; *재료   recycle ⑧재활용하다   upcycle ⑧(재활용품을) 업사이클하다, 더 나은 것으로 만들다   eco-friendly ⑨친환경적인   sustainable ⑨(환경 파괴 없이) 지속 가능한   [문제] transportation ⑨운송, 이동   replace ⑧대신[대체]하다   prevent ⑧막다   decline ⑨감소

Section 08

2

Think!
What was the highest mountain you have ever climbed?

139 words

(A) However, over half of it is hidden under the sea. From its true base at the bottom of the ocean to its peak, it is 10,203 meters tall! So, Mauna Kea is more than one kilometer taller than Mt. Everest, even though it is not as high.

(B) If you search for "the highest mountain in the world" on the Internet, most of the results will say it is Mt. Everest. Those results will also tell you that Mt. Everest's peak is 8,848 meters above sea level.   5

(C) However, if you change the search words slightly, you will get different results. Change "the highest" to "the tallest." Then the results will most likely say it is Mauna Kea, a Hawaiian volcano. It does not seem to be the tallest mountain at all, because it only reaches 4,205 meters above sea level.   10

Knowledge Bank 🌱 마우나케아

하와이에 있는 휴화산으로 약 100만 년 전에 생성되었다. '마우나케아'는 하와이어로 '흰 산'이라는 의미로, 일 년 내내 우리나라의 초여름 기후인 하와이에서도 마우나케아의 정상은 눈으로 뒤덮일 때가 많다. 공기가 맑고 건조한 마우나케아의 정상은 천문 관측을 하기에 최적의 장소로 여겨지며, 실제로 세계 최대의 천문 관측대가 있다.

1 글의 요지로 가장 알맞은 것은?

① 인터넷 검색 결과는 신뢰성이 떨어진다.
② 해발 고도를 측정하는 것은 의미가 없다.
③ 세계에서 가장 높은 산은 아무도 알 수 없다.
④ 세계에서 가장 높은 산이 가장 키가 큰 산은 아니다.
⑤ 세계에서 가장 높은 산을 측정하는 기준이 바뀌어야 한다.

2 단락 (A)~(C)를 글의 흐름에 알맞게 배열한 것은?

① (A) – (B) – (C)　② (B) – (A) – (C)　③ (B) – (C) – (A)
④ (C) – (A) – (B)　⑤ (C) – (B) – (A)

3 글의 내용과 일치하면 T, 그렇지 않으면 F를 쓰시오.

(1) 마우나케아는 바다 아래 잠긴 부분이 잠기지 않은 부분보다 더 많다. ________
(2) 에베레스트산의 해발 고도는 마우나케아의 해발 고도의 두 배 이상이다. ________

서술형

4 다음 빈칸에 알맞은 단어를 글에서 찾아 쓰시오.

Mt. Everest is the __________ mountain in the world, but Mauna Kea is the __________ mountain, because more than half of Mauna Kea is under the __________.

에베레스트산 ▶

Words
half [명] 반, 절반　base [명] 기초, 토대; *바닥　bottom [명] 밑바닥　peak [명] 봉우리, 꼭대기　search for ~를 검색하다
above sea level 해발　search word 검색어　slightly [부] 약간, 조금　most likely 아마도 틀림없이　volcano [명] 화산

3

Think!
What is your
favorite fruit?

169 words

Until 1965, the world ate a more delicious type of banana, the Gros Michel. However, Panama disease killed almost all of the Gros Michel plants. Banana growers then began to depend on a different type of banana, the Cavendish. Now, almost all bananas in the world are grown from this type of plant. However, a new type of the disease is threatening the Cavendish as well. (a) This disease has already spread to Asia, Australia, and Africa, and is now endangering South America. (b) The problem is that banana plants do not grow from seeds. (c) Bananas originally grew in South East Asia and India. (d) Instead, they grow from small pieces of other banana plants. (e) So if one plant has a disease, all of the plants that grow from it will also be easily affected by that disease. Experts agree that the only way to save bananas is to grow many different types of bananas. This will make it harder for diseases to spread from one type of banana plant to another.

1 글의 제목으로 가장 알맞은 것은?

① How to Grow Banana Plants

② The World's Most Famous Bananas

③ The Banana Extinction: Is It Really Happening?

④ The Best Way to Protect Bananas in South America

⑤ The Competitors: The Gros Michel and the Cavendish

✧✖✧
고난도

2 글의 (a)~(e) 중, 전체 흐름과 관계<u>없는</u> 것은?

① (a)　　② (b)　　③ (c)　　④ (d)　　⑤ (e)

3 글에서 바나나에 관해 언급되지 <u>않은</u> 것은?

① Cavendish가 널리 재배되기 시작한 시기

② Cavendish 종이 위험에 처한 이유

③ 새로운 파나마병이 퍼진 지역

④ Cavendish의 대체 품종

⑤ 바나나 나무가 번식하는 방법

서술형✏

4 바나나를 현재의 위기에서 구할 수 있는 방법을 우리말로 쓰시오.

_____

Knowledge Bank 🖐 그럼 어떤 바나나를 먹을 수 있을까?

• 골드핑거 바나나(Goldfinger banana): 추위나 바람, 전염병에 잘 견디지만 Cavendish보다 과육이 익는 데 더 오래 걸린다. Cavendish만큼은 아니지만 맛이 좋은 편이라 Cavendish를 뒤이을 품종으로 지목되기도 한다.

• 플랜테인(plantain): 대부분 아프리카나 남아시아에서 재배 및 소비된다. 달지 않아 보통 굽거나 튀겨 먹어서 쿠킹 바나나(cooking banana)라고도 불린다.

• 몽키 바나나(monkey banana): Cavendish의 절반 정도 되는 크기로, 껍질이 얇다. 당도가 높고 칼륨과 섬유질도 풍부하지만, 해발 700m 이상 고산 지대에서 재배되므로 대량 생산하기에 무리가 있다.

Words depend on ~에 의존하다　threaten ⑤ 위협하다　as well 또한, 역시　endanger ⑤ 위험에 빠뜨리다　seed ⑨ 씨
[문제] extinction ⑨ 멸종　competitor ⑨ 경쟁자

Section 08

4

Think!
What comes to
mind when you
think of a desert?

159 words

When you look at the Sahara desert today, you see a dry, lifeless land. However, it is believed that the Sahara once received lots of rainfall and had lakes and rivers. This period, now known as the Green Sahara period, may have started about 11,000 years ago and lasted until about 5,000 years ago. What do you think this ⁵ region was like then?

A team of researchers made a surprising discovery that helps us understand more about this interesting time. They found the skeletons of more than 200 human beings, along with hunting tools, fishing instruments, and other artifacts. They also ¹⁰ uncovered the bones of large fish and crocodiles. <u>These animals could not have survived in a desert climate.</u>

Can you now believe the Sahara desert used to be very different? Researchers will continue to study this area. We can expect to learn more about the Sahara desert's ＿＿＿＿＿＿ ¹⁵ and the ancient people who once called the Sahara their home.

Knowledge Bank 바다였던 사하라 사막이 또 다시 바다로?!
사하라 사막 한복판에 우리나라 기술로 바다 새우를 생산하는 새우양식연구센터가 있다. 오아시스 지하에 있는 저염도의 물을 사용하며 연간 최대 100톤의 새우를 생산한다. 양식 과정에서 물이 오염되면 미생물과 식물 플랑크톤 등으로 정화하여 재활용하고, 미생물과 플랑크톤은 새우의 먹이로 다시 쓰는 친환경 순환 기술을 활용한다.

1 Which is the best choice for the blank?

① future changes ② unexpected past

③ present conditions ④ environmental value

⑤ unusual environment

2 Write T if the statement about the Green Sahara period is true or F if it is false.

(1) Researchers believe that the period lasted about 8,000 years. _____

(2) People living in the Sahara desert during that time fished. _____

✧✕✧
고난도 서술형✐

3 What does the underlined sentence imply? Write it in Korean.

_____

서술형✐

4 Fill in the blanks with the words or phrases from the passage.

A team of researchers _____ evidence that the Sahara desert once had a lot of _____. They call this period the _____ _____ _____, and it is thought to have ended about _____ years ago.

Words lifeless 형 죽은; *생명체가 살지 않는 rainfall 명 강우 period 명 기간, 시기 last 통 계속되다 skeleton 명 뼈대; *해골 human being 사람 along with ~와 함께 tool 명 연장, 도구 fishing 명 낚시 (fish 통 낚시하다) instrument 명 기구, 도구 artifact 명 공예품 uncover 통 발견하다 continue 통 계속하다 expect 통 기대하다; *예상하다 [문제] unexpected 형 예상 밖의, 뜻밖의 value 명 가치 evidence 명 증거

Review Test))

1 다음 밑줄 친 단어와 비슷한 의미의 단어를 고르시오.

> We are trying to <u>uncover</u> the reasons behind her decision.

① expand ② reach ③ transfer ④ discover ⑤ threaten

2 다음 우리말과 일치하도록 빈칸에 알맞은 표현을 쓰시오.

> Plans _____ _____ sunlight and water.
> (식물은 햇빛과 물에 의존한다.)

3-4 다음 글을 읽고, 물음에 답하시오.

> Bee bus stops are found in some European countries, including the Netherlands and the UK. They are similar to normal bus stops, except for the small gardens on their roofs. The flowers in these gardens were specially selected by experts. They are favorites of bees and other *pollinators. So they help stop pollinator populations from decreasing. These unique roofs have other benefits as well. In summer, their plants help cool the city by absorbing extra light and heat. They are also made from materials that were either recycled or upcycled. These eco-friendly bus stops will help both bees and humans by creating a(n) _____ environment.
>
> *pollinator 꽃가루 매개자

서술형 **3** 벌 버스 정류장이 도시에 도움이 되는 점을 우리말로 쓰시오.

_____

수능유형 **4** 빈칸에 들어갈 말로 가장 알맞은 것을 고르시오.

① modern ② busy ③ temporary
④ artificial ⑤ sustainable

5-6 다음 글을 읽고, 물음에 답하시오.

> If you search for "the highest mountain in the world" on the Internet, most of the results will say ⓐ it is Mt. Everest. Those results will also tell you that Mt. Everest's peak is 8,848 meters above sea level.
>
> However, if you change the search words slightly, you will get different results. Change "the highest" to "the tallest." Then the results will most

likely say it is Mauna Kea, a Hawaiian volcano. ⓑ It does not seem to be the tallest mountain at all. However, over half of ⓒ it is hidden under the sea. From its true base at the bottom of the ocean to its peak, ⓓ it is 10,203 meters tall! So, Mauna Kea is more than one kilometer taller than Mt. Everest, even though ⓔ it is not as high.

수능유형 5 밑줄 친 ⓐ~ⓔ 중, 가리키는 대상이 나머지 넷과 <u>다른</u> 것을 고르시오.

① ⓐ　　　② ⓑ　　　③ ⓒ　　　④ ⓓ　　　⑤ ⓔ

6 다음 영영풀이가 나타내는 단어를 글에서 찾아 쓰시오.

the top part of a mountain

_____

7-8 다음 글을 읽고, 물음에 답하시오.

　　Until 1965, the world ate a more delicious type of banana, the Gros Michel. However, Panama disease killed almost all of the Gros Michel plants. (①) Banana growers then began to depend on a different type of banana, the Cavendish. (②) Now, almost all bananas in the world are grown from this type of plant. (③) This disease has already spread to Asia, Australia, and Africa, and is now endangering South America. (④) The problem is that banana plants do not grow from seeds. (⑤) Instead, they grow from small pieces of other banana plants. So if one plant has a disease, all of the plants that grow from it will also be easily affected by that disease. Experts agree that the only way to save bananas is to grow many different types of bananas. <u>이는 질병이 한 종류의 바나나 나무에서 다른 종류로 퍼지는 것을 더 어렵게 만들 것이다.</u>

수능유형 7 다음 문장이 들어갈 위치로 가장 알맞은 곳을 고르시오.

However, a new type of the disease is threatening the Cavendish as well.

①　　　②　　　③　　　④　　　⑤

서술형 8 밑줄 친 우리말과 같은 뜻이 되도록 상자 안의 말을 바르게 배열하시오.

harder, to spread, will, make, for diseases, this, it

_____ from one type of banana plant to another.

곤충들의 대를 이은 민족 대이동

매년 따뜻한 남쪽 나라로 떠나는 철새처럼 해마다 민족 대이동을 하는 곤충도 있습니다. 곤충들은 수명이 짧기 때문에 몇 대를 이어서까지 길고 험난한 여정을 완성한다고 하는데요, 지금 그 곤충들을 만나러 가 볼까요?

나비 중 가장 멀리 이동하는 작은멋쟁이나비

작은멋쟁이나비는 사하라사막 남쪽에서 사막과 바다를 건너서 유럽까지 이동한다고 합니다. 이들의 애벌레는 잎을 먹고 자라는데요. 사하라 사막 남쪽 지대에 겨울에 비가 많이 내려 식물이 잘 자라게 되면, 나비의 개체수가 폭발적으로 증가합니다. 이 애벌레들이 나비가 되면 사하라 사막을 건너기 시작합니다. 그러다 아프리카 북부의 습한 봄을 만나면 다시 번식을 할 수 있게 됩니다. 따라서 지중해를 건너는 개체도 늘게 되지요. 작은멋쟁이나비의 최대 비행 속도는 약 초속 6m인데요. 혼자 힘으로 사막을 건너기에는 어렵습니다. 그래서 1~2km의 상공에서 바람을 이용해 날아간다는 연구 결과가 있습니다. 작은멋쟁이나비는 탈바꿈을 한 뒤에 40시간이나 쉬지 않고 비행할 만큼 충분한 체지방을 가졌고, 사하라 사막을 건널 때는 기회가 있을 때마다 꿀을 빨아서 체력을 보충한다고 해요. 이렇게 이동한 거리가 총 12,000km에서 14,000km까지 이른다고 합니다. 정말 부지런한 나비죠?

대양을 넘나드는 스케일, 된장잠자리

이렇게 대를 이어 이동하는 곤충은 먼 나라에만 있는 게 아닙니다. 여름가을에 걸쳐 우리나라에서 흔히 볼 수 있는 된장잠자리도 해마다 대양을 건너 이동합니다. 실제로 인도에 서식하는 수백만 마리의 된장잠자리들이 인도양을 건너 아프리카에 갔다 돌아온다는 사실이 확인되었는데요, 이는 최고 18,000 에 이르는 대장정입니다. 이들이 이렇게 먼 거리를 이동하는 이유는 번식을 위해서 민물이 반드시 필요하기 때문입니다. 건기를 맞은 인도를 떠나 아프리카에서 우기를 지내고 다시 인도로 돌아오는 것이죠. 이 잠자리들은 이동 중에 공중의 플랑크톤이나 작은 곤충을 잡아먹다가 빗물로 생긴 웅덩이가 보이면 내려가 번식하고, 한두 달 후 애벌레가 성체가 되면 다시 이동을 이어갑니다. 아무리 세대를 바꾸면서 여행을 완성한다지만 가녀린 몸으로 그 먼 거리를 간다는 사실은 놀라운데요, 된장잠자리 또한 바람을 타고 날아가는 것이 그 비결입니다. 잠자리는 몸이 가벼운 데다 날개가 몸체에 비해 크고 표면적이 넓어 바람을 타고 날기에 적합하다고 합니다.

Think!
How have CO₂
levels changed
from the past to
the present?

155 words

The "Keeling Curve" is a graph that shows the changes in the level of CO_2 in the air over time in a particular place. It was named after the scientist Charles Keeling, who actually measured the change every day for 47 years. <u>This continuous measurement took place at Mauna Loa in Hawaii.</u> Being far away from human ⁵ activity, this location was ideal for collecting clean air.

Interestingly, the higher the curve goes, the _____ the weather becomes. This is because CO_2 is highly related to climate change. Let's look at the example of typhoons. (A) This increases the amount of water *vapor in the air. (B) If CO_2 levels ¹⁰ in the air increase, temperatures and sea levels around the globe rise. (C) All those water **molecules rub together and create energy. Typhoons absorb this energy and become stronger and more dangerous than before. In other words, an increase of CO_2 can endanger people's lives by causing violent weather events. ¹⁵

*vapor 증기　**molecule 분자

Knowledge Bank 킬링 곡선(Keeling Curve)

Charles Keeling은 대기 중 CO₂ 농도를 매일 측정한 끝에, 그것이 지속적으로 증가하고 있다는 중요한 사실을 발견했다. 킬링 곡선에 의하면 1958년에는 315ppm이던 CO₂ 농도가 2024년에는 약 427ppm으로 치솟아, 역대 최고치를 기록했다. 그는 2005년 사망할 때까지 측정을 멈추지 않았고, 현재는 그의 아들 Ralph Keeling이 미국 정부 부처, 에너지 기업 등의 도움을 받아 그 일을 계속 하고 있다. 공식 사이트 https://keelingcurve.ucsd.edu/에 들어가면, 가장 최근 측정된 이산화탄소 농도를 볼 수 있다.

1 글의 주제로 가장 알맞은 것은?

① 태풍의 형성 과정과 CO_2 농도

② 킬링 곡선의 유래와 작성 원리

③ 과학자 Charles Keeling의 연구 성과

④ 킬링 곡선이 보여주는 대기 중 수증기 분포

⑤ 킬링 곡선으로 보는 CO_2와 기상의 상관관계

2 글의 빈칸에 들어갈 말로 가장 알맞은 것은?

① hotter   ② milder   ③ colder

④ more stable   ⑤ more severe

✦✖✖
고난도

3 문장 (A)~(C)를 글의 흐름에 알맞게 배열한 것은?

① (A) – (B) – (C)   ② (B) – (A) – (C)   ③ (B) – (C) – (A)

④ (C) – (A) – (B)   ⑤ (C) – (B) – (A)

서술형

4 글의 밑줄 친 문장의 이유를 글에서 찾아 우리말로 쓰시오.

_____

_____

Words curve 몡 곡선   particular 몡 특정한   measure 동 측정하다 (measurement 몡 측정)   continuous 몡 지속적인   take place 일어나다   location 몡 장소   highly 뷔 매우, 상당히   be related to ~와 관련이 있다   typhoon 몡 태풍   increase 동 증가시키다[하다] 몡 증가   the amount of ~의 양   globe 몡 지구   rise 동 오르다, 올라가다   rub 동 문지르다; *맞비벼지다   violent 몡 난폭한; *극심한   [문제] stable 몡 안정적인   severe 몡 극심한

2

California's Death Valley National Park is home to the "sailing stones," large rocks that actually move across the mud. For decades, the rocks were a mystery because they weigh up to 318 kg. Moreover, no one had ever seen them 5 (A) [move / stay], but they left clear tracks in the mud. Finally, a team of scientists decided to *investigate. Using **GPS, cameras, and weather data, they found that the movement is caused by a (B) [combination / separation] of rain, ice, sun, and wind. First, rain creates a shallow pond. At night, the water at 10 the surface of the pond freezes, and the ice surrounds the rocks. During the day, however, the ice starts to melt, breaking up into large sheets that push against the rocks. Of course, this alone isn't enough to move the rocks. When wind speeds reach about 11 km/h, the force of the ice and wind together causes the rocks to move at 15 speeds up to five meters per minute. The mystery was (C) [kept / solved] !

*investigate 조사하다
**GPS(Global Positioning System) 위성항법장치, 전 지구 위치 파악 시스템

wind

sheets of ice

wind

a sheet of ice

a pond

wet ground

Knowledge Bank
데스밸리 국립공원

미국 본토에서 가장 큰 국립공원으로, 여름에는 57℃까지 치솟아 지구상에서 가장 더운 곳에 속한다. '죽음의 계곡'이라는 이름은, 1800년대에 이곳을 횡단하던 개척자들이 실종되었다가 구조되면서 'Goodbye, Death Valley'라고 말한 것에서 비롯되었다고 한다. 이곳에는 Racetrack이라는 플라야(사막의 오목한 저지대)가 있는데, 평소에는 말라 있다가 우기에는 얕은 호수가 되기 때문에 sailing stones가 나타나기 좋은 환경이다.

1 글의 제목으로 가장 알맞은 것은?

① A Trip to Death Valley
② Key Elements in Stones
③ The Natural Forces That Move Rocks
④ How Ancient People Built Stone Cities
⑤ Measuring the Weather with Technology

고난도
2 (A), (B), (C)의 각 네모 안에서 문맥에 맞는 단어로 가장 적절한 것은?

	(A)		(B)		(C)
①	move	······	combination	······	kept
②	move	······	separation	······	kept
③	move	······	combination	······	solved
④	stay	······	separation	······	kept
⑤	stay	······	combination	······	solved

3 글에서 sailing stones의 생성 조건으로 언급된 것은?

① 강우량 ② 온도 ③ 풍속
④ 얼음의 두께 ⑤ 일조 시간

서술형
4 다음 빈칸에 알맞은 단어를 [보기]에서 골라 쓰시오.

[보기] push melt make freeze break

Elements	What They Do
rain	(1) ___________(e)s a shallow pond
sun	(2) ___________(e)s the ice and (3) ___________(e)s it into pieces
wind and ice	(4) ___________ against the rocks

Words sail [동] 항해하다; *미끄러지듯 나아가다 decade [명] 10년 weigh [동] 무게가 ~이다 up to ~까지 combination [명] 결합 separation [명] 분리, 구분 shallow [형] 얕은 freeze [동] 얼다 surround [동] 둘러싸다 melt [동] 녹다, 녹이다 break up into ~로 부서지다 sheet [명] 시트, 판, 장 reach [동] 도착하다; *(어떤 상태나 결과에) 이르다[도달하다] [문제] element [명] 요소, 성분

Section 09

3

Think!

What comes to mind when you think about winter?

152 words

Snow isn't always white. A type of ⓐ <u>mysterious pink snow</u>, known as "watermelon snow," has been found in various places around the world, including the Rocky Mountains, the Himalayas, the Arctic, and Antarctica. For thousands of years, people were unable to explain ⓑ <u>it</u>. Finally, a scientist discovered its cause— 5 tiny reddish *algae. These algae tend to bloom in conditions that include freezing temperatures and the presence of water. For this reason, watermelon snow occurs in **mountain ranges and other places where ***glaciers exist. When the sun begins to melt ⓒ <u>snow</u> in early spring, the algae begin to bloom rapidly in snow. This 10 colors the snow pink. Pink snow may be pretty, but it actually causes a serious problem. Watermelon snow's pinkish color makes ⓓ <u>it</u> absorb more sunlight, which speeds up the melting process of glaciers. Considering that the rapid melting of glaciers threatens life on Earth, ⓔ <u>it</u> is definitely not our friend! 15

*algae 말, 조류(물속에 사는 하등식물)   **mountain range 산맥   ***glacier 빙하

Knowledge Bank 🌱 수박 눈이 빛을 더 많이 흡수하는 이유

물질의 색은 그것이 어떤 색의 빛을 반사하느냐에 따라 달라진다. 예를 들어, 붉게 보이는 물질은 붉은 빛을 반사하는 것으로, 물질이 모든 빛을 흡수하면 검게, 모든 빛을 반사하면 하얗게 보인다. 따라서 분홍 빛을 반사하는 수박 눈은 모든 빛을 반사하는 흰 눈에 비해 빛을 더 많이 흡수한다.

1 글의 제목으로 가장 알맞은 것은?

① Watermelon Snow: Pretty but Problematic

② The Benefits of a World Without Any Snow

③ Protecting Glaciers with Tiny Reddish Algae

④ Turning Snow All the Colors of the Rainbow

⑤ Is It Possible to Grow Watermelons in the Arctic?

✦✖✦
고난도

2 글의 밑줄 친 ⓐ~ⓔ 중, 가리키는 대상이 나머지 넷과 <u>다른</u> 것은?

① ⓐ　　② ⓑ　　③ ⓒ　　④ ⓓ　　⑤ ⓔ

3 글을 읽고 수박 눈에 관해 답할 수 <u>없는</u> 질문은?

① Where has it been found?

② Why does it occur in places where glaciers exist?

③ What makes it pink?

④ What color does it turn after it melts?

⑤ What does it cause?

서술형✏️

4 다음 빈칸에 알맞은 단어를 글에서 찾아 쓰시오.

> Watermelon snow is pink because it has tiny pinkish _____ in it. By absorbing more sunlight, it makes _____ melt faster.

Have you ever seen tiny objects floating in a sunbeam? They are often <u>pieces of dust and other material</u> produced when coal and oil are burned. They cause air pollution and increase the risk of many diseases. However, they also cause another problem—they make the earth darker. This is known as *global dimming. 5

(A) This is because these tiny objects in the air absorb some of the sun's energy and reflect **solar radiation back into space. (B) Studies have shown that the earth currently receives less sunlight than it did 50 years ago. (C) They also pollute clouds, making it harder for sunlight to pass through. As a result of these 10 things, some sunlight cannot reach the earth's surface. Since all living things need sunlight to survive, global dimming can have serious effects. It can also cause changes in the earth's weather.

What should we do to reduce dust and stop global dimming?

*global dimming 지구 흐리기 현상   **solar radiation 태양 복사열

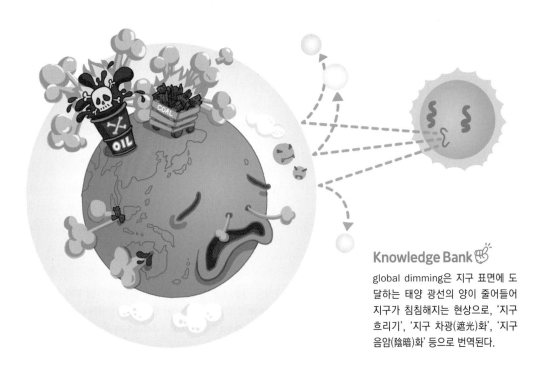

Knowledge Bank

global dimming은 지구 표면에 도달하는 태양 광선의 양이 줄어들어 지구가 침침해지는 현상으로, '지구 흐리기', '지구 차광(遮光)화', '지구 음암(陰暗)화' 등으로 번역된다.

1 What is the passage mainly about?

① ways to stop global dimming

② the different roles of sunlight

③ the importance of coal and oil

④ global warming and global dimming

⑤ causes and effects of global dimming

2 Which is the best order of the sentences (A) ~ (C)?

① (A) – (B) – (C)   ② (B) – (A) – (C)   ③ (B) – (C) – (A)

④ (C) – (A) – (B)   ⑤ (C) – (B) – (A)

✦✖✦
고난도

3 Which is NOT true according to the passage?

① Burning coal and oil can cause global dimming.

② Global dimming is an environmental problem where the earth becomes darker.

③ The dust in the air increases the amount of solar radiation reaching the earth.

④ The earth gets less sunlight than it did in the past.

⑤ Polluted clouds prevent sunlight from passing through to the earth.

서술형 ✎

4 What are three effects of the underlined pieces of dust and other material?
Write them in Korean.

_____

Words · float ⑧ 뜨다, 떠다니다   sunbeam ⑨ 햇살   coal ⑨ 석탄   pollution ⑨ 오염 (pollute ⑧ 오염시키다)   space ⑨ 공간; *우주
currently ⑨ 현재

Review Test

1 다음 빈칸에 알맞은 단어를 보기 에서 골라 쓰시오.

> 보기 | float   weigh   surround

1) The packages _____ 3.5 kg in total.
2) Sweet scents _____ through the air.

2 다음 밑줄 친 단어와 반대 의미의 단어를 고르시오.

> As the climate warms, the glacier will <u>melt</u>.

① reach   ② bloom   ③ freeze   ④ pollute   ⑤ threaten

[3-4] 다음 글을 읽고, 물음에 답하시오.

The "Keeling Curve" is a graph that shows the changes in the level of CO_2 in the air over time in a particular place. (a) Interestingly, the higher the curve goes, the more severe the weather becomes. (b) This is because CO_2 is highly related to climate change. (c) In fact, CO_2 is also a significant component of plant growth. (d) Let's look at the example of typhoons. (e) If CO_2 levels in the air increase, temperatures and sea levels around the globe rise. This increases the amount of water *vapor in the air. All those water **molecules rub together and create energy. Typhoons absorb this energy and become stronger and more dangerous than before. _____, an increase of CO_2 can endanger people's lives by causing violent weather events.

*vapor 증기 **molecule 분자

수능유형 **3** (a)~(e) 중, 전체 흐름과 관계<u>없는</u> 문장을 고르시오.

① (a)   ② (b)   ③ (c)   ④ (d)   ⑤ (e)

서술형 **4** 빈칸에 들어갈 말로 가장 알맞은 것을 고르시오.

① For example   ② However   ③ Instead
④ In other words   ⑤ Moreover

[5-6] 다음 글을 읽고, 물음에 답하시오.

A type of mysterious pink snow, known as "watermelon snow," has been found in various places around the world. (A) For thousands of years, people were unable to explain it. (B) These *algae tend to bloom in conditions that include freezing temperatures and the presence of water. (C) Finally, a scientist discovered its cause—tiny reddish algae. For this reason, watermelon snow occurs in **mountain ranges and other places where ***glaciers exist. When the sun begins to melt snow in early spring, the algae begin to bloom rapidly in snow. This colors the snow pink.

*algae 말, 조류(물속에 사는 하등식물)   **mountain range 산맥   ***glacier 빙하

5 문장 (A)~(C)를 글의 흐름에 알맞게 배열한 것을 고르시오.

① (A) – (B) – (C)   ② (A) – (C) – (B)   ③ (B) – (C) – (A)

④ (C) – (A) – (B)   ⑤ (C) – (B) – (A)

서술형 **6** 다음 영영풀이가 나타내는 단어를 글에서 찾아 원형으로 쓰시오.

to happen or take place

_____

7-8 다음 글을 읽고, 물음에 답하시오.

Have you ever seen tiny objects floating in a sunbeam? They are often pieces of dust and other material produced when coal and oil are burned. They cause air pollution and ⓐ decrease the risk of many diseases. However, they also cause another problem—they make the earth ⓑ darker. This is known as *global dimming. Studies have shown that the earth currently receives about ⓒ less sunlight than it did 50 years ago. This is because these tiny objects in the air absorb some of the sun's energy and ⓓ reflect **solar radiation back into space. They also pollute clouds, 햇빛이 통과하는 것을 더 어렵게 만든다. As a result of these things, some sunlight cannot ⓔ reach the earth's surface.   *global dimming 지구 흐리기 현상   **solar radiation 태양 복사열

수능유형 **7** 밑줄 친 ⓐ~ⓔ 중, 단어의 쓰임이 적절하지 않은 것을 고르시오.

① ⓐ   ② ⓑ   ③ ⓒ   ④ ⓓ   ⑤ ⓔ

서술형 **8** 밑줄 친 우리말과 같은 뜻이 되도록 상자 안의 말을 바르게 배열하시오.

it, pass through, making, for, sunlight, to, harder

_____

모든 동물들의 행복을 빌어줘

우리나라에서 반려동물을 키우는 인구가 천만 명을 돌파했다고 합니다. SNS에는 귀여운 동물들의 사진들이 넘쳐납니다. 사진들을 보다 보면, 크기가 지나치게 작거나 큰 동물, 여러 종의 특성을 섞어 놓은 듯한 특이한 고양이와 강아지를 쉽게 볼 수 있는데요, 이렇게 동물들을 개량하고 입양하는 것에 문제는 없을까요?

반복적인 교배와 안락사를 통해 얻어지는 품종묘

품종묘란 인간이 특정 개체의 고양이를 얻으려고 반복적인 교배를 통해 만들어낸 고양이를 일컫습니다. 원하는 품종의 고양이가 나올 때까지 교배를 한 후 원하는 모습이 아닐 경우 안락사를 하기도 하여 사회적 논란이 되고 있습니다. 또 다른 문제는 이런 과정을 거쳐 태어난 품종묘가 유전적으로 특정 질병을 지니고 태어나는 경우가 많다는 점입니다. 질병 진단 후 예상 수명은 약 5년으로 매우 짧으며, 끊임없는 관리가 필요합니다. 대표적인 예로 안으로 접히는 둥근 귀를 가진 고양이를 얻기 위해 일부러 연골이 기형으로 형성되도록 교배하는 경우가 있습니다. 이 고양이들은 일부 연골에 결손이 나타나는 골연골 이형성증이라는 유전병을 가지고 태어나 움직일 때마다 관절에 통증을 느낀다고 합니다.

▲ 스코티시폴드

▲ 먼치킨

▲ 페르시안

래브라도 리트리버와 푸들 두 종의 장점만 취한다고?!

오늘날 반려견 트렌드 중 하나는 '디자이너 도그'입니다. 디자이너 도그란 말 그대로 '디자인된' 개로, 서로 다른 순종견을 교배시켜 두 종의 장점을 취하고자 만든 종류입니다. 대표적인 예로 래브라두들(Labradoodle)이 있는데, 래브라도 리트리버의 몸집이 크고 사교성이 좋다는 장점과 푸들의 털이 잘 빠지지 않는 특성을 함께 취하고자 개량된 종류입니다. 그런데 문제는 디자이너 도그라고 해서 모두가 양 부모견의 성향을 그대로 물려받지는 않는다는 점입니다. 즉, 원하는 특성을 지닌 강아지가 나온다는 보장이 없다는 말이죠. 그리고 여러 질병이나 문제들을 평생 겪게 될 위험도 큽니다. 퍼그나 불독, 페키니즈 등 얼굴이 평평한 견종에서 나온 디자이너 도그는 일반적으로 호흡 관련 증상인 단두종 증후군을 앓게 된다고 합니다. 호흡 속도가 너무 빨라서, 몇 번의 호흡을 하지 못하게 되면 산소 부족으로 고통을 겪습니다.

▲ 래브라두들

▲ 퍼그

▲ 프렌치 불독

Think!
What is the
difference
between liquids
and solids?

157 words

Glass in some windows of old cathedrals is thicker near the bottom. Tour guides often say that this happens because glass is actually a type of liquid that slowly flows downward over hundreds of years. Is this true? 5

Glass is not a liquid, but a special type of solid. Normal solids, like gold, have very straight and ordered *molecules. If you heat gold, it becomes a liquid like water, and the molecules move around. When gold cools down, the molecules line up, and gold 10 will become a perfectly straight solid again, much like ice. When glass is heated and becomes a liquid, its molecules also move around. However, when glass cools to become a solid, its molecules still remain uneven. Even though these molecules are uneven, they can't move freely like a liquid's molecules. 15

So, why are old windows thicker near the bottom? It's simply because people had not yet learned how to make perfectly flat glass!

*molecule 분자

Knowledge Bank 🐛 액체와 고체의 성질을 모두 가진 비결정고체
고체처럼 만지면 딱딱하지만 원자·분자·이온의 배열이 액체처럼 흐트러져 있는 고체를 비결정고체라고 하며, 대표적인 예로 유리, 엿, 플라스틱이 있다. 각 입자 사이에 강한 인력이 있어 자유로이 돌아다니지는 못하지만 배열은 불규칙하다. 이런 비결정고체는 녹는점이 일정하지 않아 넓은 범위의 온도에서 점차 액체로 변한다.

1 글의 주제로 가장 알맞은 것은?

① what glass really is

② how to make glass windows

③ differences between solids and liquids

④ how molecules affect everyday objects

⑤ why old cathedrals have colorful windows

Section 10

✦✖✦
고난도

2 다음 중, 밑줄 친 some windows of old cathedrals의 단면을 그림으로 가장 잘 표현한 것은?

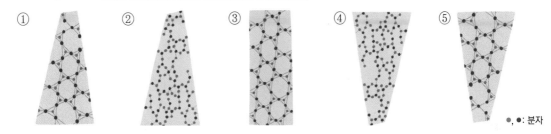

① ② ③ ④ ⑤

•, ● : 분자

3 글의 내용과 일치하면 T, 그렇지 않으면 F를 쓰시오.

(1) 일반적으로 고체는 액체보다 분자 배열이 규칙적이다. _____

(2) 어떤 창문의 두께가 일정하지 않은 것은 유리의 액체 성질 때문이다. _____

서술형 ✏

4 다음 빈칸에 알맞은 단어나 표현을 보기에서 골라 쓰시오.

보기 | molecules   normal solid   cathedrals   liquid   glass

	(1) _____	(2) _____	(3) _____
Structure of (4) _____		not straight	straight
Can you see it flow?		yes	no

Words | cathedral 명 대성당   downward 부 아래쪽으로   solid 명 고체   normal 형 보통의, 일반적인   ordered 형 정돈된, 질서
정연한   line up 줄을 서다   uneven 형 평평하지 않은; *고르지 않은   flat 형 평평한   [문제] structure 명 구조(물)

152 words

In the middle of a cold river, a circle of ice slowly spins like a merry-go-round. _____(A)_____ it looks mysterious, it is actually a natural formation called an "ice circle." Ice circles, which are usually found in cold parts of North America and Europe, can be as small as a CD or as large as 17 meters across. _____(A)_____ people used to think that flowing water caused ice circles to spin, they also have been found in lakes where the water doesn't move.

Scientists figured out the real reason why ice circles spin. First of all, cold water is generally heavier than warm water. Secondly, water spins as it sinks. Think of water going down a drain. As an ice circle slowly melts, it cools the water right under it. This water sinks because it is heavier than the lake's warmer water. As it sinks, it spins, causing the ice above it to _____(B)_____ too!

Knowledge Bank 물의 독특한 성질

대부분의 물질은 온도가 높아지면 분자가 활발하게 활동하여 분자간 거리가 커지므로 밀도(= 질량/부피)가 작아진다. 즉, 밀도는 기체 《 액체 〈 고체 순이다. 단, 물은 0℃~4℃에서는 이 법칙이 적용되지 않고, 또, 얼음(고체)이 될 때 분자의 배열이 바뀌어서 밀도가 기체 《 고체 〈 액체 순이다.

* **아이스 서클**은 얼음이 녹으면서 조각이 되고, 조각이 회전하며 둥글게 깎인 것이다.

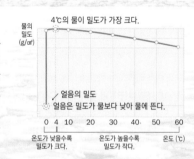

1 글의 제목으로 가장 알맞은 것은?

① How Ice Circles Work
② Why Water Spins As It Sinks
③ Mysterious Ice That Never Melts
④ What Happens to Rivers in Winter
⑤ Hidden Danger: Ice on Merry-Go-Rounds

2 글의 빈칸 (A)에 공통으로 들어갈 말로 가장 알맞은 것은?

① If ② When ③ Although
④ Before ⑤ Because

서술형
3 글의 빈칸 (B)에 알맞은 단어를 글에서 찾아 쓰시오.

____

4 아이스 서클에 관한 글의 내용과 일치하지 않는 것은?

① 자연 현상이다.
② 주로 북아메리카와 유럽에서 볼 수 있다.
③ 그 크기가 다양하다.
④ 고인 물에서도 회전한다.
⑤ 그 생성 조건이 밝혀졌다.

Words spin [동] 돌다, 회전하다 merry-go-round [명] 회전목마 formation [명] 형성(물) across [부] 가로질러; *지름[직경]으로
figure out ~를 알아내다 sink [동] 가라앉다 drain [명] 배수관

154 words

Have you ever noticed that all of the soda cans in the supermarket are shaped like cylinders? Why do you think they are shaped this way? Is <u>it</u> because ⓐ <u>cylinders</u> look good? Or is it because ⓑ <u>they</u> are easy to hold? Actually, ⓒ <u>they</u> have several advantages. One of ⓓ <u>them</u> is that they are economical! We can ⁵ use math to show how ⓔ <u>they</u> help manufacturers save money. The amount of material a shape requires is called its "*surface area," and the amount of soda it can hold is called its "volume." So, for the manufacturers, the best shape would be one with the lowest surface area and the highest volume. The sphere is ¹⁰ the shape with the lowest surface area compared to its volume.

But imagine sphere-shaped soda cans! When you put them down, they would roll away. Thus, the cylinder, which requires a little more aluminum than a sphere but stays still, is used! ¹⁵

*surface area 표면적

Knowledge Bank 🖐 서로 다른 도형의 부피가 같을 때 표면적[겉넓이]은 어떻게 다를까?

	삼각기둥	사각기둥	원기둥	구
도형				
부피	1,000 cm³	1,000 cm³	1,000 cm³	1,000 cm³
표면적[겉넓이]	656 cm²	600 cm²	554 cm²	483 cm²

1 글의 제목으로 가장 알맞은 것은?

① The Amusing Shapes of Soda Cans
② The Math Behind Soda Can Shapes
③ Cylinder-Shaped Cans vs. Sphere-Shaped Cans
④ The Most Economical Soda Can Shape—The Sphere!
⑤ Surface Area and Volume: Why Are They Important?

2 글의 밑줄 친 ⓐ~ⓔ 중, 가리키는 대상이 나머지 넷과 <u>다른</u> 것은?

① ⓐ ② ⓑ ③ ⓒ ④ ⓓ ⑤ ⓔ

서술형

3 글의 밑줄 친 <u>it</u>이 가리키는 내용을 우리말로 쓰시오.

____

고난도 서술형

4 다음 빈칸에 알맞은 단어를 글에서 찾아 쓰시오.

> The most __________ shape for a soda can is the sphere, which uses the least amount of __________ and holds the greatest amount of __________.

Words shape [동] (어떤) 모양[형태]으로 만들다 [명] 모양 cylinder [명] 원기둥 hold [동] 잡다; 담다 economical [형] 경제적인, 실속 있는 manufacturer [명] 제조자 the amount of ~의 양 volume [명] 책, 권; *부피 sphere [명] 구(球) compared to ~와 비교[대비]하여 put down 내려놓다 still [형] 가만히 있는, 정지한 [문제] amusing [형] 재미있는

Section 10

4

Think!

Where can you see symbols such as I, II, and III?

153 words

Do you know what XIX means? It is not a word but the number 19. It looks different because it is a Roman numeral. Roman numerals may seem complicated, but you only need to know three things to read them!

1. Learn the seven numerals: I=1, V=5, X=10, L=50, C=100, D=500, and M=1,000. Of these numerals, I, X, C, and M can be repeated up to three times, and you need to add them.
e.g. II = 1+1 = 2   XXX = 10+10+10 = 30

2. If a numeral comes after a larger one, add them. If a numeral comes before a larger one, subtract it from the larger one. However, you can subtract only one number from another, so 3 is III, not IIV.
e.g. VI = 5+1 = 6   IV = 5–1 = 4

3. If there are more than three numerals, find any numerals before larger ones and do the subtraction. Then add the rest.
e.g. XIV = 10+(5–1) = 14   XLIX = (50–10)+(10–1) = 49

Now you can read complicated Roman numerals! Try this one: What does CXLIV mean? The answer is _____.

안쪽에서부터 별자리, 로마 숫자, 중세 아라비아 숫자로 이루어진 중세 천문시계
@ 체코 프라하 ▶

Knowledge Bank

로마 숫자는 고대 로마에서 쓰던 기수법으로, 13세기 말경까지 약 2천년 동안 유럽 전역에서 사용되다가 14세기 이후에는 사용이 편리한 아라비아 숫자에 점차 자리를 내주었다. 기본 문자는 7개이지만, 문자 위에 줄을 그어 1,000배를 나타내는 방식으로 더 큰 숫자를 나타낼 수 있었다. 예를 들어 M̄은 1,000,000을 뜻한다.

1 What is the passage mainly about?

① how to read Roman numerals

② the history of Roman numerals

③ doing math with Roman numerals

④ reasons for using Roman numerals

⑤ the complexity of Roman numerals

2 Which is the best choice for the blank?

① 35　　　② 144　　③ 146　　④ 164　　⑤ 166

✦✕✦
고난도

3 Which statements are true according to the passage?

> (A) The numeral X can be repeated two times.
> (B) When a numeral follows a larger one, add them.
> (C) If there are more than three numerals, add all the numerals.

① (A)　　　　　　② (B)　　　　　　③ (A), (B)

④ (B), (C)　　　　⑤ (A), (B), (C)

서술형 ✎

4 Fill in the blank with the word from the passage.

> The number 3 is III not IIV because you can _____ only one
> smaller number from a larger one.

Words numeral 명 숫자　repeat 동 반복하다　add 동 추가하다; *합하다　subtract 동 빼다 (subtraction 명 뺄셈)　the rest
나머지　[문제] complexity 명 복잡성　follow 동 따라가다; *뒤를 잇다

123

Review Test

1 다음 우리말과 일치하도록 빈칸에 알맞은 표현을 쓰시오.

I need to _____ _____ what's wrong with my smartphone.
(나는 내 스마트폰에 무슨 문제가 있는지 알아내야 한다.)

2 다음 밑줄 친 단어와 반대 의미의 단어를 고르시오.

If you subtract 10 from 100, you get 90.

① add   ② put   ③ stay   ④ take   ⑤ follow

3-4 다음 글을 읽고, 물음에 답하시오.

Glass in some windows of old cathedrals is thicker near the bottom. Tour guides often say that this happens because glass is actually a type of liquid that slowly flows downward over hundreds of years. Is this true? Glass is not a liquid, but a special type of solid. Normal solids, like gold, have very straight and ordered *molecules. If you heat gold, it becomes a liquid like water, and the molecules move around. When gold cools down, the molecules line up, and gold will become a perfectly straight solid again, much like ice. When glass is heated and becomes a liquid, its molecules also move around. However, when glass cools to become a solid, its molecules still remain uneven. Even though these molecules are uneven, they can't move freely like a liquid's molecules.

*molecule 분자

서술형 **3** 밑줄 친 this가 의미하는 내용을 우리말로 쓰시오.

_____

수능유형 **4** 글의 내용과 일치하지 않는 것을 고르시오.

① 금은 매우 곧고 질서 정연한 분자들을 가지고 있다.
② 금을 가열하면 액체가 되고 분자들은 여기저기 이동한다.
③ 금이 식으면 고체가 되고 질서 정연한 분자들을 갖게 된다.
④ 유리를 가열하면 액체가 되고 분자들은 여기저기 이동한다.
⑤ 유리가 식으면 고체가 되고 고른 분자들을 갖게 된다.

5-6 다음 글을 읽고, 물음에 답하시오.

Ice circles, which are usually found in cold parts of North America and Europe, can be as small as a CD or as large as 17 meters across. Although people used to think that flowing water caused ice circles to spin, they also have been found in lakes where the water doesn't move. Scientists figured out the real reason why ice circles spin. (①) First of all, cold water is generally heavier than warm water. (②) Secondly, water spins as it sinks. (③) Think of water going down a drain. (④) As an ice circle slowly melts, it cools the water right under it. (⑤) As it sinks, it spins, causing the ice above it to spin too!

수능유형 5 다음 문장이 들어갈 위치로 가장 알맞은 곳을 고르시오.

This water sinks because it is heavier than the lake's warmer water.

① ② ③ ④ ⑤

6 다음 영영풀이가 나타내는 단어를 글에서 찾아 쓰시오.

to turn quickly around a central point

_____

7-8 다음 글을 읽고, 물음에 답하시오.

Have you ever noticed that all of the soda cans in the supermarket are shaped like cylinders? Why do you think they are shaped this way? Is it because cylinders look good? Or is it because they are easy to hold? Actually, they have several _____. One of them is that they are economical! We can use math to show 그것들이 제조자들이 돈을 아끼도록 돕는 방법. The amount of material a shape requires is called its "*surface area," and the amount of soda it can hold is called its "volume." So, for the manufacturers, the best shape would be one with the lowest surface area and the highest volume. The sphere is the shape with the lowest surface area compared to its volume.

*surface area 표면적

수능유형 7 빈칸에 들어갈 말로 가장 알맞은 것을 고르시오.

① shapes　　② uses　　③ designs　　④ advantages　　⑤ features

서술형 8 밑줄 친 우리말과 같은 뜻이 되도록 상자 안의 말을 바르게 배열하시오.

manufacturers, help, save, how, money, they

_____

프랑스와 덴마크에서 숫자를 읽으려면

수학을 배우기 시작했을 때 가장 먼저 알아야 하는 것은 무엇인가요? 아마 대부분의 사람들은 숫자 읽기가 가장 우선이라고 생각할 거예요. 그런데 세계에는 72라는 숫자를 읽으려면 60+12의 개념을 먼저 알아야 하는 나라도 있고, 50이라는 숫자를 읽으려면 20×2.5를 알아야 하는 나라도 있다고 해요. 도대체 숫자를 어떻게 읽는 걸까요?

프랑스어로 큰 숫자를 세려면 덧셈과 곱셈의 개념을 알아야 해요. 60까지 *10진법을 사용하고, 61부터 99까지는 20진법을 사용하기 때문에 조금 복잡하답니다. 즉, 60까지는 우리말과 비슷하게 읽지만, 70부터는 약간의 산수를 하며 읽어야 해요. 예를 들어 70(soixante-dix)은 '60(soixante), 10(dix)'으로 읽고, 78(soixante-dix-huit)은 '60(soixante), 10(dix), 8(huit)'로 읽는 등 60을 기준으로 덧셈의 개념이 사용돼요. 심지어 80부터는 20을 기준으로 한 곱셈의 개념까지 들어간다고 하네요. 81(quatre-vingt-un)은 '4(quatre), 20(vingt), 1(un)'인데요, 4에 20을 곱한 후 1을 더한 것이랍니다.

70	60 (soixante) +10 (dix)	soixante-dix
72	60 (soixante) + 12 (douze)	soixante-douze
78	60 (soixante) + 10 (dix) + 8 (huit)	soixante-dix-huit
81	4 (quatre) x 20 (vingt) + 1 (un)	quatre-vingt-un
90	4 (quatre) x 20 (vingt) + 10 (dix)	quatre-vingt-dix
98	?	?

Q: 빈칸엔 어떤 말이 들어갈까요? 한번 써보세요.

퀴즈가 어려웠나요? **덴마크어**로 숫자를 들으면 머리가 더 복잡해질지도 몰라요. 덴마크에서 98은 '8 그리고 다섯 번째 0.5(= 4.5) 곱하기 20' 이랍니다. 대체 무슨 말이냐고요? 간단하게(?) 세 가지만 알면 돼요.
① 우선 10의 자리 수보다 1의 자리 수를 먼저 읽어요. (예. 18은 '8 그리고 10')
② 50 이상의 큰 숫자를 말할 때 10의 자리 수를 모두 20을 기준으로 표현해요. (예. 50은 '2.5 곱하기 20')
③ 위 경우, 20을 기준으로 표현할 때 20에 곱해지는 수는 '몇 번째 0.5'인지로 표현해야 해요. (예. 50은 '세 번째 0.5(= 2.5) 곱하기 20') (즉, 0.5, 1.5, 2.5, …를 나타내죠.)

더 놀라운 건, 읽기에 너무 길어진 숫자를 위한 줄임말까지 있다는 사실! 예를 들어, 50은 halvtredsindstyve인데, 줄여서 halvtreds를 사용해요. 이런 복잡한 숫자를 일상적으로 사용하는 덴마크 국민들은 정말 대단하지 않나요?

A: 4(quatre)×20(vingt)+10(dix)+8(huit), quatre-vingt-dix-huit
*10진법: 0~9까지 10개의 숫자를 사용하여 수를 나타내는 방식으로, 현재 우리가 사용하고 있는 기본적인 수 체계이다.

Reading TUTOR 리딩튜터

리딩튜터

Junior 4

직독직해 Worksheet

1 여행을 하며 문화를 배워요

① What's a day in the life / of a tour guide like? / ② To learn more about this interesting job, / *Travel Magazine* spent a day / with Antonio, / a tour guide in Spain. /

③ **Preparing for a Tour** /

④ Antonio leads multiple tours / each day, / and he always makes sure / that everyone knows where and when to meet. / ⑤ He instructs them to arrive at the meeting point / 10 minutes early. /

⑥ **Sharing Spanish Culture** /

⑦ Antonio starts his tours / by introducing several historic buildings. / ⑧ He / then / brings visitors / to see murals / that show the history of the city. / ⑨ Around noon, / Antonio takes them to a place / that serves a local food, *pinchos*. / ⑩ *Pinchos* are snacks / served on top of a small slice of bread. / ⑪ After lunch, / he shares hidden stories / about the region / while walking around. /

⑫ **Wrapping Up** /

⑬ Antonio concludes every tour / by asking for a review. / ⑭ This information helps him / improve his wonderful tours. /

2 거미줄이 가져다준 선물

① One day, / a boy visited his grandmother, Nokomis. /

⑮ As he entered her home, / he noticed a spider spinning its web / by a window. /

⑯ Taking off his shoe, / he shouted, "Grandma!" / ⑰ With his shoe in his hand, / he rushed over / to kill the creature. / ⑱ "Sweetheart," Nokomis said, / "Please don't. /

⑲ It won't hurt you / and it is making a beautiful web." /

⑧ Later on, / she visited the spider. / ⑨ Actually, / it was not an ordinary spider / — it had powerful magic! / ⑩ "You saved me, Nokomis," it said. / ⑪ "Without you, / I would have died." / ⑫ Nokomis smiled and responded, / "It was my pleasure." / ⑬ "Let me repay you, faithful friend," / the spider said. / ⑭ Then / it began moving through its web. /

② "As you know, / my web catches prey. / ③ But look closer. / ④ Each stitch catches bad dreams, too! / ⑤ Remember my technique, Nokomis, / and use it / to weave your own webs. / ⑥ The webs will bring you wonderful dreams / each night." / ⑦ "Thank you! I will," Nokomis said, / "And I shall call them dream catchers." /

3 그리스 로마 신화에 숨겨진 'clue'

① The word "clue" has / an interesting history. / ② Originally, / the word was

spelled "clew," / and it meant a ball of thread. / ③ Today, / it refers to something / that

helps answer a question / or solve a mystery. / ④ The reason lies / in the ancient Greek

myth of Theseus and the Minotaur. / ⑤ The Minotaur was a monster / that was half

bull and half human, / and it lived / in a huge maze. / ⑥ Theseus wanted to kill the

Minotaur, / but the maze was very difficult / to escape from. / ⑦ A princess named

Ariadne / solved the problem / by giving Theseus a ball of thread. / ⑧ As he went

through the maze, / he left the thread / in a trail / behind him. / ⑨ He could just follow

it / to find his way back / after killing the Minotaur. / ⑩ That is how / the word "clew"

got the meaning / that we are familiar with today. / ⑪ The modern spelling "clue" was

first recorded / in the 1400s. / ⑫ Over time, / this spelling became more common, /

and now it is standard. /

4 그걸 다 센다고?

① If you're fascinated by Guinness World Records, / being a world-record judge / might be the perfect career. / ② This is because / there are many different kinds of record attempts / to judge. / ③ You might be sent / to watch / a man try to stack three eggs vertically / with his bare hands, / for example. / ④ You would have to check / that he used only fresh and uncracked eggs. / ⑤ Also, you would need to make sure / that the eggs stayed upright / for more than five seconds. / ⑥ Or you might be sent / to an event / that claims to have the largest number / of different tomato varieties / in a single place. / (⑦ Spain is famous for its traditional Tomato Festival, / which uses about 40 tons of tomatoes / each year. /) ⑧ You'd have to count those tomatoes / and take a picture of each one. /

⑨ To become a Guinness World Records judge, / you need to be accurate, responsible, / and good at applying rules. / ⑩ You must also have the ability / to share bad news with people / who fail to set a record / and be willing to travel. / ⑪ If you meet these requirements, / you might become a judge someday! /

1 감자칩 봉지의 색다른 활용

① Did you just finish a bag of chips? / ② Most people throw the empty bag away. /

③ However, / at a nonprofit organization / in the U.S., / empty chip bags are being

transformed / into sleeping bags. /

④ Eradajere Oleita / from Nigeria / came up with this project. / ⑤ She found a

video / in which someone used empty chip bags / to make a sleeping bag. / ⑥ At first, /

she decided to make the bags / for the homeless / by herself, / but / after a while / she

recruited volunteers / to help her. /

⑦ To make the sleeping bags, / the chip bags are soaked / in hot, soapy water. /

⑧ Next, / they are cut open / and ironed together. / ⑨ Finally, / padding from old

jackets is put / inside the sleeping bags / to make them warmer. / ⑩ After the whole

process is completed, / the volunteers go into the streets / and give out the bags / to

homeless people. /

⑪ The project is a great example / of "two birds with one stone." / ⑫ Homeless

people can stay warm / while the amount of garbage / being thrown away / is reduced. /

2 함께 해변을 즐겨요

① For people who have difficulty walking, / visiting a beach can be tough. /

② Thankfully, / Greece has developed a new way / for disabled people / to access the

sea / —Seatrac. /

③ Seatrac looks like a chair / attached to a long track / that stretches into the water. /

④ It carries the user / into the sea / safely and smoothly. / ⑤ The system is ideal /

for people who have trouble walking, / including pregnant women and the elderly. /

⑥ The chair is managed by remote control. / ⑦ Users can use the remote control / to

operate the chair / and move it along the track. / ⑧ The system is powered entirely /

by solar energy. / ⑨ It does not need / any other form of power. /

⑩ People can use the Seatrac service / for free / in Greece. / ⑪ The system has

been mainly funded / by the Greek government and the EU. / ⑫ The hope is / that

everyone can access Greece's beautiful beaches / without any difficulties. /

3 웃고 우는 책

① Imagine / your teacher gives you homework about vegetarianism. / ② You could

research the topic on the Internet / or visit a library / to find information. / ③ But

there's a better way. / ④ Why not talk directly to a vegetarian / at a human library? /

⑤ Human libraries, / sometimes referred to as "living libraries," / give people

the chance / to learn about topics / from living experts. / ⑥ Each expert is called a

"human book." / ⑦ People / who visit human libraries to learn / are called "readers." /

⑧ Readers can "borrow" human books / and have conversations with them. /

⑨ The purpose of human libraries / is to help / people learn from one another /

through direct communication. / ⑩ Human books can share their real life experiences /

with their own voices, / and readers can ask any specific questions / they have. /

⑪ Also, / human libraries encourage understanding / between people who would not

normally meet. / ⑫ It is hoped / that this will reduce problems / caused by prejudice

and stereotypes. /

⑬ What kind of book would you like to borrow / from a human library? /

4 아기가 자고 있어요!

① When you walk around / the streets of Denmark, / you may notice strollers /

outside. / ② The babies inside them are sleeping / in front of shops / even when the

weather is cold! /

③ In Denmark, / people frequently leave napping infants / outdoors. / ④ They

believe / it helps babies / to get used to cold weather, / which is essential / in northern

countries. / ⑤ They also think / that breathing fresh outdoor air can strengthen the

babies' immune systems, / reducing illness / and supporting healthy lungs. / However, /

there may be another reason / for this. / ⑥ People in Denmark tend to use large

strollers. / ⑦ They do not fit easily / in buildings / that were constructed 80 to 100

years ago. / ⑧ So, / maybe the practice is just / to avoid the difficulty of bringing

strollers indoors. /

⑨ The babies may look unsafe, / but don't worry! / ⑩ Some parents use a

thermometer / to make sure / it's not too cold / in the stroller. / ⑪ Others use a

monitor / to keep constant watch over the baby. /

1 일곱 개의 돌을 맞혀라!

① Lagori, / also known as seven stones, / is a traditional Indian game. / ② It is

played / by two teams / with a rubber ball and a pile of seven flat stones. / ③ The

players of one team / must throw a ball / at the pile. / ④ Each player gets three chances /

to knock it down. / ⑤ If the team fails / to knock the pile down, / then the opposing

team gets a chance / to throw a ball at the pile. / ⑥ But / if they succeed, / they become

the attacking team, / and they must stack the stones. / ⑦ While they are doing this, /

the defending team tries to hit any player of the attacking team / below the knees /

with the ball. / ⑧ They may not run / with the ball, / but they can pass it / to their

teammates. / ⑨ If the attacking team successfully stacks the stones, / they get a point. /

⑩ But / if the defending team hits any of the attacking team's players, / the teams

switch roles. /

2 이 정도는 돼야 고수지!

① Winning feels great. / ② But / do you know / what is better than winning? /

③ Winning a grand slam! / ④ The term "grand slam" was originally used / to refer to

an outstanding victory / in the card game bridge. / ⑤ A sports reporter first used the

term / when a tennis player won the four major tennis events. / ⑥ Eventually, / "grand

slam" became a term / used / when players in other sports accomplish great things, /

too. / ⑦ For example, / a golfer achieves a grand slam / when he or she wins all of the

major golf championships. / ⑧ When it comes to baseball, / a grand slam is / when a

batter hits a home run / with players on all the bases. / (⑨ However, / only 13 Major

League Baseball players / have hit two grand slams / in one game. /) ⑩ The term is also

used / in many other sports, / such as track and field, figure skating, and mountain

climbing. / ⑪ These days, / "grand slam" is even used / for great achievements in other

fields, / such as online games. /

3 끝난 게 아니야

① Bethany Hamilton grew up / in Hawaii, / where she began surfing / as a little

girl. / ② Her dream was to grow up to be a professional surfer. / ③ However, / when

Bethany was 13, / a shark attacked her / and bit her left arm. / ④ She was taken to

a hospital, / where doctors saved her life, / but she lost her arm. / ⑤ Most people

believed / that Bethany would never surf again. / ⑥ Bethany, / however, / had no

intention of giving up. / ⑦ One month after leaving the hospital, / Bethany was back

to surfing. / ⑧ She was in the ocean / almost every day, / learning to surf / without her

left arm. / ⑨ Less than a year after her attack, / Bethany entered a surfing competition. /

⑩ Bethany is now married / and has four children. / ⑪ She is still a passionate

professional surfer. / ⑫ Bethany knew / when she was a little girl / that she wanted to

be a surfer, / and nothing could stop her. / ⑬ Not even a shark! /

4 껌을 씹는 이유가 뭘까?

① If you enjoy watching baseball or soccer, / you might have noticed / something about the players. / ② Many of them chew gum! / ③ Have you ever wondered why? /

④ Researchers have claimed / that chewing gum improves athletes' performance. /

⑤ The action of chewing sends electrical signals / to the brain, / and this keeps the mind active. / ⑥ So / if athletes chew gum / while they play, / they can think faster / and concentrate better on the game. / ⑦ Their reactions will also be faster. / ⑧ Those are not the only benefits of chewing gum, / though. / ⑨ Research has shown / that athletes who chew gum / have relatively lower levels of a stress hormone / called cortisol. / Lower cortisol levels can help people / remain calm. / ⑩ When athletes stay calm, / they can make smart decisions / under pressure / and avoid mistakes. /

⑪ Therefore, / athletes can improve their performance / by chewing gum. / ⑫ The next time / you see athletes / chewing gum, / remember / that it helps them / perform at their best! /

1 계란, 그림에 양보하세요

① When we make a cake, / we use eggs / to make sure / that the dough sticks

together / and the cake doesn't fall apart. / ② Eggs can be used / for a similar purpose /

in art. / ③ They help bind the mixture of a certain kind of paint / called egg tempera. /

④ Egg tempera was commonly used / in Europe / until oil paints became more

popular / around the 1500s. / ⑤ To make egg tempera, / you need dry pigment and

egg yolk. / ⑥ The pigment provides the color, / and the yolk allows the pigment to

stick to a surface. / <u>Egg tempera dries more quickly than oil paint.</u> / ⑦ So / painters /

using egg tempera / had to work quickly / because they needed to apply the paint /

before it dried. / ⑧ However, / it produces a smooth finish, / and it does not fade as

quickly as oil paint does. / ⑨ Paintings such as Michael Damaskinos's *The Last Supper*

were made / centuries ago / with egg tempera, / and they can still be seen / today! /

2 머리가 없어도 놀라지 마세요!

① When it comes to Roman art, / headless sculptures have become iconic images. /

② Accidental damage is an obvious reason / for some of the missing heads. /

③ However, / some statues seem to be without their heads / for another reason. /

④ The Romans were very practical. / ⑤ So, / they wanted their artistic works /

to be adaptable to new situations. / ⑥ They understood / that public opinion could

change. / ⑦ Imagine you paid / for an expensive sculpture / of a heroic figure of the

time. / ⑧ What if the person suddenly became unpopular? / ⑨ There was an easy

solution / —simply remove the head / and replace it with another. / ⑩ Therefore, /

artists only needed to create a typical body with a removable head. /

⑪ By simply changing the head, / the statue could become anyone. / ⑫ Other

body parts may have also been changeable. / ⑬ However, / the head was considered

important / for identity, / so most statues had changeable heads. /

3 나도 이 집에 살고 싶어!

① In 17th and 18th century Europe, / some wealthy women had dollhouses / that

looked exactly like real homes / but were smaller. / ② They were up to two meters

tall / and open on one side. / ③ They also contained many objects / in each room, /

including tiny books, furniture, and dishes. / ④ Each of the objects was handmade /

and decorated in great detail. / ⑤ Some houses even had small paintings / done by

famous artists! / ⑥ It is no wonder / that the owners spent a lot of money / creating

them. / ⑦ Interestingly, / these houses were not toys / to play with. / ⑧ Collecting

them was considered a hobby / for adult women. /

⑨ In modern times, / these luxurious dollhouses / have turned out to have

historical value / as well. / ⑩ Some of them have special rooms / that existed only

inside / very old European houses. / ⑪ Since the real homes are no longer around, /

we can look at these old dollhouses / to see how people lived / at that time. /

4 누가 여자고 누가 남자게?

① I am sure / you have heard / of the great Italian artist Michelangelo. / ② His

paintings are all amazing, / but if you look closely, / you might discover something

strange. / ③ The appearances of the women / in many of his paintings / are unnatural. /

④ Many seem too muscular / to be women. / ⑤ Actually, / a study was conducted /

on this subject. / ⑥ Researchers studied the women / painted on the ceiling of the

Sistine Chapel, / one of Michelangelo's masterpieces. / (⑦ However, / all of his work

is so beautiful / that it is hard / to choose one piece. /) ⑧ According to the study, / the

women have many features / unique to the male body. / ⑨ They have broad shoulders

and narrow hips. / ⑩ They also have long thighs. / ⑪ This means / Michelangelo

likely used male models / to draw the women. / ⑫ No one knows for sure, / but it

was probably difficult / to find female models / at that time. / ⑬ So, / most likely, /

Michelangelo made sketches of male models / and painted women's clothing / on top

of them / to complete his paintings. /

1 생명을 지키는 뜨개질

① One of every hundred babies born across the world / suffers from heart disease. /

② Some of these newborns have a hole in their heart. / ③ They struggle to breathe /

and do not grow properly. / ④ A doctor in Bolivia decided to create a device / that can

help these babies. / ⑤ It had to be small / enough to fit in their tiny hearts. / This made

the doctor think of the Aymara people. / ⑥ Aymara women traditionally knit clothes

and blankets. / ⑦ He asked some of the Aymara women / to use their knitting skills /

to make the device. / ⑧ It was a great success! / ⑨ Because the device was very small

and sophisticated, / it took only 30 minutes / to insert it into the heart / and close

the hole. / ⑩ Thanks to this device, / the babies could avoid major surgery. / ⑪ Since

its initial success in Bolivia, / the device has been used / to save babies / in nearly 60

other countries. /

2 어디든 갈 수 있는 1m 구조대원

① After a terrible earthquake, / a building has collapsed! / ② Are there people trapped inside? / ③ How can we find them? / ④ This is a job for a robotic snake! /

⑦ A robotic snake is about 90 centimeters long / and only 5 centimeters wide. /

⑥ Its body consists of 16 separate sections, / so it can move in many different ways / by twisting, turning, and rotating. / ⑤ Because of this, / it can go places / where people and other robots cannot. /

⑧ When a building collapses, / the robot can be put inside it / with a rope. /

⑨ An engineer can then use a remote control / to make it move through pipes and other small spaces. / ⑩ It has a light on its head, / as well as a camera, a speaker, and a microphone. / ⑪ Therefore, / it can gather important information / about the situation inside. / ⑫ The engineer can even communicate with trapped people, / assuring them / that help is on the way. /

⑬ Hopefully, / the robotic snake will help save many lives / in the future! /

3 연기만 잘하는 게 아니었어!

① Hedy Lamarr was a Hollywood actress. / ② She was very famous, / but she found acting boring. / ③ So in her free time, / she worked on a variety of inventions, / including an improved traffic light / and a tablet that changed water into a soft drink. /

④ During World War II, / Lamarr wanted to help America and its allies. / ⑤ She decided to invent new technology / that could be used to win battles. / ⑥ Working together with a composer / named George Antheil, / Lamarr invented / a way of quickly switching between radio frequencies. / ⑦ It could be used / to stop the enemy from blocking messages. / ⑧ Although it was never used / during World War II, / the U.S. Navy began using it / 20 years later. /

⑨ In 1997, / Lamarr and Antheil were honored / for their work. / ⑩ Their invention helped others develop important new technology, / including Bluetooth, Wi-Fi, and GPS. / ⑪ Today, / some people even refer to Lamarr as "the mother of Wi-Fi." /

4 액체지만 강력해!

① Speed bumps are everywhere, / and they have an important purpose. / ② They

force drivers to slow down / to a safer speed. / ③ If they don't, / they risk damaging

their car / as they drive over the speed bump. / ④ However, / speed bumps sometimes

damage cars / even when they're moving at slow speeds. / ⑤ To deal with this problem, /

a company has created liquid speed bumps. / ⑥ They are made of strong plastic / and

contain a special liquid. / ⑦ When a car drives slowly / over one of these speed bumps, /

the liquid remains a liquid. / ⑧ But / if a car drives / over one / at high speeds, /

something amazing happens. / ⑨ The strong impact causes the liquid to harden / and

become an obstacle. / ⑩ Therefore, / these new speed bumps cause problems only for

fast drivers / and don't affect slow drivers. / ⑪ Liquid speed bumps are easy to install. /

⑫ And more importantly, / the company says / the liquid is safe / and won't harm the

environment. /

1 이거 내 얘기잖아?

① Have you ever taken a personality test? / ② Even though the information / it

provides / could be true / for lots of people, / you might feel like / it describes you

personally. / ③ This phenomenon is called the Barnum effect. /

④ The Barnum effect is a cognitive bias / that leads people to believe / that general

personality descriptions accurately represent them / as individuals. / ⑤ It has been

found / in individuals / responding to horoscopes, / fortune-telling, / and various

personality tests. / ⑥ Many personality tests, / such as the MBTI, / tend to provide /

a rather vague description of one's personality. / ⑦ In fact, / those descriptions are

designed / to be broadly appealing / on purpose. / ⑧ Yet individuals often think of

them / as their own unique personality traits./

⑨ To avoid falling for the Barnum effect, / remember / that broad statements can

apply / to lots of people / and may not show your true self. /

2 7,600km를 이어준 위성 사진

① When he was a small boy, / Saroo Brierley became lost / on the streets of

Kolkata, / far from his hometown / in rural India. / ② Saroo was adopted / by an

Australian family / and had a happy life. / ③ However, / he never stopped hoping / to

find his family in India. /

⑨ In college, / Saroo began to search / satellite images of India / to find his

hometown. / ⑩ It seemed like a good idea, / but it was not easy / because he only

remembered / the name "Ginestlay" / and a few landmarks near his childhood home. /

⑪ Saroo repeatedly stopped and restarted / his search. /

④ After many years, / Saroo accidently found a familiar-looking small town / called

Ganesh Talai. / ⑤ This was the name / that Saroo mispronounced as "Ginestlay!" /

⑥ One year later, / Saroo traveled to India / to find his family. / ⑦ With the help of

local people, / he finally met his mother, brother, and sister, / still living in Ganesh

Talai. / ⑧ It took 25 years! /

3 '이것'을 잠깐 내려놓아요

① Lena constantly surfs the Internet / and checks her messages / on her cell

phone, / even when she is on vacation with her family. / ② She knows / she should

spend time with them, / but she cannot stop using her phone. / ③ Lena has something

called "popcorn brain," / which is the need to be online all the time. /

④ Popcorn brain is a negative effect / of recent developments in technology. /

⑤ People with popcorn brain / have difficulty reading human emotions. / ⑥ Popcorn

brain even affects their ability / to focus. / ⑦ Also, / using the Internet excessively for a

long time / causes / the part of the brain used for thought / to become smaller. /

⑧ But don't worry! / ⑨ There are ways / to keep popcorn brain from developing. /

⑩ First, / put limits / on how long you use the Internet. / ⑪ Apps / that track and

limit your phone usage / can help you. / ⑫ Second, / fill up your time / with other fun

activities. / ⑬ You can find a new hobby / or spend time with your friends. /

4 우리의 장기는 주인을 기억한다

① After Linda got a kidney transplant, / something strange happened. /

② Although she had always disliked spicy foods, / she started to crave them. / ③

She also stopped enjoying her pottery class, / which had been her favorite activity. /

④ Then she started becoming forgetful. / ⑤ Linda told her doctor, / who said

something shocking. / ⑥ He said / that Linda's donor may have been someone / with

these same traits! / ⑦ He explained / that some reports suggest / memory is not only

stored in the brain / but also in other organs, / such as the kidneys and the heart. /

⑧ According to those reports, / living cells in these organs / store information

about a person. / ⑨ This information includes parts / of the person's emotional,

mental, and physical memories. / ⑪ Whenever the organs are moved, / the memories

go with them. / ⑩ This could make it possible / for someone to form new habits or

thoughts / after receiving an organ transplant. / ⑫ Thus, / Linda's changes may have

been caused by her new kidney, / which was acting / as if it were still inside the donor. /

1 복잡할수록 재밌어

① A Rube Goldberg machine is a device / that carries out a simple task / in a very complicated way. / ② The machine uses a series of simple tasks, / one right after another. / ③ Once one process ends, / the next one begins immediately. /

④ For example, / here is a Rube Goldberg machine / that gives a dog a tasty treat. / ⑤ You start the machine / by dropping a marble into a paper tube. / ⑦ The marble passes through the tube, / rolls down to the table, / and hits a line of dominoes. / ⑧ The dominoes knock each other down / and the last one hits a toy car. / ⑥ As the toy car rolls, / it pushes the treat off the table / and onto the floor. / ⑨ Now / the dog can reach it. /

⑩ This kind of machine was named after Rube Goldberg, / an American cartoonist and inventor / who lived from 1883 to 1970. / ⑪ He drew these complex machines / in his cartoons. / ⑫ You can find these machines / in TV shows, movies, or even science classes. /

2 자동판매기가 왜 거기에?

① Vending machines are a modern convenience / that many people use. /

② Surprisingly, however, / modern people were not the first / to use them. /

③ In ancient Egypt, / people bought holy water / to wash themselves / before

entering a temple. / ④ Priests often distributed holy water, / but this took a long time. /

⑤ However, / without the priests, / people could take more water / than they paid for. /

A Greek engineer named Hero of Alexandria / solved these problems / by inventing

the first vending machine / in 215 BC. / ⑥ So how did this machine work? /

⑦ When a visitor put a coin in the machine, / it fell onto one side of a long tray. / ⑧ Its

weight caused the tray to tilt, / which opened a pipe / at the bottom of the machine. /

⑨ This allowed the holy water to flow out. / ⑩ When the coin slid off the tray, / the

pipe closed / and no more water came out. / ⑪ Thanks to Hero's automatic water

dispenser, / many ancient priests were able to save time and holy water! /

3 아끼는 농구장, 지금은 배구장

① A different court is used / for each different sport / because every game requires /

its own lines and markings. / ② But what if you wanted to play two sports / on one

court? / ③ It would take a lot of time and money / to repaint the gym floor. /

④ However, / a German company came up with a brilliant idea. / ⑤ By simply

pressing a button, / a court can be switched, / for example, / from a basketball court to

a volleyball court. / ⑥ The gym floor has LED lights / beneath a surface of hard glass. /

⑦ They show the lines and markings / for different sports / and can be changed / in a

second. / ⑧ Also, / an aluminum frame protects the floor, / so it is strong / enough to

bounce balls on. / ⑨ Moreover, / its special glass does not reflect the light. / ⑩ Plus, /

with balls that have sensors, / referees can see / digitally marked landing spots / so that

they can quickly make better judgments. / ⑪ In the near future, / this multipurpose

floor could change / the way sports are played. /

4 전쟁 중에도 지켜야 할 것

① In 1859, Henry Dunant, a Swiss businessman, / happened to see the battlefield /

after the Battle of Solferino had finished. / ② He saw / at least 40,000 soldiers lying

dead or hurt / on the ground. / ③ Sadly, / nobody was there / to offer them any

medical help. / ④ Dunant could not stop thinking / about what he had seen. /

⑤ To tell the world about the tragedy, / he wrote a book titled *A Memory of*

Solferino. / ⑥ In the book, / Dunant called for a national organization of volunteers /

who would aid / soldiers wounded in combat. / ⑦ This led to the creation / of the

International Committee of the Red Cross. / ⑧ He also insisted / that doctors and

nurses working on the battlefield / should not be harmed. / ⑨ He wanted them to be

able to treat / every wounded soldier, / regardless of nationality. / ⑩ This inspired an

important international agreement / about proper behavior on the battlefield, / known

as the 1864 Geneva Convention. / ⑪ It was just one book, / but it helped / make the

terrible battlefield less tragic. /

1 모여라, 벌들아!

① Bees are pollinators. / ② They help us grow plants / by transferring pollen /

from flower to flower. / ③ Their population, however, has been decreasing / due to

habitat loss. / ④ As cities and towns expand, / natural areas are disappearing. / ⑤ This

is why / bee bus stops were created. /

⑥ Bee bus stops are found / in some European countries, / including the

Netherlands and the UK. / ⑦ They are similar / to normal bus stops, / except for the

small gardens / on their roofs. / ⑧ The flowers in these gardens were specially selected /

by experts. / ⑨ They are favorites of bees and other pollinators. / ⑩ So / they help /

stop pollinator populations from decreasing. /

⑪ These unique roofs have other benefits / as well. / ⑫ In summer, / their plants

help cool the city / by absorbing extra light and heat. / ⑬ They are also made from

materials / that were either recycled or upcycled. / ⑭ These eco-friendly bus stops will

help both bees and humans / by creating a sustainable environment. /

2 잃어버린 5,798m

④ If you search for "the highest mountain in the world" / on the Internet, / most

of the results will say / it is Mt. Everest. / ⑤ Those results will also tell you / that Mt.

Everest's peak is 8,848 meters above sea level. /

⑥ However, / if you change the search words slightly, / you will get different

results. / ⑦ Change "the highest" to "the tallest." / ⑧ Then the results will most likely

say / it is Mauna Kea, a Hawaiian volcano. / ⑨ It does not seem to be the tallest

mountain at all, / because it only reaches 4,205 meters / above sea level. /

① However, / over half of it is hidden / under the sea. / ② From its true base / at

the bottom of the ocean / to its peak, / it is 10,203 meters tall! / ③ So, / Mauna Kea is

more than one kilometer taller / than Mt. Everest, / even though it is not as high. /

3 더 맛있는 바나나가 있었어?

① Until 1965, / the world ate a more delicious type of banana, / the Gros Michel. /

② However, / Panama disease killed / almost all of the Gros Michel plants. / ③ Banana

growers then began / to depend on a different type of banana, / the Cavendish. /

④ Now, / almost all bananas in the world / are grown from this type of plant. /

⑤ However, / a new type of the disease / is threatening the Cavendish / as well. /

⑥ This disease has already spread / to Asia, Australia, and Africa, / and is now

endangering South America. / ⑦ The problem is / that banana plants do not grow /

from seeds. / (⑧ Bananas originally grew / in South East Asia and India. /) ⑨ Instead, /

they grow from small pieces / of other banana plants. / ⑩ So if one plant has a disease, /

all of the plants / that grow from it / will also be easily affected / by that disease. /

⑪ Experts agree / that the only way / to save bananas / is to grow many different types

of bananas. / ⑫ This will make it harder / for diseases to spread / from one type of

banana plant / to another. /

4 사막에서 낚시를

① When you look at the Sahara desert today, / you see a dry, lifeless land. /

② However, / it is believed that / the Sahara once received lots of rainfall / and had

lakes and rivers. / ③ This period, / now known as the Green Sahara period, / may have

started about 11,000 years ago / and lasted until about 5,000 years ago. / ④ What do

you think this region was like / then? /

⑤ A team of researchers made a surprising discovery / that helps us understand

more / about this interesting time. / ⑥ They found / the skeletons of more than 200

human beings, / along with hunting tools, fishing instruments, and other artifacts. /

⑦ They also uncovered / the bones of large fish and crocodiles. / ⑧ These animals

could not have survived / in a desert climate. /

⑨ Can you now believe / the Sahara desert used to be very different? /

⑩ Researchers will continue to study this area. / ⑪ We can expect to learn more /

about the Sahara desert's unexpected past / and the ancient people / who once called

the Sahara their home. /

1 부드러운 곡선, 날카로운 현실

① The "Keeling Curve" is a graph / that shows the changes / in the level of CO_2 in the air / over time / in a particular place. / ② It was named after the scientist Charles Keeling, / who actually measured the change / every day for 47 years. / ③ This continuous measurement took place / at Mauna Loa in Hawaii. / ④ Being far away from human activity, / this location was ideal for collecting clean air. /

⑤ Interestingly, / the higher the curve goes, / the more severe the weather becomes. / ⑥ This is because / CO_2 is highly related to climate change. / ⑦ Let's look at the example of typhoons. / ⑨ If CO_2 levels in the air increase, / temperatures and sea levels around the globe / rise. / ⑧ This increases the amount of water vapor / in the air. / ⑩ All those water molecules rub together / and create energy. / ⑪ Typhoons absorb this energy / and become stronger and more dangerous / than before. / ⑫ In other words, / an increase of CO_2 can endanger people's lives / by causing violent weather events. /

2 바위 전용 워터파크

① California's Death Valley National Park is home / to the "sailing stones," / large

rocks / that actually move across the mud. / ② For decades, / the rocks were a mystery /

because they weigh up to 318 kg. / ③ Moreover, / no one had ever seen them move, /

but they left clear tracks / in the mud. / ④ Finally, / a team of scientists decided

to investigate. / ⑤ Using GPS, cameras, and weather data, / they found / that the

movement is caused by a combination / of rain, ice, sun, and wind. / ⑥ First, / rain

creates a shallow pond. / ⑦ At night, / the water at the surface of the pond / freezes, /

and the ice surrounds the rocks. / ⑧ During the day, / however, / the ice starts to melt, /

breaking up into large sheets / that push against the rocks. / ⑨ Of course, / this alone

isn't enough / to move the rocks. / ⑩ When wind speeds reach about 11 km/h, / the

force of the ice and wind together / causes the rocks to move / at speeds up to five

meters per minute. / ⑪ The mystery was solved! /

3 예쁜 눈의 비애

① Snow isn't always white. / ② A type of mysterious pink snow, / known as

"watermelon snow," / has been found in various places around the world, / including

the Rocky Mountains, the Himalayas, the Arctic, and Antarctica. / ③ For thousands of

years, / people were unable to explain it. / ④ Finally, / a scientist discovered its cause /

—tiny reddish algae. / ⑤ These algae tend to bloom / in conditions / that include

freezing temperatures and the presence of water. / ⑥ For this reason, / watermelon

snow occurs / in mountain ranges and other places / where glaciers exist. / ⑦ When

the sun begins to melt snow / in early spring, / the algae begin to bloom rapidly / in

snow. / ⑧ This colors the snow pink. / ⑨ Pink snow may be pretty, / but it actually

causes a serious problem. / ⑩ Watermelon snow's pinkish color / makes it absorb more

sunlight, / which speeds up the melting process of glaciers. / ⑪ Considering / that the

rapid melting of glaciers / threatens life on Earth, / it is definitely not our friend! /

4 지구에 커튼을 친 것도 아닌데!

① Have you ever seen tiny objects / floating in a sunbeam? / ② They are often

pieces of dust and other material / produced when coal and oil are burned. / ③ They

cause air pollution / and increase the risk of many diseases. / ④ However, they also

cause another problem / —they make the earth darker. / ⑤ This is known as global

dimming. /

⑦ Studies have shown / that the earth currently receives / less sunlight / than it

did 50 years ago. / ⑥ This is because / these tiny objects in the air / absorb some of the

sun's energy / and reflect solar radiation back into space. / ⑧ They also pollute clouds, /

making it harder / for sunlight to pass through. / ⑨ As a result of these things, / some

sunlight cannot reach the earth's surface. / ⑩ Since all living things need sunlight / to

survive, / global dimming can have serious effects. / ⑪ It can also cause changes / in

the earth's weather. /

⑫ What should we do / to reduce dust and stop global dimming? /

1 유리를 알고 싶다

① Glass in some windows / of old cathedrals / is thicker near the bottom. / ② Tour

guides often say / that this happens / because glass is actually a type of liquid / that

slowly flows downward / over hundreds of years. / ③ Is this true? /

④ Glass is not a liquid, / but a special type of solid. / ⑤ Normal solids, like gold, /

have very straight and ordered molecules. / ⑥ If you heat gold, / it becomes a liquid like

water, / and the molecules move around. / ⑦ When gold cools down, / the molecules

line up, / and gold will become a perfectly straight solid again, / much like ice. /

⑧ When glass is heated / and becomes a liquid, / its molecules also move around. /

⑨ However, / when glass cools to become a solid, / its molecules still remain uneven. /

⑩ Even though these molecules are uneven, / they can't move freely / like a liquid's

molecules. /

⑪ So, / why are old windows thicker / near the bottom? / ⑫ It's simply because /

people had not yet learned / how to make perfectly flat glass! /

2 돌아라, 아이스 서클

① In the middle of a cold river, / a circle of ice slowly spins / like a merry-go-

round. / ② Although it looks mysterious, / it is actually a natural formation / called an

"ice circle." / ③ Ice circles, / which are usually found / in cold parts of North America

and Europe, / can be as small as a CD / or as large as 17 meters across. / ④ Although

people used to think / that flowing water caused ice circles to spin, / they also have

been found in lakes / where the water doesn't move. /

⑤ Scientists figured out the real reason / why ice circles spin. / ⑥ First of all, / cold

water is generally heavier / than warm water. / ⑦ Secondly, / water spins / as it sinks. /

⑧ Think of water / going down a drain. / ⑨ As an ice circle slowly melts, / it cools the

water right under it. / ⑩ This water sinks / because it is heavier than the lake's warmer

water. / ⑪ As it sinks, / it spins, / causing the ice above it to spin too! /

3 음료수 캔 모양을 얘들이 결정했대

① Have you ever noticed / that all of the soda cans in the supermarket / are shaped

like cylinders? / ② Why do you think they are shaped this way? / ③ Is it because /

cylinders look good? / ④ Or / is it because / they are easy to hold? / ⑤ Actually, / they

have several advantages. / ⑥ One of them is that they are economical! / ⑦ We can

use math / to show / how they help manufacturers save money. / ⑧ The amount of

material / a shape requires / is called its "surface area," / and the amount of soda / it

can hold / is called its "volume." / ⑨ So, / for the manufacturers, / the best shape would

be / one with the lowest surface area and the highest volume. / ⑩ The sphere is the

shape / with the lowest surface area / compared to its volume. / ⑪ But imagine sphere-

shaped soda cans! / ⑫ When you put them down, / they would roll away. / ⑬ Thus, /

the cylinder, / which requires a little more aluminum than a sphere / but stays still, / is

used! /

4 암호가 아니라 숫자야!

① Do you know / what XIX means? / ② It is not a word / but the number 19. /

③ It looks different / because it is a Roman numeral. / ④ Roman numerals may seem

complicated, / but you only need to know three things / to read them! /

1. ⑤ Learn the seven numerals: / I=1, V=5, X=10, L=50, C=100, D=500, and

M=1,000. / ⑥ Of these numerals, / I, X, C, and M can be repeated / up to three

times, / and you need to add them. /

2. ⑦ If a numeral comes after a larger one, / add them. / ⑧ If a numeral comes before

a larger one, / subtract it from the larger one. / ⑨ However, / you can subtract only

one number / from another, / so 3 is III, not IIV. /

3. ⑩ If there are more than three numerals, / find any numerals / before larger ones /

and do the subtraction. / ⑪ Then add the rest. /

⑫ Now you can read complicated Roman numerals! / ⑬ Try this one: / What does

CXLIV mean? / ⑭ The answer is 144. /

Photo Credits

p. 14   lev radin / Shutterstock.com

p. 18   Lev Levin / Shutterstock.com

Tati Nova photo Mexico / Shutterstock.com

TLF Images / Shutterstock.com

p. 38   Joseph Sohm / Shutterstock.com

p. 48   sailko

(https://commons.wikimedia.org/wiki/File:Casa_di_bambola_della_famiglia_B%C3%A4umler_di_

norimberga,_1650-1700_ca,_04_camera.JPG)

p. 58   Carnegie Mellon University (http://biorobotics.ri.cmu.edu/media/index.html)

p. 60   Hayk_Shalunts / Shutterstock.com

p. 71   Featureflash Photo Agency / Shutterstock.com

p. 78   George Trumpeter / Shutterstock.com

Solarisys / Shutterstock.com

https://blog.naver.com/wantnewborn/

p. 86   catwalker / Shutterstock.com

p. 90   https://www.improbable.com/ig/

cellanr (https://commons.wikimedia.org/wiki/File:Andre_Geim_2013.jpg)

p. 116 Philip Bird LRPS CPAGB / Shutterstock.com

others

www.shutterstock.com/

www.istockphoto.com/

commons.wikimedia.org/wiki/

Reading TUTOR 리딩튜터 Junior | 4

정답 및 해설

NE 능률

Reading TUTOR 리딩튜터

Junior 4

정답 및 해설

본책 ● pp. 8-9

1

정답　　1 ⑤　　2 ④　　3 region　　4 (1) local　(2) hidden stories　(3) review

문제 해설

1 여행 가이드 Antonio의 하루를 묘사한 글이므로, 제목으로는 ⑤ '여행 가이드의 삶에서의 하루'가 가장 알맞다.
① 성공적인 관광을 위한 조언
② 스페인의 호기심 많은 관광객
③ 현대 스페인 음식을 탐방하다
④ 스페인의 숨겨진 역사적 장소

2 Antonio가 관광객들을 벽화를 보러 데려가고, *Pincho*를 제공하는 식당에 데려간다는 언급은 있지만 박물관에 데려간다는 언급은 없다.
①은 문장 ②에, ②는 문장 ④에, ③은 ⑤에, ⑤는 문장 ⑩에 언급되어 있다.

3 '특정한 특징이 있는 토지의 구역'이라는 의미를 가진 단어는 region(지역)이다.

4

관광 시작하기 전	Antonio는 방문객들이 어디서 언제 만날지 아는지 반드시 확인한다.
관광 중	1) 그는 역사적인 장소들을 소개한다. 2) 그는 방문객들을 (1) 지역 음식을 제공하는 곳으로 데려간다. 3) 그는 그들에게 그 지역의 (2) 숨겨진 이야기를 말해준다.
관광 후	그는 방문객들로부터 (3) 후기를 요청한다.

본문 직독 직해

① What's a day in the life / of a tour guide like? / ② To learn more about this interesting
삶에서의 하루는 어떨까　　　여행 가이드의　　　　　이 흥미로운 직업에 대해 더 알아보기 위해

job, / *Travel Magazine* spent a day / with Antonio, / a tour guide in Spain. /
〈Travel Magazine〉은 하루를 보냈다　Antonio와　　　스페인의 여행 가이드인

③ **Preparing for a Tour** /
관광 준비하기

④ Antonio leads multiple tours / each day, / and he always makes sure / that everyone
Antonio는 여러 관광을 안내한다　　매일　　그리고 그는 항상 확인한다　　　모든 사람이

knows where and when to meet. / ⑤ He instructs them to arrive at the meeting point /
어디에서 언제 만나는지를 알고 있는지　　그는 그들에게 모임 장소에 도착하라고 지시한다

10 minutes early. /
10분 일찍

⑥ **Sharing Spanish Culture** /
스페인 문화 나누기

⑦ Antonio starts his tours / by introducing several historic buildings. / ⑧ He / then / brings
Antonio는 그의 관광을 시작한다　여러 역사적인 건물들을 소개함으로써　　　그는　그리고 나서

visitors / to see murals / that show the history of the city. / ⑨ Around noon, / Antonio takes
방문객들을 데려간다　벽화를 보기 위해　그 도시의 역사를 보여주는　　　정오쯤　　　Antonio는 그들을

them to a place / that serves a local food, *pinchos*. / ⑩ *Pinchos* are snacks / served on top of a
장소로 데려간다　지역 음식인 *pincho*를 제공하는　　　*Pincho*는 간식이다　　작은 빵 조각 위에

small slice of bread. / ⑪ After lunch, / he shares hidden stories / about the region / while
제공되는   점심 식사 후   그는 숨겨진 이야기들을 공유한다   그 지역에 대한

walking around. /
돌아다니면서

⑫ **Wrapping Up** /
마무리 짓기

⑬ Antonio concludes every tour / by asking for a review. / ⑭ This information helps him /
Antonio는 모든 관광을 마친다   후기를 요청함으로써   이 정보는 그를 돕는다

improve his wonderful tours. /
그의 멋진 관광 개선하도록

본문 해석

여행 가이드의 삶에서의 하루는 어떨까? 이 흥미로운 직업에 대해 더 알아보기 위해 〈Travel Magazine〉은 스페인의 여행 가이드인 Antonio와 하루를 보냈다.

관광 준비하기

Antonio는 매일 여러 관광을 안내하고, 항상 모든 사람이 어디에서 언제 만날지를 알고 있는지 확인한다. 그는 그들에게 모임 장소에 10분 일찍 도착하라고 지시한다.

스페인 문화 나누기

Antonio는 여러 역사적인 건물들을 소개함으로써 그의 관광을 시작한다. 그러고 나서 그는 도시의 역사를 보여주는 벽화를 보기 위해 방문객들을 데려간다. 정오쯤, Antonio는 지역 음식인 *pincho*를 제공하는 장소로 그들을 데려간다. *Pincho*는 작은 빵 조각 위에 제공되는 간식이다. 점심 식사 후, 그는 돌아다니면서 그 지역에 대한 숨겨진 이야기들을 공유한다.

마무리 짓기

Antonio는 후기를 요청함으로써 모든 관광을 마친다. 이 정보는 그가 그의 멋진 관광을 개선하는 것을 돕는다.

구문 해설

② **To learn** more about this interesting job, *Travel Magazine* spent a day with *Antonio, a tour guide in Spain.*

➔ To learn은 '알아보기 위해'의 의미로, 〈목적〉을 나타내는 부사적 용법의 to부정사이다.

➔ Antonio와 a tour guide in Spain은 동격 관계로, 콤마(,)는 동격을 나타낸다.

④ Antonio leads multiple tours each day, and he always makes sure [**that** everyone knows *where (to meet)* and *when to meet*].

➔ that은 명사절을 이끄는 접속사로 [ ]는 make sure의 목적어로 쓰였다.

➔ 「where to-v」는 '어디서 ~할지,' 「when to-v」는 '언제 ~할지'의 의미이며, where (to meet)과 when to meet은 접속사 and로 병렬 연결되어 있다.

⑤ He **instructs them to arrive** at the meeting point 10 minutes early.

➔ 「instruct+목적어+to-v」는 '~에게 …하도록 지시하다'의 의미이다.

⑧ He then brings visitors **to see** *murals* [*that* show the history of the city].

➔ to see는 '보기 위해'의 의미로, 〈목적〉을 나타내는 부사적 용법의 to부정사이다.

➔ [ ]는 선행사 murals를 수식하는 주격 관계대명사절이다.

⑨ Around noon, Antonio **takes them to** *a place* [*that* serves a local food, *pinchos*].

➔ 「take A to B」는 'A를 B로 데려가다'의 의미이다.

➔ [ ]는 선행사 a place를 수식하는 주격 관계대명사절이다.

➔ a local food와 *pinchos*는 동격 관계로, 콤마(,)는 동격을 나타낸다.

⑪ After lunch, he shares hidden stories [about the region] **while walking around**.

➔ [ ]는 hidden stories를 수식하는 전치사구이다.

➔ while walking around는 접속사를 생략하지 않은 〈동시동작〉을 나타내는 분사구문으로, while he is walking around로 바꿔 쓸 수 있다.

⑭ This information **helps him improve** his wonderful tours.

➔ 「help+목적어+동사원형[to-v]」은 '~가 …하는 것을 돕다'의 의미이다.

본책 • pp. 10-11

2

정답 **1** ⑤   **2** ④   **3** ①   **4** (1) saw (2) magic (3) webs (4) good

문제 해설

1 소년이 할머니인 Nokomis 댁을 방문했다는 주어진 문장 다음에, 소년이 거미를 죽이려고 했지만 Nokomis가 이를 말렸다는 내용의 (C), Nokomis가 다시 그 거미를 찾아갔고, 거미가 보답하겠다고 했다는 내용의 (B), 그 거미가 Nokomis에게 특별한 망을 짜는 방법을 알려 준 내용인 (A)의 흐름이 알맞다.

2 빈칸 뒤에서 거미가 강력한 마법을 지닌다고 했으므로, 빈칸에는 ④ '평범한'이 가장 자연스럽다.
① 유일한   ② 특정한   ③ 이상한   ⑤ 독이 있는

3 ⓐ는 거미를, 나머지는 Nokomis를 가리킨다.

4

보기	망 나쁜 마법 보았다 좋은

도입	소년이 거미를 (1) 보았고 그것을 죽이려고 했다.
본론	Nokomis는 그것을 구해 주었는데, 그것은 (2) 마법 거미였다.
결론	그녀에게 감사하기 위해, 그 거미는 (4) 좋은 꿈을 가져다주는 마법의 (3) 망을 짜는 법을 그녀에게 가르쳐 주었다.

본문 직독 직해

① One day, / a boy visited his grandmother, Nokomis. /
어느 날   한 소년이 자신의 할머니인 Nokomis 댁을 방문했다

⑮ As he entered her home, / he noticed a spider spinning its web / by a window. /
그가 그녀의 집으로 들어가면서   그는 거미 한 마리가 거미줄을 치고 있는 것을 알아챘다   창가에서

⑯ Taking off his shoe, / he shouted, "Grandma!" / ⑰ With his shoe in his hand, / he rushed
그의 신발을 벗으며   그는 "할머니!"라고 외쳤다   그의 신발을 그의 손에 쥔 채   그는 달려들었다

over / to kill the creature. / ⑱ "Sweetheart," Nokomis said, / "Please don't. / ⑲ It won't hurt
그 생물을 죽이려고   "얘야,"라고 Nokomis가 말했다   그러지 마   그것은 너를 해치지 않을 거야

you / and it is making a beautiful web." /
그리고 그것은 아름다운 거미줄을 만들고 있잖니

⑧ Later on, / she visited the spider. / ⑨ Actually, / it was not an ordinary spider / — it had
나중에　　　그녀는 그 거미를 방문했다　　　사실　　　그것은 평범한 거미가 아니었다　　　그것은 강력한

powerful magic! / ⑩ "You saved me, Nokomis," it said. / ⑪ "Without you, I would have died." /
마법을 가지고 있었다　"당신이 저를 구해 주셨군요, Nokomis."라고 그것이 말했다　당신이 없었다면　저는 죽었을 거예요

⑫ Nokomis smiled and responded, / "It was my pleasure." / ⑬ "Let me repay you, faithful
Nokomis는 미소 지으며 대답했다　　　　별말씀을요　　　제가 당신에게 은혜를 갚게 해 주세요,

friend," / the spider said. / ⑭ Then / it began moving through its web. /
충직한 친구여　　그 거미가 말했다　　그러더니　　그것은 그것의 거미줄 사이로 움직이기 시작했다

② "As you know, / my web catches prey. / ③ But look closer. / ④ Each stitch catches bad
당신이 알다시피　　저의 거미줄은 먹이를 잡죠　　　하지만 더 자세히 살펴보세요　　각각의 땀은 나쁜 꿈도

dreams, too! / ⑤ Remember my technique, Nokomis, / and use it / to weave your own webs. /
잡아요　　　제 기술을 기억하세요, Nokomis　　　　　그리고 그것을 사용하세요　당신 자신의 망을 짜는 데

⑥ The webs will bring you wonderful dreams / each night." / ⑦ "Thank you! I will," Nokomis
그 망은 당신에게 멋진 꿈을 가져다줄 거예요　　　매일 밤　　　"고마워요! 그렇게 할게요."라고 Nokomis가

said, / "And I shall call them dream catchers." /
말했다　　그리고 저는 그것들을 드림 캐처라고 부를 거예요

**본문
해석**

어느 날, 한 소년이 자신의 할머니인 Nokomis 댁을 방문했다.

(C) 그가 그녀의 집으로 들어가면서, 그는 창가에서 거미 한 마리가 거미줄을 치고 있는 것을 알아챘다. 그의 신발을 벗으며, 그는 "할머니!"라고 외쳤다. 그의 신발을 손에 쥔 채, 그는 그 생물을 죽이려고 달려들었다. "얘야, 그러지 마. 그것은 너를 해치지 않을 것이고, 아름다운 거미줄을 만들고 있잖니."라고 Nokomis가 말했다.

(B) 나중에, 그녀는 그 거미를 방문했다. 사실, 그것은 평범한 거미가 아니었고, 그것은 강력한 마법을 가지고 있었다! "당신이 저를 구해 주셨군요, Nokomis."라고 그것이 말했다. "당신이 없었다면, 저는 죽었을 거예요." Nokomis는 미소 지으며, "별말씀을요."라고 대답했다. "제가 당신에게 은혜를 갚게 해 주세요, 충직한 친구여."라고 그 거미가 말했다. 그러더니 그것은 그것의 거미줄 사이로 움직이기 시작했다.

(A) "당신이 알다시피, 저의 거미줄은 먹이를 잡죠. 하지만 더 자세히 살펴보세요. 각각의 땀은 나쁜 꿈도 잡아요! 제 기술을 기억하세요, Nokomis, 그리고 그것을 당신 자신의 망을 짜는 데 사용하세요. 그 망은 매일 밤 당신에게 멋진 꿈을 가져다줄 거예요." "고마워요! 그렇게 할게요. 그리고 저는 그것들을 드림 캐처라고 부를 거예요."라고 Nokomis가 말했다.

**구문
해설**

⑪ **"Without you, I would have died."**
→ 「without+(대)명사, 주어+조동사의 과거형+have+p.p.」는 '만약 ~가 없었다면, …했을 텐데'의 의미로 과거 사실의 반대를 가정·상상하는 가정법 과거완료이다.

⑮ **As** he entered her home, he *noticed a spider spinning* its web by a window.
→ As는 '~하면서'의 의미인 접속사이다.
→ 「notice+목적어+v-ing」는 '~가 …하고 있는 것을 알아채다'의 의미이다.

⑯ **Taking off** his shoe, he shouted, "Grandma!"
→ Taking off는 〈동시동작〉이나 〈때〉를 나타내는 분사구문으로, While[As] he took off 로 바꿔 쓸 수 있다.

⑰ **With his shoe in his hand**, he rushed over *to kill* the creature.
→ 「with+명사+전치사구」는 '~가 …한 채[하면서]'의 의미이다.
→ to kill은 '죽이려고'의 의미로, 〈목적〉을 나타내는 부사적 용법의 to부정사이다.

3

정답   **1** ③   **2** 미로를 탈출하기 매우 어려웠던 것   **3** (1) T (2) T (3) F   **4** thread, maze

문제 해설

1 단어 clue가 실뭉치라는 뜻의 clew라는 단어였고, 이것은 고대 그리스 신화와 관련이 있다는 내용의 글이므로, 제목으로는 ③ "'clue'라는 단어 뒤에 숨겨진 고대 그리스 신화"가 가장 알맞다.
① 테세우스가 미노타우로스를 죽이고 싶었던 이유
② 고대 그리스인들이 실뭉치를 사용했던 방법
④ 아리아드네 공주가 고대 미스터리를 풀었던 방법
⑤ 테세우스가 미노타우로스의 미로를 탈출하는 데 도움을 준 단서

2 문장 ⑥에 언급되어 있다.

3 (1) 문장 ②에 언급되어 있다.
(2) 문장 ⑧-⑨에 언급되어 있다.
(3) 문장 ⑪에서 1400년대에 처음으로 현대의 철자인 'clue'가 기록되었다고 했다.
(1) 'clew'라는 단어는 원래 실뭉치를 가리켰다.
(2) 테세우스는 그가 남긴 실을 따라 미로에서 탈출했다.
(3) 1400년대에는 'clue'의 철자가 'clew'로 바뀌었다.

4
> 단어 'clue'는 테세우스가 <u>미로</u>에서 탈출하기 위해 실뭉치를 사용했다는 고대 그리스 신화에서 그것의 의미를 얻었다.

본문 직독 직해

① The word "clue" has / an interesting history. / ② Originally, / the word was spelled "clew," /
'clue'라는 단어는 가지고 있다   흥미로운 역사를   원래   그 단어는 'clew'라는 철자로 쓰였다

and it meant a ball of thread. / ③ Today, / it refers to something / that helps answer a question /
그리고 그것은 실뭉치를 의미했다   오늘날   그것은 가리킨다   질문에 답하는 것을 돕는 것을

or solve a mystery. / ④ The reason lies / in the ancient Greek myth of Theseus and the
또는 미스터리를 푸는 것을   그 이유는 있다   고대 그리스 신화의 테세우스와 미노타우로스에게

Minotaur. / ⑤ The Minotaur was a monster / that was half bull and half human, / and it lived /
        미노타우로스는 괴물이었다   반은 황소이며 반은 인간이었던   그리고 그것은 살았다

in a huge maze. / ⑥ Theseus wanted to kill the Minotaur, / but the maze was very difficult
거대한 미로에서   테세우스는 미노타우로스를 죽이고 싶었다   하지만 그 미로는 매우 어려웠다

to escape from. / ⑦ A princess named Ariadne / solved the problem / by giving Theseus a
탈출하기가   아리아드네라는 이름의 공주는   그 문제를 해결했다   테세우스에게

ball of thread. / ⑧ As he went through the maze, / he left the thread / in a trail / behind him. /
실뭉치를 줌으로써   그는 미로를 통과하면서   그는 실을 남겼다   길에   그의 뒤로

⑨ He could just follow it / to find his way back / after killing the Minotaur. / ⑩ That is how /
그는 그것을 그저 따라갈 수 있었다   돌아가는 길을 찾기 위해   미노타우로스를 죽이고 나서   그것이 방법이다

the word "clew" got the meaning / that we are familiar with today. / ⑪ The modern spelling
'clew'라는 단어가 의미를 갖게 된   오늘날 우리에게 익숙한   현대의 철자인

"clue" was first recorded / in the 1400s. / ⑫ Over time, / this spelling became more common, /
'clue'는 처음으로 기록되었다   1400년대에   시간이 지나면서   이 철자법이 더 흔해지게 되었다

and now it is standard. /
그리고 이제 그것은 표준이 되었다

본문해석

'clue'라는 단어는 흥미로운 역사를 가지고 있다. 원래 그 단어는 'clew'라는 철자로 쓰였고, 그것은 실뭉치를 의미했다. 오늘날, 그것은 질문에 답하거나 미스터리를 푸는 것을 돕는 것을 가리킨다. 그 이유는 고대 그리스 신화의 테세우스와 미노타우로스에게 있다. 미노타우로스는 반은 황소이며 반은 인간이었던 괴물이었고, 그것은 거대한 미로에서 살았다. 테세우스는 미노타우로스를 죽이고 싶었지만, 그 미로는 탈출하기가 매우 어려웠다. 아리아드네라는 이름의 공주는 테세우스에게 실뭉치를 줌으로써 그 문제를 해결했다. 그는 미로를 통과하면서 그의 뒤로 길에 실을 남겼다. 그는 미노타우로스를 죽이고 나서 돌아가는 길을 찾기 위해 그저 그것을 따라갈 수 있었다. 그렇게 해서 'clew'라는 단어가 오늘날 우리에게 익숙한 의미를 갖게 되었다. 현대의 철자인 'clue'는 1400년대에 처음으로 기록되었다. 시간이 지나면서, 이 철자법이 더 흔해지게 되었고, 이제 그것은 표준이 되었다.

구문해설

③ Today, it refers to **something** [**that** *helps answer* a question or *solve* a mystery].
- ➡ [　]는 선행사 something을 수식하는 주격 관계대명사절이다.
- ➡ 「help+동사원형[to-v]」은 '~하는 것을 돕다'의 의미이며, 동사원형 answer와 solve가 접속사 or로 병렬 연결되어 있다.

⑤ The Minotaur was **a monster** [**that** was half bull and half human], ...
- ➡ [　]는 선행사 a monster를 수식하는 주격 관계대명사절이다.

⑥ Theseus wanted to kill the Minotaur, but the maze was very difficult **to escape** from.
- ➡ to escape는 '탈출하기에'의 의미로, 형용사 difficult를 수식하는 부사적 용법의 to부정사이다.

⑦ A princess [**named** Ariadne] solved the problem *by giving* Theseus a ball of thread.
- ➡ [　]는 A princess를 수식하는 과거분사구이다.
- ➡ 「by+ing」는 '~함으로써'의 의미로 〈방법〉을 나타낸다.
- ➡ 「give A B」는 'A에게 B를 주다'의 의미이다.

⑨ He could just follow it **to find** his way back *after killing the Minotaur*.
- ➡ to find는 '찾기 위해'의 의미로, 〈목적〉을 나타내는 부사적 용법의 to부정사이다.
- ➡ after killing the Minotaur는 접속사를 생략하지 않은 〈때〉를 나타내는 분사구문으로, after he killed the Minotaur로 바꿔 쓸 수 있다.

⑩ That is (~~the way~~) [how the word "clew" got *the meaning* {*that* we are familiar with today}].
- ➡ [　]는 관계부사절로 how는 '~하는 방법'의 의미이다. 선행사 the way와 관계부사 how는 함께 쓸 수 없다.
- ➡ {　}는 선행사 the meaning을 수식하는 목적격 관계대명사절이다.

본책 • pp. 14-15

정답　1 ②　　2 ④　　3 ④　　4 정확할 것, 책임감이 있을 것, 규정 적용을 잘할 것, 사람들과 나쁜 소식을 나누는 능력을 갖고 있을 것, 기꺼이 여행할 것

문제해설　1 기네스 세계 기록 심판이 하는 일과 되기 위한 조건에 관한 글이므로, 제목으로 ② '기네스 심판: 흥미로운 직업'이 가장 적절하다.

[문제] 글의 제목으로 가장 알맞은 것은?
① 달걀 쌓기 기술
④ 기록 도전을 판정하기 위해 다른 나라들 다니기
③ 기네스 세계 기록을 세우는 법
⑤ 기네스 세계 기록 심판이 되기 위한 공식 훈련

2 빈칸 앞 문장에서 판정해야 할 도전이 많다고 한 후 빈칸이 있는 문장 ③에서 달걀 수직으로 세우기 기록 도전을 예시로 들고 있으므로, 빈칸에 ④ '예를 들어'가 가장 적절하다.

[문제] 글의 빈칸에 들어갈 말로 가장 알맞은 것은?

① 하지만 ② 그러므로 ③ 결과적으로 ⑤ 게다가

3 달걀 수직으로 세우기와 최다 토마토 품종 보유 기록을 판정하는 예시에 관한 내용이므로, '스페인은 전통적인 토마토 축제로 유명한데, 그 축제는 매년 약 40톤의 토마토를 사용한다'는 내용의 (d)는 흐름과 관계없다.

[문제] 글의 (a)~(e) 중, 전체 흐름과 관계없는 것은?

4 문장 ⑨-⑩에 기네스 세계 기록 심판으로서의 필요조건이 언급되어 있다.

[문제] 글의 밑줄 친 these requirements가 가리키는 내용은 무엇인가? 우리말로 쓰시오.

본문 직독 직해

① If you're fascinated by Guinness World Records, / being a world-record judge / might
당신이 기네스 세계 기록에 매료된다면   세계 기록 심판이 되는 것은

be the perfect career. / ② This is because / there are many different kinds of record attempts /
완벽한 직업일지도 모른다   이는 ~이기 때문이다   다양한 종류의 기록 도전들이 많이 있다

to judge. / ③ You might be sent / to watch / a man try to stack three eggs vertically / with
판정할   당신은 보내질지 모른다   보기 위해   한 남자가 수직으로 달걀 세 개를 쌓으려고 애쓰는 것을

his bare hands, / for example. / ④ You would have to check / that he used only fresh and
맨손으로   예를 들어   당신은 점검해야 할 것이다   그가 신선하고 깨지지 않은 달걀만을

uncracked eggs. / ⑤ Also, you would need to make sure / that the eggs stayed upright / for
사용했는지   또한, 당신은 확인해야 할 것이다   그 달걀들이 똑바로 서있었는지

more than five seconds. / ⑥ Or you might be sent / to an event / that claims to have the
5초 이상 동안   또는 당신은 보내질지도 모른다   행사에   가장 많은 수를 가지고 있다고

largest number / of different tomato varieties / in a single place. / (⑦ Spain is famous for its
주장하는   각기 다른 토마토 품종의   단일 장소에서   스페인은 전통적인 토마토

traditional Tomato Festival, / which uses about 40 tons of tomatoes / each year.) ⑧ You'd
축제로 유명하다   그리고 그것은 약 40톤의 토마토를 사용한다   매년   당신은

have to count those tomatoes / and take a picture of each one. /
그 토마토들을 세야 할 것이다   그리고 각 하나씩 사진을 찍어야 할 것이다

⑨ To become a Guinness World Records judge, / you need to be accurate, responsible, / and
기네스 세계 기록 심판이 되기 위해서   당신은 정확하고, 책임감이 있어야 한다   그리고

good at applying rules. / ⑩ You must also have the ability / to share bad news with people /
규정을 적용하는 것을 잘해야 한다   당신은 또한 능력이 있어야 한다   사람들과 나쁜 소식을 나누는

who fail to set a record / and be willing to travel. / ⑪ If you meet these requirements, / you
기록 세우기에 실패하는   그리고 기꺼이 여행해야 한다   당신이 이런 필요조건을 충족시킨다면   당신은

might become a judge someday! /
언젠가 심판이 될지도 모른다

본문 해석

당신이 기네스 세계 기록에 매료된다면, 세계 기록 심판이 되는 것은 완벽한 직업일지도 모른다. 이는 판정할 다양한 종류의 기록 도전들이 많이 있기 때문이다. 예를 들어, 당신은 한 남자가 맨손으로 달걀 세 개를 수직으로 쌓으려고 애쓰는 것을 보기 위해 보내질지 모른다. 당신은 그가 신선하고 깨지지 않은 달걀만을 사용했는지 점검해야 할 것이다. 또한, 당신은 그 달걀들이 5초 이상 똑바로 서있었는지 확인해야 할 것이다. 또는 당신은 단일 장소에서 가장 많은 수의 각기 다른 토마토 품종을 가지고 있다고 주장하는 행사에 보내질지도 모른다. (스페인은 전통적인 토마토 축제로 유명한데, 그 축제는 매년 약 40톤의 토마토를 사용한다.) 당신은 그 토마토들을 세고 각 하나

씩 사진을 찍어야 할 것이다.

　기네스 세계 기록 심판이 되기 위해서, 당신은 정확하고, 책임감이 있으며, 규정을 적용하는 것을 잘해야 한다. 당신은 또한 기록 세우기에 실패하는 사람들과 나쁜 소식을 나누는 능력이 있어야 하며, 기꺼이 여행해야 한다. 이런 필요조건을 충족시킨다면, 당신은 언젠가 심판이 될지도 모른다!

<table>
<tr>
<td>

**구문
해설**

</td>
<td>

① ... , [**being** a world-record judge] might be the perfect career.
　➡ [ ]는 주어로 쓰인 동명사구이다.

② **This is because** there are many different kinds of record attempts *to judge*.
　➡ 「This is because」는 '이는 ~이기 때문이다'의 의미이다.
　➡ to judge는 many different kinds of record attempts를 수식하는 형용사적 용법의 to부정사이다.

③ You might be sent **to** *watch* a man try to stack three eggs vertically with his bare hands, for example.
　➡ to watch는 '보기 위해'의 의미로, 〈목적〉을 나타내는 부사적 용법의 to부정사이다.
　➡ 「watch+목적어+동사원형」은 '~가 …하는 것을 보다'의 의미이다.

⑥ Or you might be sent to **an event** [**that** claims to have *the* largest *number of different tomato varieties* in a single place].
　➡ [ ]는 선행사 an event를 수식하는 주격 관계대명사절이다.
　➡ 「the number of+복수 명사」는 '~의 수'의 의미이다.

⑦ Spain is famous for **its traditional Tomato Festival, which** uses about 40 tons of tomatoes each year.
　➡ 「, which」는 선행사 its traditional Tomato Festival을 부연 설명하는 계속적 용법의 주격 관계대명사로, '그리고 그것은'의 의미이다.

⑨ **To become** a Guinness World Records judge, ...
　➡ To become은 '되기 위해'의 의미로 〈목적〉을 나타내는 부사적 용법의 to부정사이다.

⑩ You **must** also **have** the ability *to share* bad news with people [who fail to set a record] and (**must**) **be** willing to travel.
　➡ be 앞에 must가 반복을 피하기 위해 생략되었으며, must also have와 (must) be가 접속사 and로 병렬 연결되어 있다.
　➡ to share는 the ability를 수식하는 형용사적 용법의 to부정사이다.
　➡ [ ]는 선행사 people을 수식하는 주격 관계대명사절이다.

</td>
</tr>
</table>

Review Test

정답 **1** take off **2** ① **3** ④ **4** This information helps him improve his wonderful tours.
5 ④ **6** ⓐ: Minotaur ⓑ: the thread **7** ⑤ **8** bare

**문제
해설**

1 take off: ~을 벗다

2 ordinary(평범한)와 비슷한 의미의 단어는 ① 'common(흔한, 평범한)'이다.

> 평범한 날이었다.

② 충직한 ③ 독이 있는 ④ 마법의 ⑤ 호기심 많은

3 ④ 점심 식사 후, 지역에 대한 숨겨진 이야기를 공유한다고 했다.

4 '~가 …하는 것을 돕다'의 의미인 「help+목적어+동사원형」을 이용한다.

5 'clue'라는 단어가 실뭉치를 의미했으나 오늘날에는 질문에 답하거나 미스터리를 푸는 것을 돕는 것을 가리키게
된 이유를 고대 그리스 신화로 설명하는 부분으로, 그 신화에 등장하는 미노타우로스와 그가 사는 곳에 대해 소개
하는 (C), 테세우스가 그런 미노타우로스를 죽이고 싶었으나 그가 사는 곳인 미로가 탈출하기 어려웠다는 내용의
(A), 공주가 준 실뭉치로 탈출하기 어려웠던 미로 문제를 해결했다는 (B)의 흐름이 알맞다.

6 ⓐ: 앞 절의 Minotaur를 가리킨다.
ⓑ: 앞 문장의 the thread를 가리킨다.

7 주어진 문장은 토마토 품종 행사에 보내질 수 있다는 내용으로, '그 토마토(those tomatoes)'라고 언급하는 문장
의 앞인 ⑤에 오는 것이 가장 알맞다.

8 씌우는 것이 없거나 의복을 입지 않은

1

정답 1 ③   2 ④   3 ⑤   4 empty, homeless

문제 해설

1 빈 감자칩 봉지로 침낭을 만들어 노숙자를 도울 수 있을 뿐만 아니라 환경도 보호할 수 있다는 내용의 글이므로, 주제로는 ③ '노숙자와 환경을 돕는 방법'이 가장 알맞다.

① 오래된 패션 아이템들로 새로운 것 만들기

② 많은 쓰레기가 길거리에 버려지는 이유

④ 사람들이 재활용품을 깨끗하게 하도록 하는 프로젝트

⑤ 노숙자들을 위해 식량을 모으는 단체

2 빈칸 뒤에 빈 감자칩 봉지로 노숙자들을 따뜻하게 할 뿐만 아니라 그 쓰레기도 줄일 수 있다는 두 가지 장점이 언급되었으므로, 빈칸에는 ④ '일석이조'가 가장 알맞다.

① 시간은 돈이다   ② 식은 죽 먹기

③ 고통이 없으면 얻는 것도 없다   ⑤ 일찍 일어나는 새가 벌레를 잡는다

3 ⑤ 문장 ⑫에서 노숙자들이 따뜻하게 지낼 수 있다고 했을 뿐, 유용한 기술을 가르친다는 언급은 없다.

①은 문장 ④-⑤에, ②는 문장 ⑥에, ③은 문장 ⑦에, ④는 문장 ⑨에 언급되어 있다.

4 한 비영리 단체가 노숙자들을 위한 침낭을 만들기 위해 빈 감자칩 봉지를 사용하고 있다.

본문 직독 직해

① Did you just finish a bag of chips? / ② Most people throw the empty bag away. /
당신은 방금 감자칩 한 봉지를 다 먹었는가   대부분의 사람들은 빈 봉지를 버린다

③ However, / at a nonprofit organization / in the U.S., / empty chip bags are being
하지만   한 비영리 단체에서는   미국에 있는   빈 감자칩 봉지가 바뀌고 있다
transformed / into sleeping bags. /
               침낭으로

④ Eradajere Oleita / from Nigeria / came up with this project. / ⑤ She found a video / in
Eradajere Oleita가   나이지리아 출신의   이 프로젝트를 생각해냈다   그녀는 동영상을 발견했다
which someone used empty chip bags / to make a sleeping bag. / ⑥ At first, / she decided to
누군가가 빈 감자칩 봉지를 사용하는   침낭을 만들기 위해   처음에   그녀는 그 침낭들을
make the bags / for the homeless / by herself, / but / after a while / she recruited volunteers
만들기로 결정했다   노숙자들을 위해   혼자서   하지만   얼마 후에   그녀는 자원봉사자들을 모집했다
to help her. /
그녀를 도울

⑦ To make the sleeping bags, / the chip bags are soaked / in hot, soapy water. / ⑧ Next, /
침낭을 만들기 위해   그 감자칩 봉지들을 담근다   뜨거운 비눗물에   그다음
they are cut open / and ironed together. / ⑨ Finally, / padding from old jackets is put / inside
그것들은 잘려 펼쳐지고   함께 다려진다   마지막으로   오래된 재킷의 충전재가 넣어진다   침낭 안에
the sleeping bags / to make them warmer. / ⑩ After the whole process is completed, / the
                그것들을 더 따뜻하게 만들기 위해   그 모든 과정이 끝나면
volunteers go into the streets / and give out the bags / to homeless people. /
자원봉사자들은 거리로 가서   그 침낭들을 나눠준다   노숙자들에게

⑪ The project is a great example / of "two birds with one stone." / ⑫ Homeless people can
그 프로젝트는 훌륭한 예이다 　　'일석이조'의 　　　　　　노숙자들은 따뜻하게

stay warm / while the amount of garbage / being thrown away / is reduced. /
지낼 수 있고 　쓰레기의 양은 　　　　　버려지고 있는 　　줄어든다

당신은 방금 감자칩 한 봉지를 다 먹었는가? 대부분의 사람들은 빈 봉지를 버린다. 하지만, 미국의 한 비영리 단체에서는 빈 감자칩 봉지가 침낭으로 바뀌고 있다.

나이지리아 출신의 Eradajere Oleita가 이 프로젝트를 생각해 냈다. 그녀는 누군가가 침낭을 만들기 위해 빈 감자칩 봉지를 사용하는 동영상을 발견했다. 처음에 그녀는 노숙자들을 위해 그 침낭들을 혼자 만들기로 결정했지만, 얼마 후에 그녀는 그녀를 도울 자원봉사자들을 모집했다.

침낭을 만들기 위해, 그 감자칩 봉지들을 뜨거운 비눗물에 담근다. 그다음 그것들은 잘려 펼쳐지고, 함께 다려진다. 마지막으로, 그 침낭들을 더 따뜻하게 만들기 위해 그것들 안에 오래된 재킷의 충전재가 넣어진다. 그 모든 과정이 끝나면, 자원봉사자들은 거리로 가서 노숙자들에게 그 침낭들을 나눠준다.

그 프로젝트는 '일석이조'의 훌륭한 예이다. 노숙자들은 따뜻하게 지낼 수 있고, 버려지고 있는 쓰레기의 양은 줄어든다.

③ However, at a nonprofit organization in the U.S., empty chip bags **are being transformed** into sleeping bags.
　➥ 「be being + p.p.」는 '~되어지고 있다'의 의미인 진행형 수동태이다.

⑤ She found **a video** [**in which** someone used empty chip bags *to make* a sleeping bag].
　➥ [ ]는 선행사 a video를 수식하는 「전치사+관계대명사」절이다. 이때 관계대명사 which는 전치사 in의 목적어이므로, someone used empty chip bags to make a sleeping bag in a video의 의미이다.
　➥ to make는 '만들기 위해'의 의미로, 〈목적〉을 나타내는 부사적 용법의 to부정사이다.

⑥ At first, she **decided to make** the bags for *the homeless* by herself, but after a while she recruited volunteers to help her.
　➥ 「decide+to-v」는 '~하기로 결심하다'의 의미이다.
　➥ 「the+형용사」는 '~한 사람들'의 의미이다.
　➥ to help는 '도울'의 의미로, volunteers를 수식하는 형용사적 용법의 to부정사이다.

⑦ **To make** the sleeping bags, the chip bags *are soaked* in hot, soapy water.
　➥ to make는 '만들기 위해'의 의미로, 〈목적〉을 나타내는 부사적 용법의 to부정사이다.
　➥ are soaked는 '담궈지다'의 의미로, 「be+p.p.」의 수동태이다.

⑧ Next, they **are cut** open and **(are) ironed** together.
　➥ are cut과 (are) ironed는 각각 '잘리다'와 '다림질되다'의 의미로, 「be+p.p.」의 수동태이다. 이 둘은 접속사 and로 병렬 연결되어 있다.

⑨ Finally, padding from old jackets **is put** inside the sleeping bags *to make them warmer*.
　➥ is put은 '넣어진다'의 의미로, 「be+p.p.」의 수동태이다.
　➥ to make는 '만들기 위해'의 의미로, 〈목적〉을 나타내는 부사적 용법의 to부정사이다.
　➥ 「make+목적어+형용사」는 '~를 …하게 만들다'의 의미이다.

⑩ After the whole process **is completed**, the volunteers *go* into the streets and *give out* the bags to homeless people.

　→ is completed는 '완성되다'의 의미로, 「be+p.p.」의 수동태이다.

　→ 동사 go와 give out은 접속사 and로 병렬 연결되어 있다.

⑫ Homeless people can stay warm while the amount of garbage [*being thrown* away] <u>is reduced</u>.

　→ [ ]는 garbage를 수식하는 현재분사구이다.

　→ 쓰레기가 '버려지고 있는' 것이므로 진행형 수동태(being thrown)가 쓰였다.

　→ is reduced는 '줄어들다'의 의미로, 「be+p.p.」의 수동태이다.

본책 ● pp. 22-23

2

정답　1 ⑤　　2 ②　　3 ②　　4 walking, access

문제 해설

1 거동이 불편한 사람들도 해변을 즐길 수 있게 도와주는 장치인 Seatrac에 관한 글이므로, 제목으로는 ⑤ '해변이 모든 사람에게 더 접근하기 쉽도록 만든 장치'가 가장 알맞다.

① 여름 휴가를 즐기는 최고의 방법

② 그리스의 해변이 인기를 얻고 있는 이유

③ 당신이 해변에서 필요한 유일한 의자

④ 바다 수영을 통해 몸을 강하게 하는 것

2 (A): 뒤 문장에서 다행스럽게도 장애를 가진 사람들이 바다에 접근할 수 있는 새로운 방법이 있다고 했으므로, 걷는 데 어려움을 겪는 사람들이 해변을 방문하는 것이 '힘든(tough)' 것이라는 내용이 자연스럽다.

(B): 앞에서 Seatrac이 사용자를 바다로 안전하고 부드럽게 나른다고 했으므로, 걷는 데 어려움을 겪는 사람들에게 이 장치가 '이상적(ideal)'이라는 내용이 자연스럽다.

(C): 앞에서 Seatrac은 리모컨으로 조작된다고 했으므로, 리모컨을 사용해서 의자를 '가동한다(operate)'라는 내용이 자연스럽다.

① 힘든 …… 간단한지 않은 …… 조립하다　　　② 힘든 …… 이상적인 …… 가동하다

③ 힘든 …… 이상적인 …… 조립하다　　　④ 힘이 들지 않는 …… 이상적인 …… 가동하다

⑤ 힘이 들지 않는 …… 간단한지 않은 …… 조립하다

3 ①은 문장 ②, ⑤에, ③은 문장 ⑥-⑦에, ④는 문장 ⑧-⑨에, ⑤는 문장 ⑩에 언급되어 있으나, ②는 알 수 없다.

① Seatrac 장치의 대상 사용자는 누구인가?

② Seatrac 장치는 언제 발명되었는가?

③ Seatrac 장치는 어떻게 작동되는가?

④ Seatrac 장치 전원은 어떻게 공급되는가?

⑤ Seatrac 장치를 사용하려면 사용자가 얼마를 지불해야 하는가?

4

Seatrac 장치는 걷는 데 어려움을 겪는 사람들이 바다에 접근하도록 도와준다.

① For people who have difficulty walking, / visiting a beach can be tough. / ② Thankfully, /
걷는 데 어려움을 겪는 사람들에게   해변을 방문하는 것은 힘들 수도 있다   다행스럽게도

Greece has developed a new way / for disabled people / to access the sea / —Seatrac.
그리스는 새로운 방법을 개발했다   장애가 있는 사람들이   바다에 접근하는   Seatrac이라는

③ Seatrac looks like a chair / attached to a long track / that stretches into the water. / ④ It
Seatrac은 의자처럼 보인다   긴 트랙에 부착된   물 속으로 뻗어 있는   그것은

carries the user / into the sea / safely and smoothly. / ⑤ The system is ideal / for people who
사용자를 나른다   바다로   안전하고 부드럽게   그 장치는 이상적이다   걷는 데 어려움을

have trouble walking, / including pregnant women and the elderly. / ⑥ The chair is managed
겪는 사람들에게   임신부와 노인을 포함하여   그 의자는

by remote control. / ⑦ Users can use the remote control / to operate the chair / and move it
리모컨에 의해 조작된다   사용자들은 리모컨을 사용할 수 있다   의자를 가동해서   그것을 트랙을

along the track. / ⑧ The system is powered entirely / by solar energy. / ⑨ It does not need /
따라 이동시키기 위해서   그 장치는 전적으로 작동된다   태양 에너지에 의해   그것은 필요로 하지 않는다

any other form of power. /
다른 형태의 전력을

⑩ People can use the Seatrac service / for free / in Greece. / ⑪ The system has been mainly
사람들은 Seatrac 서비스를 이용할 수 있다   무료로   그리스에서   그 장치는 주로 자금이 지원되어 왔다

funded / by the Greek government and the EU. / ⑫ The hope is / that everyone can access
그리스 정부와 유럽 연합에 의해   바람은 ~이다   모든 사람들이 그리스의

Greece's beautiful beaches / without any difficulties. /
아름다운 해변에 접근하는 것   아무 어려움 없이

걷는 데 어려움을 겪는 사람들에게 해변을 방문하는 것은 <u>힘들</u> 수도 있다. 다행스럽게도, 그리스는 장애가 있는 사람들이 바다에 접근하는 새로운 방법인 Seatrac을 개발했다.

Seatrac은 물 속으로 뻗어 있는 긴 트랙에 부착된 의자처럼 보인다. 그것은 사용자를 안전하고 부드럽게 바다로 나른다. 그 장치는 임신부와 노인을 포함하여, 걷는 데 어려움이 있는 사람들에게 <u>이상적</u>이다. 그 의자는 리모컨에 의해 조작된다. 사용자들은 의자를 <u>가동해서</u> 그것을 트랙에 따라 이동시키기 위해 리모컨을 사용할 수 있다. 그 장치는 전적으로 태양 에너지에 의해 작동된다. 그것은 다른 형태의 전력을 필요로 하지 않는다.

사람들은 그리스에서 Seatrac 서비스를 무료로 이용할 수 있다. 그 장치는 주로 그리스 정부와 유럽 연합에 의해 자금이 지원되어 왔다. 바람은 모든 사람들이 아무 어려움 없이 그리스의 아름다운 해변에 접근하는 것이다.

① For **people** [**who** *have difficulty walking*], [<u>visiting</u> a beach] can be tough.
➡ [ ]는 people을 선행사로 하는 주격 관계대명사절이다.
➡ 「have difficulty+v-ing」는 '~하는 데 어려움을 겪다'의 의미이다.
➡ 두 번째 [ ]는 주어로 쓰인 동명사구이다.

② Thankfully, Greece has developed a new way **for disabled people** to access the sea—
Seatrac.
➡ to access는 a new way를 수식하는 형용사적 용법의 to부정사이며, for disabled people은 to부정사(to access)의 의미상의 주어이다.

③ Seatrac **looks like** a chair [*attached* to a long track {that stretches into the water}].

　→「look like＋명사」는 '~처럼 보이다'의 의미이다.

　→ [ ]는 a chair를 수식하는 과거분사구이다.

　→ { }는 a long track을 선행사로 하는 주격 관계대명사절이다.

⑤ The system is ideal for **people** [**who** have trouble walking], including pregnant women and the elderly.

　→ [ ]는 people을 선행사로 하는 주격 관계대명사절이다.

⑥ The chair **is managed** by remote control.

　→ is managed는 '조작되다'의 의미로「be＋p.p.」의 수동태이다.

⑦ Users can use the remote control **to operate** the chair and **(to) move** it along the track.

　→ to operate와 (to) move는 〈목적〉을 나타내는 부사적 용법의 to부정사로, 접속사 and로 병렬 연결되어 있다.

⑪ The system **has been** mainly **funded** by the Greek government and the EU.

　→ has been funded는「have[has] been＋p.p.」의 현재완료 수동태로, '지원되어 왔다'의 의미이다.

⑫ The hope is [**that** everyone can access Greece's beautiful beaches without any difficulties].

　→ that은 명사절을 이끄는 접속사로, [ ]는 문장의 보어로 쓰였다.

본책 • pp. 24-25

3

정답　1 ②　2 ①　3 ④　4 share, reduce

문제 해설

1 문장 ⑨에 언급되어 있다.

2 ① 위치에 관해서는 언급되지 않았다.

②는 문장 ⑤에, ③은 문장 ⑦에, ④는 문장 ⑧에, ⑤는 문장 ⑫에 언급되어 있다.

3 빈칸 앞에서 인간 도서관이 서로 대화를 통해 배우는 것을 돕는다고 했고, 빈칸 뒤에서 편견과 고정 관념으로 인한 문제를 줄이기를 바란다고 했으므로, 인간 도서관은 사람들 간의 ④ '이해'를 장려한다고 볼 수 있다.

① 신뢰　② 지원　③ 관심사　⑤ 긍정적 사고

4 인간 도서관에서, 인간 책들은 그들의 경험을 특정 주제에 대해 배우고 싶어 하는 독자들과 공유한다. 사람들은 이런 도서관들이 어떤 사람이나 사물에 대한 오해로 야기되는 갈등을 줄일 수 있을 것이라고 믿는다.

본문 직독 직해

① Imagine / your teacher gives you homework about vegetarianism. / ② You could research
상상해 봐라　당신의 선생님이 당신에게 채식주의에 관한 과제를 낸다고　　당신은 인터넷에서

the topic on the Internet / or visit a library / to find information. / ③ But there's a better way. /
그 주제에 대해 조사할 수 있다　또는 도서관을 방문할 수 있다　정보를 찾기 위해　하지만 더 좋은 방법이 있다

④ Why not talk directly to a vegetarian / at a human library? /
채식주의자에게 직접 이야기해보는 것이 어떤가　인간 도서관에서

⑤ Human libraries, / sometimes referred to as "living libraries," / give people the chance /
인간 도서관은　때때로 '살아 있는 도서관'이라고 불리는　사람들에게 기회를 제공한다

정답 및 해설 **15**

to learn about topics / from living experts. / ⑥ Each expert is called a "human book." /
주제들에 관해 배울　　　　살아 있는 전문가들로부터　　　각 전문가는 '인간 책'이라고 불린다

⑦ People / who visit human libraries to learn / are called "readers." / ⑧ Readers can "borrow"
사람들은　배우기 위해 인간 도서관을 방문하는　　　'독자'라고 불린다　　　독자는 인간 책을 '빌릴' 수 있다

human books / and have conversations with them. /
인간 책을　　그리고 그들과 대화할 수 있다

⑨ The purpose of human libraries / is to help / people learn from one another / through
　　인간 도서관의 목적은　　　　　　돕는 것이다　　사람들이 서로에게서 배우도록　　

direct communication. / ⑩ Human books can share their real life experiences / with their own
직접적인 의사소통을 통해　　　인간 책들은 그들의 실제 삶의 경험을 공유할 수 있다　　　그들 자신의

voices, / and readers can ask any specific questions / they have. / ⑪ Also, / human libraries
목소리로　그리고 독자들은 어떤 구체적인 질문이든 할 수 있다　　그들이 가진　　또한　　인간 도서관은

encourage understanding / between people who would not normally meet. / ⑫ It is hoped /
이해를 장려한다　　　　　보통은 만나지 않을 사람들 간의　　　　　　　　~이 희망된다

that this will reduce problems / caused by prejudice and stereotypes. /
이것이 문제들을 줄일 것　　　　　편견과 고정 관념에 의해 야기된

⑬ What kind of book would you like to borrow / from a human library? /
당신은 어떤 종류의 책을 빌리고 싶은가　　　　　　인간 도서관에서

본문 해석

　　당신의 선생님이 당신에게 채식주의에 관한 과제를 낸다고 상상해 봐라. 당신은 정보를 찾기 위해 인터넷에서 그 주제에 대해 조사하거나 도서관을 방문할 수 있다. 하지만 더 좋은 방법이 있다. 인간 도서관에서 채식주의자와 직접 이야기해보는 것이 어떤가?

　　때때로 '살아 있는 도서관'이라고 불리는 인간 도서관은 사람들에게 살아 있는 전문가들로부터 주제들에 관해 배울 기회를 제공한다. 각 전문가는 '인간 책'이라고 불린다. 배우기 위해 인간 도서관을 방문하는 사람들은 '독자'라고 불린다. 독자는 인간 책을 '빌려서' 그들과 대화할 수 있다.

　　인간 도서관의 목적은 사람들이 직접적인 의사소통을 통해 서로에게서 배우도록 돕는 것이다. 인간 책들은 그들의 실제 삶의 경험을 그들 자신의 목소리로 공유할 수 있고, 독자들은 그들이 가진 어떤 구체적인 질문이든 할 수 있다. 또한, 인간 도서관은 보통은 만나지 않을 사람들 간의 이해를 장려한다. 이것이 편견과 고정 관념에 의해 야기된 문제들을 줄일 것이라 희망된다.

　　당신은 인간 도서관에서 어떤 종류의 책을 빌리고 싶은가?

구문 해설

⑤ **Human libraries**, [(**which are**) sometimes referred to as "living libraries,"] *give people the chance* to learn about topics from living experts.

→ sometimes 앞에는 「주격 관계대명사+be동사」인 which are가 생략되었는데, [ ]는 선행사 Human libraries를 부연 설명하는 계속적 용법의 주격 관계대명사절로 문장 중간에 삽입되었다.

→ 「give A B」는 'A에게 B를 주다'의 의미이다.

→ to learn은 the chance를 수식하는 형용사적 용법의 to부정사이다.

⑦ **People** [**who** visit human libraries *to learn*] are called "readers."

→ [ ]는 선행사 People을 수식하는 주격 관계대명사절이다.

→ to learn은 '배우기 위해'의 의미로, 〈목적〉을 나타내는 부사적 용법의 to부정사이다.

⑨ The purpose of human libraries is **to *help* people *learn*** from one another through direct communication.

    ➡ to help는 '돕는 것'의 의미로 보어로 쓰인 명사적 용법의 to부정사이다.

    ➡ 「help+목적어+동사원형[to-v]」은 '~가 …하도록 돕다'의 의미이다.

⑫ **It** is hoped [**that** this will reduce problems {*caused* by prejudice and stereotypes}].

    ➡ It이 가주어, 명사절 [ ]가 진주어이다.

    ➡ { }는 problems를 수식하는 과거분사구이다.

본책 • pp. 26-27

정답 **1** ③ **2** ③ **3** ③ **4** (1) cold weather (2) strengthen (3) fit

문제 해설

1 덴마크 사람들이 아기들을 밖에서 낮잠을 재우는 이유에 관한 글이므로, 제목으로는 ③ '덴마크에서 아기들은 왜 밖에서 잘까?'가 가장 알맞다.

[문제] 글의 제목으로 가장 알맞은 것은?

① 아기들에게 신선한 공기의 중요성

② 추운 날씨에 아기들을 안전하게 유지하는 방법

④ 유모차나 아기 침대: 아기를 위한 최고의 수면 장소

⑤ 겨울에 따뜻하게 유지하기 위한 덴마크의 전략

2 주어진 문장은 '그러나, 이것에 대한 또 다른 이유가 있을지도 모른다'는 내용으로, 덴마크에서 아기들을 밖에서 재우는 첫 번째 이유를 설명한 내용과, 두 번째 이유를 설명하기 시작하는 내용 사이인 ③에 오는 것이 가장 알맞다.

[문제] 다음 문장이 들어갈 위치로 가장 알맞은 곳은?

3 빈칸 앞에서 덴마크 사람들이 큰 유모차를 이용하는 경향이 있는데 그 유모차가 오래된 건물에 들어가기에는 잘 맞지 않는다고 했으므로, 빈칸에는 ③ '유모차를 실내에 가져오는 것의 어려움'이 가장 알맞다.

[문제] 글의 빈칸에 들어갈 말로 가장 알맞은 것은?

① 큰 유모차를 훔치는 사람

② 실내에서 크게 울고 있는 유아들

④ 아기들을 위해 여분의 담요를 가지고 다닐 필요성

⑤ 아기를 안전하지 않은 야외 환경에 노출시키는 것

4 [문제] 다음 빈칸에 알맞은 단어를 글에서 찾아 쓰시오.

덴마크의 아기들이 밖에서 낮잠을 자는 이유

이유 1	덴마크에서 사람들은 밖에서 낮잠을 자는 것이 아기들의 건강에 좋다고 믿는다.
	• 그것은 아기들이 (1) 추운 날씨에 적응할 수 있도록 도와준다.
	• 신선한 공기를 마시는 것은 면역 체계를 (2) 강화하고 건강한 폐를 지원하는 데 도움이 될 수 있다.
이유 2	큰 유모차는 오래된 건물에 잘 (3) 맞지 않는다.

① When you walk around / the streets of Denmark, / you may notice strollers / outside. /
당신은 돌아다닐 때   덴마크의 거리를   당신은 유모차를 볼 수 있다   밖에서

② The babies inside them are sleeping / in front of shops / even when the weather is cold! /
유모차 안에 있는 아기들은 잠을 자고 있다!   가게 앞에서   날씨가 추울 때도

③ In Denmark, / people frequently leave napping infants / outdoors. / ④ They believe /
덴마크에서   사람들은 자주 낮잠을 자는 아기들을 둔다   야외에   그들은 믿는다

it helps babies / to get used to cold weather, / which is essential / in northern countries. /
그것이 아기들을 돕는다고   추운 날씨에 적응하도록   그것은 필수적이다   북부 국가들에서

⑤ They also think / that breathing fresh outdoor air can strengthen the babies' immune
그들은 또한 생각한다   신선한 외부 공기를 마시는 것이 아기들의 면역 체계를 강화시켜

systems, / reducing illness / and supporting healthy lungs. / However, / there may be another
                병을 줄이고   건강한 폐를 지원한다고   그러나   또 다른 이유가 있을지도

reason / for this. / ⑥ People in Denmark tend to use large strollers. / ⑦ They do not fit easily /
모른다   이것에 대한   덴마크 사람들은 큰 유모차를 사용하는 경향이 있다   그것들은 잘 맞지 않는다

in buildings / that were constructed 80 to 100 years ago. / ⑧ So, / maybe the practice is just /
건물에는   80년에서 100년 전에 지어진   그래서 아마도 그 관행은 단지 ~일지도 모른다

to avoid the difficulty of bringing strollers indoors. /
유모차를 실내로 가져오는 것의 어려움을 피하기 위한 것

⑨ The babies may look unsafe, / but don't worry! / ⑩ Some parents use a thermometer /
아기들이 위험해 보일 수 있다   하지만 걱정하지 말아라   어떤 부모들은 온도계를 사용한다

to make sure / it's not too cold / in the stroller. / ⑪ Others use a monitor / to keep constant
확인하기 위해   너무 춥지 않은지   유모차 안이   다른 부모들은 감시 장치를 사용한다   아기를 계속

watch over the baby. /
지키기 위해

당신은 덴마크의 거리를 돌아다닐 때, 밖에서 유모차를 볼 수도 있다. 유모차 안에 있는 아기들은 날씨가 추울 때도 가게 앞에서 잠을 자고 있다!

덴마크에서 사람들은 낮잠을 자는 아기들을 자주 야외에 둔다. 그들은 그것이 아기들이 추운 날씨에 적응하는 데 도움을 준다고 믿는데, 그것은 북부 국가들에서 필수적이다. 그들은 또한 신선한 외부 공기를 마시는 것이 아기들의 면역 체계를 강화시켜, 병을 줄이고 건강한 폐를 지원한다고 생각한다. 그러나, 이것에 대한 또 다른 이유가 있을지도 모른다. 덴마크 사람들은 큰 유모차를 사용하는 경향이 있다. 그것들은 80년에서 100년 전에 지어진 건물에는 잘 맞지 않는다. 그래서 아마도 그 관행은 단지 유모차를 실내로 가져오는 것의 어려움을 피하기 위한 것일지도 모른다.

아기들이 위험해 보일 수 있지만, 걱정하지 말아라! 어떤 부모들은 유모차 안이 너무 춥지 않은지 확인하기 위해 온도계를 사용한다. 다른 부모들은 아기를 계속 지키기 위해 감시 장치를 사용한다.

③ In Denmark, people frequently leave **napping** infants outdoors.
➡ napping은 '낮잠을 자고 있는'의 의미로, infants를 수식하는 현재분사이다.

④ They believe [(**that**) it *helps babies to get* used to cold weather], which is essential in northern countries.
➡ [ ]는 동사 believe의 목적어로 쓰인 명사절로, 접속사 that이 생략되었다.
➡ 「help+목적어+to-v[동사원형]」은 '~가 …하는 것을 돕다'의 의미이다.

→ 「, which」는 앞 절을 부연 설명하는 계속적 용법의 주격 관계대명사로, '그리고 그것은'의 의미이다.

⑤ They also think [**that** *breathing fresh outdoor air* can strengthen the babies' immune systems, <u>reducing</u> illness and <u>supporting</u> healthy lungs].

→ that은 명사절을 이끄는 접속사로, [ ]는 동사 think의 목적어로 쓰였다.

→ breathing fresh outdoor air는 주어로 쓰인 동명사구이다.

→ reducing과 supporting은 〈연속동작〉을 나타내는 분사구문이며, reducing과 supporting은 접속사 and로 병렬 연결되어 있다.

⑦ They do not fit easily in **buildings** [**that** *were constructed* 80 to 100 years ago].

→ [ ]는 선행사 buildings를 수식하는 주격 관계대명사절이다.

→ were constructed는 '지어진'의 의미의 수동태(be+p.p.)이다.

⑧ So, maybe the practice is just **to avoid** the difficulty [of bringing strollers indoors].

→ to avoid는 '피하는 것'의 의미로, 보어로 쓰인 명사적 용법의 to부정사이다.

→ [ ]는 the difficulty를 수식하는 전치사구이다.

⑩ Some parents use a thermometer **to make sure** [(*that*) it's not too cold in the stroller].

→ to make sure는 '확인하기 위해'의 의미로, 〈목적〉을 나타내는 부사적 용법의 to부정사이다.

→ [ ]는 make sure의 목적어로 쓰인 명사절로, that이 생략되었다.

⑪ Others use a monitor **to keep** constant **watch over** the baby.

→ to keep watch over는 '지키기 위해'의 의미로, 〈목적〉을 나타내는 부사적 용법의 to부정사이다.

Review Test

정답   **1** 1) encourage   2) breathe   **2** throw away   **3** ④   **4** The hope is that everyone can access Greece's beautiful beaches   **5** ⑤   **6** direct   **7** 낮잠 자는 아기들을 자주 야외에 두는 것   **8** ①

문제
해설

1   1) 그 포스터는 학생들이 동호회에 가입할 것을 <u>장려하기</u> 위해 제작되었다.
    2) 명상하는 동안 천천히 그리고 깊게 <u>숨 쉬는</u> 것이 중요하다.

2   throw away: ~을 버리다[없애다]

3   ④ 전적으로 태양 에너지에 의해 작동되며, 다른 형태의 전력이 필요하지 않다고 했다.

4   동사 is의 보어인 명사절을 이끄는 접속사 that을 이용한다.

5   인간 도서관이 일반적으로 만나지 않을 사람들을 만나게 해주고, 서로에 대해 더 깊게 이해하도록 도와준다고 했으므로, 편견과 고정 관념에 의해 야기된 문제들이 감소할 것으로 예상된다고 해야 한다. 따라서, ⓔ의 increase(증가시키다)를 reduce(줄이다)로 바꿔야 한다.

6
> 두 사람이나 물건 사이에 아무도, 다른 어떤 것도 없는

7   앞 문장에 언급되어 있다.

8   덴마크에서 사람들이 낮잠 자는 아기를 야외에 두는 이유에 관해 설명하는 글로, 빈칸 앞에는 추운 겨울에 아기를 적응시켜 면역 체계를 강화한다고 했고, 빈칸 뒤에는 그 외에 또 다른 이유가 있다고 설명하고 있으므로, 빈칸에는 ① '그러나'가 알맞다.
   ② 대신에   ③ 그러므로   ④ 결과적으로   ⑤ 예를 들어

본책 • pp. 32-33

1

정답 **1** ③   **2** ⑤   **3** (1) T (2) F (3) T   **4** point, stack, stones, hits

**문제
해설**

1 lagori라는 인도의 전통 놀이를 하는 방법에 관한 글이므로, 제목으로는 ③ '돌멩이를 쓰러뜨리고, 다시 세워라'가
가장 알맞다.
① lagori: 인도의 암벽 등반 스포츠
② 운동선수들을 위한 이색적인 훈련 방법
④ 전 세계의 신나는 전통 게임
⑤ 세계에서 가장 인기 있는 게임의 기원

2 ⑤ 문장 ⑧에서 수비팀 선수들이 팀 동료들에게 공을 넘겨줄 수는 있어도 공을 들고 뛸 수는 없다고 했다.
①은 문장 ③-④에, ②는 문장 ⑥-⑦에, ③은 문장 ⑦에, ④는 문장 ⑧에 언급되어 있다.

3 (1) 문장 ①에 언급되어 있다.
(2) 문장 ②에 고무공과 일곱 개의 납작한 돌이 필요하다고 했다.
(3) 문장 ④에 언급되어 있다.

4
> 공격팀이 돌을 성공적으로 쌓으면 그들은 점수를 얻는다. 그러나 수비팀이 공으로 공격하는 선수를 맞히면 그들은 공
> 격팀이 된다.

**본문
직독
직해**

① Lagori, / also known as seven stones, / is a traditional Indian game. / ② It is played / by
　　lagori는　　　seven stones라고도 알려진　　　　인도의 전통 놀이이다　　　　　　그것은 진행된다
two teams / with a rubber ball and a pile of seven flat stones. / ③ The players of one team /
두 팀에 의해　　고무공과 납작한 7개의 돌 더미를 이용하여　　　　　　　　　한 팀의 선수들은
must throw a ball / at the pile. / ④ Each player gets three chances / to knock it down. / ⑤ If the
공을 던져야 한다　　더미를 향해　　각 선수는 세 번의 기회를 얻는다　　그것을 쓰러뜨릴　　만약
team fails / to knock the pile down, / then the opposing team gets a chance / to throw a ball
그 팀이 못한다면　더미를 쓰러뜨리지　　그 이후 상대팀이 기회를 얻는다　　　　　더미를 향해 공을
at the pile. / ⑥ But / if they succeed, / they become the attacking team, / and they must stack
던질　　　하지만　그들이 성공한다면　그들은 공격팀이 된다　　　　그리고 그들은 돌을
the stones. / ⑦ While they are doing this, / the defending team tries to hit any player of the
쌓아야 한다　　그들이 이렇게 하는 동안　　수비팀은 공격팀의 어떤 선수든 맞히려고 한다
attacking team / below the knees / with the ball. / ⑧ They may not run / with the ball, / but
　공격팀의　　무릎 아래를　　공으로　　　그들은 뛸 수는 없다　　공을 가지고　하지만
they can pass it / to their teammates. / ⑨ If the attacking team successfully stacks the stones, /
공을 넘겨줄 수는 있다　팀 동료들에게　　　공격팀이 성공적으로 돌을 쌓으면
they get a point. / ⑩ But / if the defending team hits any of the attacking team's players, / the
그들은 점수를 얻는다　하지만　수비팀이 공격팀의 어떤 선수든 맞힌다면
teams switch roles. /
팀들은 역할을 바꾼다

seven stones라고도 알려진 lagori는 인도의 전통 놀이이다. 그것은 고무공과 납작한 7개의 돌 더미를 이용하여 두 팀에 의해 진행된다. 한 팀의 선수들은 더미를 향해 공을 던져야 한다. 각 선수는 그것을 쓰러뜨릴 세 번의 기회를 얻는다. 만약 그 팀이 더미를 쓰러뜨리지 못한다면, 그 이후 상대 팀이 더미를 향해 공을 던질 기회를 얻는다. 하지만 그들이 성공한다면, 그들은 공격팀이 되고, 그다음 돌을 쌓아야 한다. 그들이 이렇게 하는 동안, 수비팀은 공격팀의 어떤 선수든 공으로 무릎 아래를 맞히려고 한다. 그들은 공을 가지고 뛸 수는 없지만, 팀 동료들에게 공을 넘겨줄 수는 있다. 공격팀이 성공적으로 돌을 쌓으면, 그들은 점수를 얻는다. 하지만 수비팀이 공격팀의 어떤 선수든 맞힌다면, 팀들은 역할을 바꾼다.

구문해설

① Lagori, [also **known** as seven stones], is a traditional Indian game.
➡ [ ]는 Lagori를 부연 설명하는 과거분사구로, 문장 중간에 삽입되었다.
④ **Each player gets** three chances *to knock it down*.
➡ 「each+단수 명사」는 '각각의 ~'의 의미로, 단수 취급하므로 단수형 동사 gets가 쓰였다.
➡ to knock down은 three changes를 수식하는 형용사적 용법의 to부정사이다.
⑤ If the team fails to knock the pile down, then the opposing team gets a chance [**to throw a ball at the pile**].
➡ to throw는 a chance를 수식하는 형용사적 용법의 to부정사이다.
⑦ **While** they are doing this, the defending team *tries to hit* any player of the attacking team below the knees with the ball.
➡ while은 '~하는 동안'의 의미로, 〈때〉를 나타내는 접속사이다.
➡ 「try+to-v」는 '~하려고 애쓰다'의 의미이다.

본책 • pp. **34-35**

2

정답 1 ⑤ 2 ③ 3 ②, ③ 4 term, sports, fields

문제해설

1 빈칸 뒤에 주요 골프 선수권 대회를 모두 이겼을 때나, 야구에서 선수들이 모든 루에 있는 상태에서 타자가 홈런을 치는 경우 그랜드 슬램을 달성한다고 했으므로, 빈칸에는 ⑤ '위대한 것들을 성취할'이 적절하다.
① 갑자기 두각을 나타낼   ② 자신의 기록을 깰
③ 그들의 숨겨진 기술을 보여 줄   ④ 자신의 첫 금메달을 딸

2 그랜드 슬램이라는 용어가 다양한 스포츠 분야에서 어떤 의미로 사용되는지에 대해 설명하고 있으므로, 한 경기에서 두 번의 그랜드 슬램을 친 메이저리그 야구선수의 수에 대해 언급하는 (c)는 글의 흐름과 관계없다.

3 ②는 문장 ④에서 그것이 원래 카드 게임에서 사용되었음을 알 수 있고, ③은 문장 ⑤에서 테니스 경기에서 최초로 사용되었음을 알 수 있다.

4 '그랜드 슬램'이라는 용어는 원래 한 카드 게임에서 왔고 이제 스포츠에서 흔하다. 요즘 그것은 많은 다양한 분야에서 쓰인다.

① Winning feels great. / ② But / do you know / what is better than winning? / ③ Winning a
이기는 것은 기분 좋다   그런데   당신은 알고 있는가   무엇이 이기는 것보다 더 좋은지

grand slam! / ④ The term "grand slam" was originally used / to refer to an outstanding victory /
그랜드 슬램을 얻는 것이다   '그랜드 슬램'이라는 용어는 원래 사용되었다   두드러지는 승리를 지칭하는 데

in the card game bridge. / ⑤ A sports reporter first used the term / when a tennis player won
카드 게임인 bridge에서   한 스포츠 기자가 처음 그 용어를 사용했다   한 테니스 선수가

the four major tennis events. / ⑥ Eventually, / "grand slam" became a term / used / when
네 개의 주요 테니스 대회를 이겼을 때   결국   '그랜드 슬램'은 용어가 되었다   사용되는

players in other sports accomplish great things, / too. / ⑦ For example, / a golfer achieves a
다른 스포츠의 선수들이 위대한 것들을 성취할 때   역시   예를 들어   골프 선수는

grand slam / when he or she wins all of the major golf championships. / ⑧ When it comes to
그랜드 슬램을 달성한다   그나 그녀가 주요 골프 선수권 대회를 모두 이길 때   야구에 관해서라면

baseball, / a grand slam is / when a batter hits a home run / with players on all the bases. /
그랜드 슬램은 ~이다   타자가 홈런을 칠 때   선수들이 모든 루에 있는 상태에서

(⑨ However, / only 13 Major League Baseball players / have hit two grand slams / in one
하지만   오직 열세 명의 메이저리그 야구 선수들만이   두 번의 그랜드 슬램을 쳤다   한

game. /) ⑩ The term is also used / in many other sports, / such as track and field, figure
경기에서   그 용어는 또한 사용된다   많은 다른 스포츠에서   육상 경기와 피겨 스케이팅,

skating, and mountain climbing. / ⑪ These days, / "grand slam" is even used / for great
등산과 같은   오늘날   '그랜드 슬램'은 심지어 사용된다

achievements in other fields, / such as online games. /
다른 분야에서의 위대한 업적에   온라인 게임과 같은

이기는 것은 기분 좋다. 그런데 무엇이 이기는 것보다 더 좋은지 당신은 알고 있는가? 그랜드 슬램을 얻는 것이다! '그랜드 슬램'이라는 용어는 원래 카드 게임인 bridge에서 두드러지는 승리를 지칭하는 데 사용되었다. 한 테니스 선수가 네 개의 주요 테니스 대회를 이겼을 때 한 스포츠 기자가 처음 그 용어를 사용했다. 결국, '그랜드 슬램'은 다른 스포츠의 선수들이 위대한 것들을 성취할 때에도 사용되는 용어가 되었다. 예를 들어, 골프 선수는 그나 그녀가 주요 골프 선수권 대회를 모두 이길 때 그랜드 슬램을 달성한다. 야구에 관해서라면, 그랜드 슬램은 선수들이 모든 루에 있는 상태에서 타자가 홈런을 칠 때이다. (하지만, 오직 열세 명의 메이저리그 야구 선수들만이 한 경기에서 두 번의 그랜드 슬램을 쳤다.) 그 용어는 또한 육상 경기와 피겨 스케이팅, 등산과 같은 많은 다른 스포츠에서도 사용된다. 오늘날, '그랜드 슬램'은 심지어 온라인 게임과 같은 다른 분야에서의 위대한 업적에도 사용된다.

① **Winning *feels great*.**
  ➡ Winning은 주어로 쓰인 동명사로, 단수 취급한다.
  ➡ 「feel+형용사」는 '~하게 느끼다'의 의미이다.
② But do you know [what is better than winning]?
  ➡ [ ]는 「의문사+동사」 어순의 간접의문문으로, know의 목적어로 쓰였다.
④ The term "grand slam" **was** originally **used to refer to** an outstanding victory in ... .
  ➡ 「be used+to-v」는 '~하는 데 사용되다'의 의미이다. (*cf.* 「used to+동사원형」은 '(과거에) ~였다/하곤 했다'의 의미로 과거의 상태나 습관을 나타내며, 「be used to+(동)명사」는 '~하는 데 익숙하다'의 의미이다.)

정답 1 ④   2 ①   3 ⑤   4 한쪽 팔이 없으면 서핑[운동]하기 힘들[어려울] 거라는 편견

문제 해설

1 서퍼 Bethany Hamilton이 한쪽 팔을 잃고도 불굴의 의지로 서핑을 계속했다는 내용의 글이므로, 제목으로 ④ '멈춰질 수 없었던 서퍼'가 가장 적절하다.
① 서핑 중에 안전을 유지하는 방법   ② 서핑 부상에서 회복하기
③ 서핑: 가장 위험한 스포츠   ⑤ 아이들이 서핑하도록 허락되어야 하는가?

2 빈칸 앞에서 Bethany가 한쪽 팔을 잃고도 다시 서핑하러 돌아와서 거의 매일 바다에 있었다고 했으므로, 한쪽 팔 없이 서핑 연습을 했다는 내용이 자연스럽다. 따라서 빈칸에 ① '서핑하는 것을 익히며'가 가장 적절하다.
② 포기하고 싶어 하며   ③ 수영 연습을 하며
④ 자신이 어떻게 보일지 걱정하며   ⑤ 위험에 처한 사람들을 구하며

3 ⑤ 문장 ⑩-⑪에서 결혼 후에도 여전히 열정적인 프로 서퍼라고 했다.
①은 문장 ①에, ②는 문장 ③에, ③은 문장 ⑦에 언급되어 있고, ④는 문장 ④, ⑧-⑨에서 알 수 있다.

4 '대부분의 사람들은 Bethany가 결코 다시는 서핑을 하지 않을 거라고 믿었다.'는 밑줄 친 문장 앞에 그녀가 왼쪽 팔을 잃었다고 언급되어 있으므로, 한쪽 팔이 없는 것이 서핑하는 것에 영향을 미칠 거라는 편견을 유추할 수 있다.

본문 직독 직해

① Bethany Hamilton grew up / in Hawaii, / where she began surfing / as a little girl. /
　Bethany Hamilton은 자랐다　　하와이에서　　그리고 그곳에서 그녀는 서핑을 시작했다　어린 소녀일 때
② Her dream was to grow up to be a professional surfer. / ③ However, / when Bethany was
그녀의 꿈은 자라서 프로 서퍼가 되는 것이었다　　　　　　하지만　　Bethany가 열세 살이었을 때
13, / a shark attacked her / and bit her left arm. / ④ She was taken to a hospital, / where
　　상어가 그녀를 공격했다　　그리고 그녀의 왼쪽 팔을 물었다　　그녀는 병원에 이송되었다　　그리고 그곳에서
doctors saved her life, / but she lost her arm. / ⑤ Most people believed / that Bethany would
의사들이 그녀의 목숨을 구했다　하지만 그녀는 그녀의 팔을 잃었다　대부분의 사람들은 믿었다　Bethany가 결코 다시는
never surf again. / ⑥ Bethany, / however, / had no intention of giving up. / ⑦ One month after
서핑을 하지 않을 거라고　Bethany는　하지만　　포기할 의사가 없었다　　　　　퇴원 한 달 뒤에
leaving the hospital, / Bethany was back to surfing. / ⑧ She was in the ocean / almost every
　　　　　Bethany는 서핑으로 돌아왔다　　　　그녀는 바다에 있었다　　거의 매일
day, / learning to surf / without her left arm. / ⑨ Less than a year after her attack, / Bethany
　　서핑하는 것을 익히며　왼쪽 팔 없이　　　　공격 후 일 년이 채 되지 않아　　　　Bethany는
entered a surfing competition. /
서핑 대회에 참가했다
　⑩ Bethany is now married / and has four children. / ⑪ She is still a passionate professional
　Bethany는 현재 결혼을 한 상태이다　그리고 네 명의 아이가 있다　　그녀는 여전히 열정적인 프로 서퍼이다
surfer. / ⑫ Bethany knew / when she was a little girl / that she wanted to be a surfer, / and
　　　Bethany는 알았다　그녀가 어린 소녀였을 때　　그녀는 서퍼가 되고 싶다는 것을　　　그리고
nothing could stop her. / ⑬ Not even a shark! /
아무것도 그녀를 막을 수 없었다　심지어 상어조차도

본문 해석

　　Bethany Hamilton은 하와이에서 자랐고, 그곳에서 그녀는 어린 소녀일 때 서핑을 시작했다. 그녀의 꿈은 자라서 프로 서퍼가 되는 것이었다. 하지만, Bethany가 열세 살이었을 때, 상어가 그녀를 공격해 그녀의 왼쪽 팔을

물었다. 그녀는 병원에 이송되었고, 그곳에서 의사들이 그녀의 목숨을 구했지만, 그녀는 그녀의 팔을 잃었다. 대부분의 사람들은 Bethany가 결코 다시는 서핑을 하지 않을 거라고 믿었다. 하지만, Bethany는 포기할 의사가 없었다. 퇴원 한 달 뒤에, Bethany는 서핑으로 돌아왔다. 그녀는 왼쪽 팔 없이 <u>서핑하는 것을 익히며</u> 거의 매일 바다에 있었다. 공격 후 일 년이 채 되지 않아, Bethany는 서핑 대회에 참가했다.

Bethany는 현재 결혼을 해서 네 명의 아이가 있다. 그녀는 여전히 열정적인 프로 서퍼이다. Bethany는 그녀가 어린 소녀였을 때 자신은 서퍼가 되고 싶다는 것을 알았고, 아무것도 그녀를 막을 수 없었다. 심지어 상어조차도!

구문 해설

① Bethany Hamilton grew up in **Hawaii, where** she began surfing *as* a little girl.
→ 「, where」는 선행사 Hawaii를 부연 설명하는 계속적 용법의 관계부사로 '그리고 그곳에서'의 의미이다.
→ as는 '~일 때'의 의미를 나타내는 전치사로 쓰였다.

② Her dream was [**to grow up** *to be* a professional surfer].
→ [ ]는 보어로 쓰인 명사적 용법의 to부정사구로, to grow up은 '자라는 것'의 의미이다.
→ to be는 '(그 결과) ~되다'의 의미로 〈결과〉를 나타내는 부사적 용법의 to부정사이다.

④ She was taken to **a hospital, where** doctors saved her life, but she lost her arm.
→ 「, where」는 선행사 a hospital을 부연 설명하는 계속적 용법의 관계부사로 '그리고 그곳에서'의 의미이다.

⑧ She was in the ocean almost every day, **learning** *to surf* without her left arm.
→ learning은 '배우면서'의 의미로 〈동시동작〉을 나타내는 분사구문이다.
→ to surf는 learning의 목적어로 쓰인 명사적 용법의 to부정사이다.

⑫ Bethany knew when she was a little girl [**that** she wanted to be a surfer], … .
→ that은 명사절을 이끄는 접속사로, [ ]는 knew의 목적어로 쓰였다.

본책 • pp. 38-39

정답 1 ⑤ 2 ② 3 ③ 4 improve 5 advantages, focus, calm, perform

문제 해설

1 운동선수들이 껌을 씹으면서 경기할 때 야기되는 이점에 관한 글이므로, 주제로는 ⑤ '왜 운동선수들은 경기를 하면서 껌을 씹는가'가 가장 알맞다.
[문제] 글의 주제로 가장 알맞은 것은?
① 어떻게 스포츠가 스트레스 수준을 높이는가   ② 껌 씹기의 부작용
③ 운동 성과를 향상시키는 방법   ④ 스트레스 수준을 줄이는 다양한 방법들

2 빈칸 뒤에 운동선수가 껌을 씹으면 경기 중에 빠르게 생각할 수 있고 경기에도 더 잘 집중할 수 있다고 했으므로, 빈칸에는 ② '활동적인'이 가장 자연스럽다.
[문제] 글의 빈칸에 들어갈 말로 가장 알맞은 것은?
① 바쁜   ③ 밝은   ④ 걱정하는   ⑤ 평화로운

3 주어진 문장은 '더 낮은 코티솔 수준은 사람들이 침착하게 유지할 수 있도록 도울 수 있다.'는 내용이므로, 껌을 씹는 운동선수들의 코티솔 수준이 낮다는 내용의 문장 ⑨와 침착한 선수들은 경기 중 현명한 결정을 내리고 실수가 적다는 내용의 문장 ⑩ 사이인 ③에 오는 것이 가장 자연스럽다.
[문제] 다음 문장이 들어갈 위치로 가장 알맞은 곳은?

4 '더 나은 것을 만들거나 더 나은 것이 되다'의 의미를 가진 단어는 improve(향상시키다)이다.
[문제] 다음 영영 뜻풀이에 해당하는 단어를 글에서 찾아 쓰시오.

5 [문제] 다음 빈칸에 알맞은 단어를 상자에서 골라 쓰시오.

행하다	집중하다	이점	침착한	움직임

껌을 씹는 것은 운동선수들에게 몇 가지 <u>이점</u>을 제공한다. 그것은 그들이 더 빨리 생각하고, 더 잘 <u>집중하고</u>, <u>침착하도록</u> 도와주며, 경기에서 더 잘할 수 있도록 해준다.

① If you enjoy watching baseball or soccer, / you might have noticed / something about the
만약 당신이 야구나 축구 보는 것을 즐긴다면   당신은 알아차렸을지도 모른다   아마 선수들에 대해

players. / ② Many of them chew gum! / ③ Have you ever wondered why? /
원가를   그들 중 많은 선수들이 껌을 씹는다   왜 그런지 궁금한 적이 있는가

④ Researchers have claimed / that chewing gum improves athletes' performance. / ⑤ The
연구원들은 주장했다   껌을 씹는 것이 운동선수들의 성과를 향상시킨다고

action of chewing sends electrical signals / to the brain, / and this keeps the mind active. /
씹는 동작은 전기 신호를 보낸다   뇌에   그리고 이것은 정신을 활동적으로 유지시킨다

⑥ So / if athletes chew gum / while they play, / they can think faster / and concentrate better
그래서 / 운동선수들이 껌을 씹는다면 / 경기하는 동안   그들은 더 빠르게 생각할 수 있다   그리고 경기에 더 잘

on the game. / ⑦ Their reactions will also be faster. / ⑧ Those are not the only benefits
집중할 수 있다   그들의 반응 또한 더 빨라질 것이다   이것들만이 껌을 씹는 것의 이점은 아니다

of chewing gum, / though. / ⑨ Research has shown / that athletes who chew gum / have
                     하지만   연구는 보여줬다   껌을 씹는 운동선수들은

relatively lower levels of a stress hormone / called cortisol. / <u>Lower cortisol levels can help</u>
스트레스 호르몬의 수준이 상대적으로 더 낮다   코티솔이라고 불리는   더 낮은 코티솔 수준은 사람들을 도울 수

<u>people / remain calm.</u> / ⑩ When athletes stay calm, / they can make smart decisions / under
있다   침착하게 유지할 수 있도록   운동선수들이 침착할 때   그들은 현명한 결정을 내릴 수 있다   압박감

pressure / and avoid mistakes. / ⑪ Therefore, / athletes can improve their performance / by
속에서   그리고 실수를 피할 수 있다   그러므로   운동선수들은 그들의 성과를 향상시킬 수 있다

chewing gum. / ⑫ The next time / you see athletes / chewing gum, / remember / that it helps
껌을 씹음으로써   다음번에   당신이 운동선수를 본다면   껌을 씹는   기억해라   그것이 그들을

them / perform at their best! /
도와준다는 것을   가장 좋은 상태에서 경기를 하도록

만약 당신이 야구나 축구 보는 것을 즐긴다면, 당신은 아마 선수들에 대해 원가를 알아차렸을지도 모른다. 그들 중 많은 선수들이 껌을 씹는다! 왜 그런지 궁금한 적이 있는가?

연구원들은 껌을 씹는 것이 운동선수들의 성과를 향상시킨다고 주장했다. 씹는 동작은 뇌에 전기 신호를 보내고, 이것은 정신을 활동적으로 유지시킨다. 그래서 운동선수들이 경기하는 동안 껌을 씹는다면, 그들은 더 빠르게 생각하고 경기에 더 잘 집중할 수 있다. 그들의 반응 또한 더 빨라질 것이다. 하지만 이것들만이 껌을 씹는 것의 이점은 아니다. 연구는 껌을 씹는 운동선수들은 코티솔이라고 불리는 스트레스 호르몬의 수준이 상대적으로 더 낮다는 것을 보여줬다. 더 낮은 코티솔 수준은 사람들이 침착하게 유지할 수 있도록 도울 수 있다. 운동선수들이 침착할 때, 그들은 압박감 속에서 현명한 결정을 내리고 실수를 피할 수 있다. 그러므로, 운동선수들은 껌을 씹음으로써 그들의 성과를 향상시킬 수 있다. 다음번에 당신이 껌을 씹는 운동선수를 본다면, 그것이 그들의 가장 좋은 상

**구문
해설**

④ Researchers have claimed [**that** chewing gum improves athletes' performance].

➜ that은 명사절을 이끄는 접속사로, [ ]는 동사 have claimed의 목적어로 쓰였다.

⑤ The action [of chewing] **sends electrical signals to the brain**, and *this* <u>keeps the mind active</u>.

➜ [ ]는 The action을 수식하는 전치사구이다.

➜ 「send A to B」는 'B에게 A를 보내다'의 의미로, 「send B A」로 바꿔 쓸 수 있다.

➜ this는 앞 절을 가리킨다.

➜ 「keep+목적어+형용사」는 '~을 …하게 유지하다'의 의미이다.

⑥ So [**if** athletes chew gum {**while** they play}], they can *think* faster and *concentrate* better on the game.

➜ [ ]는 '~한다면'의 의미의 〈조건〉을 나타내는 접속사 if가 이끌고 있는 부사절이다. 그 안에 있는 { }는 '~하는 동안'의 의미의 〈때〉를 나타내는 접속사 while이 이끌고 있는 부사절이다.

➜ 동사 think와 concentrate가 접속사 and로 병렬 연결되어 있다.

⑧ Those are not the only benefits of **chewing** gum, *though*.

➜ chewing은 of의 목적어로 쓰인 동명사이다.

➜ though는 문장 끝에 와서 '그렇지만[하지만]'의 의미의 부사로 쓰였다.

⑨ Research has shown [**that** *athletes* {*who* chew gum} have relatively lower levels of a stress hormone {called cortisol}].

➜ that은 명사절을 이끄는 접속사로, [ ]는 동사 has shown의 목적어로 쓰였다.

➜ { }는 선행사 athletes를 수식하는 주격 관계대명사절이다.

➜ 두 번째 { }는 a stress hormone을 수식하는 과거분사구이다.

⑫ The **next time** you *see athletes chewing* gum, remember [<u>that</u> it **helps them perform** at their best]!

➜ 「next time ~」은 '다음에 ~할 때'의 의미이다.

➜ 「see+목적어+v-ing」는 '~가 …하고 있는 것을 보다'의 의미이다.

➜ that은 명사절을 이끄는 접속사로, [ ]는 동사 remember의 목적어로 쓰였다.

➜ 「help+목적어+동사원형[to-v]」은 '~가 …하는 것을 돕다'의 의미이다.

정답   **1** 1) field 2) intention   **2** 1) competition 2) accomplish   **3** ④   **4** victory   **5** ③
6 ④   **7** ③   **8** remember that it helps them perform at their best

문제 해설

1 1) 많은 사람들이 Jason을 그의 분야에서 리더로 생각한다.
　　2) 계획을 바꿀 의사가 있나요?

2 보기의 '달성하다 : 업적'은 동사와 명사의 관계이다.
　　1) 경쟁하다 : 대회, 경쟁   2) 성취하다 : 성취, 업적

3 ④ 야구의 경우, 선수들이 모든 루에 있는 상태에서 홈런을 친 경우 그랜드 슬램이라고 했다.

4 전쟁이나 시합에서의 성공

5 빈칸 앞 문장에서 대부분의 사람들이 Bethany가 다시 서핑을 하지 못할 것이라고 생각했다고 했고, 빈칸 뒤에서는 Bethany가 포기할 의사가 없었다는 것으로 보아 빈칸에는 대조를 나타내는 ③ 'however(그러나)'가 알맞다.
　　① 그동안에   ② 그러므로   ④ 게다가   ⑤ 예를 들어

6 Bethany가 퇴원한 지 한 달 후에 서핑으로 돌아갔다는 내용의 (B), 매일 바다로 가서 왼쪽 팔 없이 서핑하는 법을 배웠다는 내용의 (C), 공격을 당한 후 일년도 되지 않아 서핑 대회에 참가했다는 내용인 (A)의 흐름이 가장 알맞다.

7 ⓒ는 앞 두 문장에서 언급된 운동선수들이 경기하는 동안 껌을 씹음으로써 생기는 장점을 가리키고, 나머지는 'athletes(선수들)'을 가리킨다.

8 명령문을 만들기 위해 동사 remember를 쓰고, '~가 …하도록 돕는다'라는 의미의 「help+목적어+동사원형」을 이용한다.

1

정답　**1** ③　　**2** ③　　**3** (1) F (2) F (3) T　　**4** dry, yolk, quickly

**문제
해설**

1　과거 유럽에서 사용되었던 물감인 계란 템페라와 그 특장점에 관한 글이므로, 제목으로는 ③ '계란 템페라: 오래되
었지만, 믿을 수 있는 종류의 물감'이 가장 알맞다.

①　계란 템페라를 만드는 가장 쉬운 방법

②　계란 템페라로 그린 명화

④　오늘날의 화가들이 계란 템페라보다 유화 물감을 선호하는 이유

⑤　계란 템페라가 가장 흔한 물감의 종류가 된 방법

2　'계란 템페라는 유화보다 더 빨리 마른다'는 내용의 주어진 문장은 계란 템페라 물감이 마르기 전에 칠해야 했기 때
문에 화가들이 빨리 작업해야 했다는 내용의 문장 ⑦ 앞인 ③에 오는 것이 가장 알맞다.

3　(1) 문장 ④에서 계란 템페라는 유화가 더 인기를 얻기 전까지 흔히 사용되었다고 했다.

(2) 문장 ⑥에서 색을 제공하는 것은 색소이고, 계란의 노른자는 그 색소가 표면에 붙게 하는 역할을 한다고 했다.

(3) 문장 ⑨에 언급되어 있다.

4　계란 템페라는 <u>건조한</u> 색소와 계란 <u>노른자</u>를 섞어 만든 물감의 한 종류이다. 화가들은 그것이 유화보다 빠르게 마르
기 때문에 <u>빠르게</u> 작업해야 한다.

**본문
직독
직해**

① When we make a cake, / we use eggs / to make sure / that the dough sticks together / and
　우리가 케이크를 만들 때　　우리는 계란을 사용한다　~하도록 하기 위해　반죽이 함께 붙는다　　　그리고

the cake doesn't fall apart. / ② Eggs can be used / for a similar purpose / in art. / ③ They help
케이크가 떨어지지 않게　　　　계란은 사용될 수 있다　　비슷한 목적으로　　예술에서도　그것들은

bind the mixture of a certain kind of paint / called egg tempera. /
특정한 종류의 물감의 혼합물이 뭉치는 것을 돕는다　　계란 템페라라고 불리는

　　　④ Egg tempera was commonly used / in Europe / until oil paints became more popular /
　　　　계란 템페라는 흔히 사용되었다　　　　유럽에서　　유화가 더 인기를 얻을 때까지

around the 1500s. / ⑤ To make egg tempera, / you need dry pigment and egg yolk. / ⑥ The
1500년대 무렵　　　계란 템페라를 만들기 위해　　건조한 색소와 계란 노른자가 필요하다　　　The

pigment provides the color, / and the yolk allows the pigment to stick to a surface. / <u>Egg</u>
색소는 색을 제공하고　　　　노른자는 그 색소가 표면에 붙도록 한다　　　　　　　　　계란

<u>tempera dries more quickly than oil paint.</u> / ⑦ So / painters / using egg tempera / had to work
템페라는 유화보다 더 빨리 마른다　　　그래서　화가들은　계란 템페라를 사용하는　빠르게 작업해야

quickly / because they needed to apply the paint / before it dried. / ⑧ However, / it produces
했다　　그들이 물감을 칠해야 했기 때문에　　　그것이 마르기 전에　하지만　　그것은

a smooth finish, / and it does not fade as quickly as oil paint does. / ⑨ Paintings such as
매끄러운 마무리를 만들어낸다　그리고 그것은 유화만큼 빨리 바래지 않는다

Michael Damaskinos's *The Last Supper* were made / centuries ago / with egg tempera, / and
미카엘 다마스키노스의 〈마지막 만찬〉과 같은 그림들은 만들어졌다　　수 세기 전에　　계란 템페라로　　　그리고

they can still be seen / today! /
그것들은 여전히 볼 수 있다　오늘날도

본문 해석

우리가 케이크를 만들 때, 우리는 반죽이 함께 붙어서 케이크가 무너지지 않도록 하기 위해 계란을 사용한다. 계란은 비슷한 목적으로 예술에서도 사용될 수 있다. 그것들은 계란 템페라라고 불리는 특정한 종류의 물감의 혼합물을 뭉치는 것을 돕는다.

계란 템페라는 1500년대 무렵 유화가 더 인기를 얻을 때까지 유럽에서 흔히 사용되었다. 계란 템페라를 만들기 위해, 건조한 색소와 계란 노른자가 필요하다. 색소는 색을 제공하고, 노른자는 그 색소가 표면에 붙도록 한다. 계란 템페라는 유화보다 더 빨리 마른다. 그래서 계란 템페라를 사용하는 화가들은 마르기 전에 물감을 칠해야 했기 때문에 빠르게 작업해야 했다. 하지만 그것은 매끄러운 마무리를 만들어내고, 유화만큼 빨리 바래지 않는다. 미카엘 다마스키노스의 〈마지막 만찬〉과 같은 그림들은 수 세기 전에 계란 템페라로 만들어졌고, 그것들은 오늘날도 여전히 볼 수 있다!

구문 해설

① When we make a cake, we use eggs **to make sure** [*that* the dough sticks together and the cake doesn't fall apart].
→ to make sure는 '~하도록 하기 위해'의 의미로, 〈목적〉을 나타내는 부사적 용법의 to부정사이다.
→ that은 명사절을 이끄는 접속사로, [ ]는 make sure의 목적어로 쓰였다.

③ They **help bind** the mixture of a certain kind of paint [*called* egg tempera].
→ 「help+동사원형[to-v]」은 '~하는 것을 돕다'의 의미이다.
→ [ ]는 a certain kind of paint를 수식하는 과거분사구이다.

⑤ **To make** egg tempera, you need dry pigment and egg yolk.
→ To make는 '만들기 위해'의 의미로, 〈목적〉을 나타내는 부사적 용법의 to부정사이다.

⑦ So painters [**using** egg tempera] had to work quickly because they needed to apply the paint before it dried.
→ [ ]는 painters를 수식하는 현재분사구이다.

본책 • pp. 46-47

2

정답 1 ② 2 ② 3 ⑤ 4 head, unpopular

문제 해설

1 고대 로마 예술에서 머리를 제거할 수 있는 조각상이 만들어졌던 이유에 관한 글이므로, 제목으로는 ② '고대 로마 조각상들이 흔히 머리가 없는 이유'가 가장 알맞다.
① 고대 로마인들이 조각상을 만든 이유 ③ 고대 로마의 예술이 인기를 유지해온 방법
④ 화가들이 그리기 가장 어려운 신체 부위 ⑤ 고대 로마 조각상 복원: 머리의 중요성

2 빈칸 앞쪽에 고대 로마인들은 예술 작품이 새로운 상황에 적응할 수 있기를 원했다는 설명이 나오고, 빈칸 뒤에는 비싼 조각상의 인물이 인기가 없어지는 새로운 상황을 언급하므로, 빈칸에는 ② '여론이 바뀔 수 있었다'가 가장 알맞다.
① 조각품이 분실될 수 있었다 ③ 조각상이 부서질 수 있었다
④ 예술품의 가치는 그대로 유지될 수 있었다 ⑤ 사회적 미의 기준은 거의 변하지 않았다

3 ⑤ 문장 ⑬에서 머리가 정체성에 중요하게 여겨진다고 했다.
①은 문장 ①에, ②는 문장 ②에, ③은 문장 ④에 언급되어 있으며, ④는 문장 ⑩을 통해 알 수 있다.

4
많은 고대 로마 조각상은 대체될 수 있는 머리로 만들어졌는데 그 인물이 인기가 없어질 수 있었기 때문이다.

① When it comes to Roman art, / headless sculptures have become iconic images. /
로마의 예술에 있어서　　　　　　　머리가 없는 조각품들은 상징적인 이미지가 되었다

② Accidental damage is an obvious reason / for some of the missing heads. / ③ However, /
우연히 생긴 손상이 명백한 이유이다　　　　몇몇의 머리가 없어진 것에 대한　　　　그러나

some statues seem to be without their heads / for another reason. /
일부의 조각상들은 머리가 없는 것처럼 보인다　　　다른 이유로

④ The Romans were very practical. / ⑤ So, / they wanted their artistic works / to be
로마인들은 매우 실용적이었다　　　　그래서　그들은 그들의 예술 작품들을 원했다　　　새로운

adaptable to new situations. / ⑥ They understood / that public opinion could change. /
상황들에 적응할 수 있기를　　　　　그들은 이해했다　　여론이 바뀔 수 있다는 것을

⑦ Imagine you paid / for an expensive sculpture / of a heroic figure of the time. / ⑧ What if
당신이 돈을 지불했다고 상상해 보아라　값비싼 조각품에　　　그 시대의 영웅적인 인물의

the person suddenly became unpopular? / ⑨ There was an easy solution / —simply remove
그 사람이 갑자기 인기가 없어졌다면 어떨까　　　쉬운 해결책이 있었다　　　단순히 머리를 제거하고

the head / and replace it with another. / ⑩ Therefore, / artists only needed to create a typical
머리를　다른 것으로 교체하는 것이다　　　따라서　　예술가들은 단지 제거할 수 있는 머리를 가진

body with a removable head. /
전형적인 몸통을 만들기만 하면 되었다

⑪ By simply changing the head, / the statue could become anyone. / ⑫ Other body parts
단순히 머리를 바꿈으로써　　　그 조각상은 누구나 될 수 있었다　　　다른 신체 부위들도

may have also been changeable. / ⑬ However, / the head was considered important / for
또한 바뀔 수 있었을지도 모른다　　　그러나　　머리는 중요하게 여겨졌다　　　정체성을 위해

identity, / so most statues had changeable heads. /
정체성을 위해　그래서 대부분의 조각상은 바꿀 수 있는 머리를 가지고 있었다

　　고대 로마의 예술에 있어서, 머리가 없는 조각품들은 상징적인 이미지가 되었다. 우연히 생긴 손상이 몇몇의 머리가 없어진 것에 대한 명백한 이유이다. 그러나 일부의 조각상들은 다른 이유로 머리가 없는 것처럼 보인다.

　　고대 로마인들은 매우 실용적이었다. 그래서 그들은 그들의 예술 작품들이 새로운 상황들에 적응할 수 있기를 원했다. 그들은 여론이 바뀔 수 있다는 것을 이해했다. 당신이 그 시대의 영웅적인 인물의 값비싼 조각품에 돈을 지불했다고 상상해 보아라. 그 사람이 갑자기 인기가 없어졌다면 어떨까? 쉬운 해결책이 있었다. 단순히 머리를 제거하고 다른 것으로 교체하는 것이다. 따라서 예술가들은 단지 제거할 수 있는 머리를 가진 전형적인 몸통을 만들기만 하면 되었다.

　　단순히 머리를 바꿈으로써, 그 조각상은 누구나 될 수 있었다. 다른 신체 부위들도 또한 바뀔 수 있었을지도 모른다. 그러나 머리는 정체성을 위해 중요하게 여겨져서, 대부분의 조각상은 바꿀 수 있는 머리를 가지고 있었다.

③ However, some statues **seem to be** without their heads for another reason.
　→ 「seem+to-v」는 '~인 것 같다, ~처럼 보이다'의 의미이다.

⑥ They understood [**that** public opinion could change].
　→ that은 명사절을 이끄는 접속사로, [ ]는 동사 understood의 목적어로 쓰였다.

⑦ Imagine [(**that**) you paid for an expensive sculpture {of a heroic figure <of the time>}].
　→ [ ]는 동사 Imagine의 목적어로 쓰인 명사절로, 접속사 that이 생략되었다.

→ { }는 an expensive sculpture를 수식하는 전치사구이며, 〈 〉는 a heroic figure를 수식하는 전치사구이다.

⑧ **What if the person** suddenly became unpopular?

→ 「what if+주어+동사의 과거형?」은 '~라면 어떻게 될까?'의 의미인 가정법 과거로, 현재 사실의 반대나 일어날 것 같지 않은 일을 가정·상상해 질문한다.

⑫ Other body parts **may have** also **been** changeable.

→ 「may have+p.p.」는 '~했을지도 모른다'의 의미로 과거의 일에 대한 추측을 나타낸다.

⑬ However, the head **was considered** important for identity, so most statues had changeable heads.

→ 「A be considered B」는 「consider A B(A를 B로 여기다)」의 수동태 표현으로, 'A는 B로 여겨진다'의 의미이다. the head가 A, important가 B에 해당한다.

본책 • pp. 48-49

3

정답 1 ③ 2 ④ 3 ② 4 현재는 존재하지 않는 매우 오래된 유럽의 집 내부에만 있었던 방이므로

문제 해설

1 인형의 집은 17-18세기 유럽에서 부유한 여성들의 취미로 여겨졌는데, 근래에는 역사적 가치까지 증명되었다는 내용의 글이므로 요지로는 ③이 적절하다.

2 문장 ⑥에서 소유자가 인형의 집을 만드는 데 많은 돈을 들였다고 했고, 문장 ⑨에서 인형의 집이 사치스럽다고 했으므로, 빈칸에는 ④ wealthy(부유한)가 가장 적절하다.
① 약한 ② 외로운 ③ 어린애 같은 ⑤ 아름다운

3 ② 현존하는 인형의 집의 개수에 대한 언급은 없다.
①은 문장 ①, ⑧에서 부유한 성인 여인들이 취미로 수집했다는 것을 알 수 있으며, ③은 문장 ②에서 2m까지 되었다고 했고, ④는 문장 ③, ⑤에서 작은 책, 가구, 접시, 작은 그림이 있었다고 했고, ⑤는 문장 ④에서 수제로 만들어졌다고 했다.
① 누가 그것들을 취미로 수집했나? ② 현재 얼마나 많이 존재하는가?
③ 그것들은 얼마나 컸었는가? ④ 그것들은 안에 무엇을 가졌나?
⑤ 그것들 안에 물건들은 어떻게 만들어졌나?

4 문장 ⑩-⑪에 언급되어 있다.

본문 직독 직해

① In 17th and 18th century Europe, / some wealthy women had dollhouses / that looked
17, 18세기 유럽에서   몇몇 부유한 여인들은 인형의 집들을 가지고 있었다

exactly like real homes / but were smaller. / ② They were up to two meters tall / and open
실제 집과 똑같이 보이는   그러나 더 작은   그것들은 높이가 2m까지 되었다   그리고

on one side. / ③ They also contained many objects / in each room, / including tiny books,
한쪽이 개방되어 있었다   그것들은 또한 많은 물건들이 들어 있었다   각 방에   아주 작은 책들과

furniture, and dishes. / ④ Each of the objects was handmade / and decorated in great detail. /
가구 그리고 접시들을 포함하여   각각의 물건들은 수제였다   그리고 아주 세밀하게 장식되었다

⑤ Some houses even had small paintings / done by famous artists! / ⑥ It is no wonder / that
　　몇몇 집들은 심지어 작은 그림들도 있었다　　　　　　유명한 화가들에 의해 그려진　　　　~는 조금도 놀랄 일이 아니다

the owners spent a lot of money / creating them. / ⑦ Interestingly, / these houses were not
소유자들이 많은 돈을 쓴 것은　　　　　　그것들을 만드는 데　　　흥미롭게도　　　이 집들은 장난감이 아니었다

toys / to play with. / ⑧ Collecting them was considered a hobby / for adult women. /
　　가지고 놀　　　그것들을 모으는 것은 취미로 여겨졌다　　　　　성인 여인들을 위한

⑨ In modern times, / these luxurious dollhouses / have turned out to have historical value /
　　　현대에　　　이 사치스러운 인형의 집들은　　　역사적 가치를 지닌 것으로 밝혀졌다

as well. / ⑩ Some of them have special rooms / that existed only inside / very old European
또한　　　그것들 중 몇몇은 특별한 방들이 있다　　　내부에만 존재했던　　　매우 오래된 유럽의 집의

houses. / ⑪ Since the real homes are no longer around, / we can look at these old dollhouses /
　　　실제 집들이 더 이상 주위에 없기 때문에　　　　　우리는 이 오래된 인형의 집들을 살펴볼 수 있다

to see how people lived / at that time. /
사람들이 어떻게 살았는지 알기 위해　그 당시에

본문 해석

　　17, 18세기 유럽에서, 몇몇 부유한 여인들은 실제 집과 똑같이 보이지만 더 작은 인형의 집들을 가지고 있었다. 그것들은 높이가 2m까지 되었고 한쪽이 개방되어 있었다. 그것들은 또한 각 방에, 아주 작은 책들과 가구 그리고 접시들을 포함하여 많은 물건들이 들어 있었다. 각각의 물건들은 수제였고 아주 세밀하게 장식되었다. 몇몇 집들은 심지어 유명한 화가들에 의해 그려진 작은 그림들도 있었다! 소유자들이 그것들을 만드는 데 많은 돈을 쓴 것은 조금도 놀랄 일이 아니다. 흥미롭게도, 이 집들은 가지고 놀 장난감이 아니었다. 그것들을 모으는 것은 성인 여인들을 위한 취미로 여겨졌다.

　　현대에, 이 사치스러운 인형의 집들은 역사적 가치 또한 지닌 것으로 밝혀졌다. 그것들 중 몇몇은 매우 오래된 유럽의 집 내부에만 존재했던 특별한 방들이 있다. 실제 집들이 더 이상 주위에 없기 때문에, 우리는 그 당시에 사람들이 어떻게 살았는지 알기 위해 이 오래된 인형의 집들을 살펴볼 수 있다.

구문 해설

⑥ **It is no wonder that** the owners *spent a lot of money creating* them.
　➡ 「it is no wonder that ~」은 '~는 조금도 놀랄 일이 아니다'의 의미이다.
　➡ 「spend+돈(+on)+v-ing」는 '~하는 데 …를 쓰다'의 의미이다.

⑦ Interestingly, these houses were not toys **to play with**.
　➡ 앞의 명사 **toys**를 수식하는 **to play with**는 형용사적 용법의 **to**부정사이다.

⑪ **Since** the real homes are no longer around, we can look at these old dollhouses *to see* [how people lived at that time].
　➡ since는 '~하기 때문에'의 의미인 접속사이다.
　➡ to see는 '알기 위해'의 의미로, 〈목적〉을 나타내는 부사적 용법의 to부정사이다.
　➡ [ ]는 「의문사+주어+동사」의 간접의문문으로, see의 목적어로 쓰였다.

4

정답 1 ③ 2 ④, ⑤ 3 미켈란젤로의 그림 속 여성들의 모습이 부자연스러운 것[여성이라기엔 너무 근육질로 보이는 것]
4 (1) muscular (2) male (3) female (4) clothing

문제 해설

1 미켈란젤로의 그림 속 여성의 모습이 부자연스러운 이유에 관한 내용이므로, 그의 작품이 모두 아름다워서 하나를 선택하기 어렵다는 내용의 (c)는 흐름과 관계없다.
[문제] 글의 (a)~(e) 중, 전체 흐름과 관계 <u>없는</u> 것은?

2 ④는 문장 ④, ⑧~⑩을 통해 근육질에 어깨가 넓고 엉덩이가 좁으며 허벅지가 긴 남성 신체의 고유한 특징을 가졌다는 것을 알 수 있고, ⑤는 문장 ⑥에서 시스티나 성당의 천장에 그려진 그림이라는 것을 알 수 있다.
[문제] 글에서 언급된 소재를 모두 고르시오.
① 미켈란젤로의 연구   ② 미켈란젤로가 선호한 종류의 모델들
③ 여성 모델들을 찾기 어려웠던 이유   ④ 미켈란젤로가 그린 여성들의 특징
⑤ 연구에 사용된 미켈란젤로의 그림

3 문장 ③-④의 내용을 가리킨다.
[문제] 글의 밑줄 친 <u>something strange</u>가 가리키는 내용은 무엇인가? 우리말로 쓰시오.

4 [문제] 다음 빈칸에 알맞은 단어를 글에서 찾아 쓰시오.

미켈란젤로의 그림 속 여성들

그들은 어떻게 보이는가	그들은 남성만큼 (1) <u>근육</u>질로 보인다. 그들은 넓은 어깨와 좁은 엉덩이, 긴 허벅지를 가진다.
왜 그런가	(3) <u>여성</u> 모델들을 구하기 어려웠기 때문에, 미켈란젤로가 여성들을 그리기 위해 (2) <u>남성</u> 모델들을 썼을 것이라고 믿어진다.
그는 어떻게 그들을 그렸을까	그는 남성의 몸을 스케치하고 그 스케치 위에 여성의 (4) <u>옷</u>을 그렸을지도 모른다.

본문 직독 직해

①I am sure / you have heard / of the great Italian artist Michelangelo. / ②His paintings
나는 확신한다 당신이 들어본 적이 있을 것이라고 위대한 이탈리아의 화가인 미켈란젤로에 대해 그의 그림들은

are all amazing, / but if you look closely, / you might discover something strange. /
모두 놀랍다 하지만 만약 당신이 자세히 살펴본다면 당신은 이상한 점을 발견할지도 모른다

③The appearances of the women / in many of his paintings / are unnatural. / ④Many
여성들의 모습이 그의 많은 그림들 속 부자연스럽다 많은

seem too muscular / to be women. / ⑤Actually, / a study was conducted / on this subject. /
이들이 너무 근육질로 보인다 여성이라기엔 실제로 한 연구가 시행되었다 이 주제에 대해

⑥Researchers studied the women / painted on the ceiling of the Sistine Chapel, / one of
연구원들은 여성들을 연구했다 시스티나 성당의 천장에 그려진

Michelangelo's masterpieces. / (⑦However, / all of his work is so beautiful / that it is hard
미켈란젤로의 걸작들 중 하나인 하지만 모든 그의 작품이 매우 아름답다 그래서 어렵다

to choose one piece. /) ⑧According to the study, / the women have many features / unique
하나의 작품을 고르기 그 연구에 따르면 그 여성들은 많은 특징들을 가진다

to the male body. / ⑨They have broad shoulders and narrow hips. / ⑩They also have long
남성 신체에 고유한 그들은 넓은 어깨와 좁은 엉덩이를 가진다 그들은 또한 긴 허벅지를

thighs. / ⑪This means / Michelangelo likely used male models / to draw the women. /
가진다 이것은 의미한다 미켈란젤로가 아마도 남성 모델들을 썼다는 것을 여성들을 그리기 위해

⑫ No one knows for sure, / but it was probably difficult / to find female models / at that time. /
아무도 확실히 알지 못한다　　하지만 아마 어려웠을 것이다　　여성 모델들을 찾는 것이　　그 당시에

⑬ So, / most likely, / Michelangelo made sketches of male models / and painted women's
그래서　아마도 틀림없이　미켈란젤로는 남성 모델들의 스케치들을 그렸다　　　　　그리고 여성의

clothing / on top of them / to complete his paintings. /
옷을 그렸다　그 위에　　　그의 그림들을 완성하기 위해

**본문
해석**

　　당신이 위대한 이탈리아의 화가인 미켈란젤로에 대해 들어본 적이 있을 것이라고 나는 확신한다. 그의 그림들은 모두 놀랍지만, 만약 당신이 자세히 살펴본다면, 당신은 이상한 점을 발견할지도 모른다. 그의 많은 그림들 속 여성들의 모습이 부자연스럽다. 많은 이들이 여성이라기엔 너무 근육질로 보인다. 실제로, 이 주제에 대해 한 연구가 시행되었다. 연구원들은 미켈란젤로의 걸작들 중 하나인 시스티나 성당의 천장에 그려진 여성들을 연구했다. (하지만, 모든 그의 작품이 매우 아름다워서 하나의 작품을 고르기 어렵다.) 그 연구에 따르면, 그 여성들은 남성 신체의 고유한 많은 특징들을 가진다. 그들은 넓은 어깨와 좁은 엉덩이를 가진다. 그들은 또한 긴 허벅지를 가진다. 이것은 미켈란젤로가 여성들을 그리기 위해 아마도 남성 모델들을 썼다는 것을 의미한다. 아무도 확실히 알지 못하지만, 그 당시에 여성 모델들을 찾는 것이 아마 어려웠을 것이다. 그래서, 아마도 틀림없이, 미켈란젤로는 남성 모델들의 스케치들을 그렸고 그의 그림들을 완성하기 위해 그 위에 여성의 옷을 그렸을 것이다.

**구문
해설**

④ Many seem **too muscular to be** women.
➔ 「too+형용사+to-v」는 '~하기엔 너무 …하다', '너무 …해서 ~할 수 없다'의 의미이다.

⑦ However, all of his work is **so beautiful that** *it* is hard *to choose one piece*.
➔ 「so+형용사+that」은 '매우 ~해서 …하다'의 의미이다.
➔ it은 가주어이고 to choose one piece가 진주어이다.

⑧ According to the study, the women have many features [**unique** to the male body].
➔ [ ]는 many features를 수식하는 형용사구이다.

⑪ This means [(**that**) Michelangelo likely used male models *to draw* the women].
➔ [ ]는 means의 목적어로 쓰인 명사절로, 접속사 that이 생략되었다.
➔ to draw는 '그리기 위해'의 의미로, 〈목적〉을 나타내는 부사적 용법의 to부정사이다.

⑫ **No one knows** for sure, but *it* was probably difficult *to find female models at that time*.
➔ no one은 '아무도 ~ 않다'의 의미로, 단수 취급하므로 단수 동사 knows가 쓰였다.
➔ it은 가주어이고, to find female models at that time이 진주어이다.

정답　**1** ⑤　**2** no longer　**3** ③　**4** 계란 템페라는 유화보다 더 빨리 말라서 계란 템페라가 마르기 전에 칠해야 했기 때문에　**5** ⑤　**6** the head was considered important for identity　**7** ④　**8** muscular

문제 해설

1
> 그녀는 그 주제에 대해 <u>넓은</u> 지식을 가지고 있다.

broad(넓은)와 반대 의미의 단어는 ⑤ 'narrow(좁은)'이다.
① 매끈한　② 믿을 수 있는　③ 인기 있는　④ 전형적인

2 no longer: 더 이상 ~ 아닌

3 글의 apply는 '(페인트 등을) 바르다'라는 의미로, ③의 apply와 같은 의미로 쓰였다.
① 그녀는 다음 주에 비자를 <u>신청할</u> 계획이다.
② 그는 내일 새 직장에 <u>지원할</u> 것이다.
③ 그녀는 벽에 페인트를 <u>칠해야</u> 한다.
④ 그는 새 차를 사기 위해 대출을 <u>신청하기로</u> 결정했다.
⑤ 많은 학생들이 고학년 때 대학에 <u>지원한다</u>.

4 계란 템페라는 유화보다 더 빨리 말라서 계란 템페라가 마르기 전에 빨리 칠해야 했다고 했다.
> Q. 왜 화가들이 계란 템페라를 사용할 때 빨리 작업해야 했는가?

5 주어진 문장은 Therefore(따라서)로 시작하면서 제거할 수 있는 머리를 가진 전형적인 몸통을 만들기만 하면 되었다는 내용으로, 값비싼 조각품의 인기가 없어질 경우를 대비하여 처음부터 머리를 제거하여 만들고 다른 것으로 교체할 수 있도록 했다는 문장 뒤인 ⑤에 들어가는 것이 적절하다.

6 '~로 여겨지다'의 의미인 「be considered+형용사」를 이용한다.

7 미켈란젤로의 그림 속 여성들이 여성처럼 보이지 않아 연구가 행해졌다는 내용 다음에, 연구원들이 시스티나 성당의 천장에 그려진 여성들을 연구했다는 (C)가 이어지고, 그 연구에 따르면 여성이 남성의 신체 특징을 많이 가지고 있었다는 (A)가 나온 다음, 그 그림 속 여성들은 넓은 어깨와 좁은 엉덩이를 가졌다는 (B)로 이어지는 것이 자연스럽다.

8
> 많은 근육을 가진

1 정답   1 ④   2 ③   3 ②   4 knitting, hole

문제
해설

1 뜨개질로 만든 의료 장치를 개발하여 심장병이 있는 아이들을 돕는 것에 관한 글이므로, 주제로는 ④ '뜨개질 기술로 만들어진 한 의학용 장치'가 가장 알맞다.

① 심장 수술로 야기된 문제   ② 볼리비아 사람들이 매우 건강한 이유

③ 심장병이 증가하는 원인   ⑤ Aymara 사람들의 전통적인 의술

2 '이 점은 의사가 Aymara 사람들을 떠올리게 했다'는 주어진 문장의 This(이 점은)는 작은 심장에 맞을 만큼 장치가 작아야 한다는 것을 가리키므로 문장 ② 뒤에 오는 것이 자연스럽다. 또한, 주어진 문장에서 언급된 Aymara 사람들에 대한 부연 설명이 문장 ④에 이어지므로, ③의 위치가 가장 알맞다.

3 ② 밑줄 친 this device는 심장에 있는 구멍을 막는 장치를 가리키며, 문장 ⑦에서 볼리비아 의사가 Aymara 여성들에게 그 장치를 뜨개질로 만들어달라고 부탁했다 했으므로, 의사가 직접 그 장치를 뜨개질하여 만든 것은 아니다. ①은 문장 ⑤, ⑨에, ③은 문장 ⑨에, ④는 문장 ⑩에, ⑤는 문장 ⑪에 언급되어 있다.

① 크기가 매우 작다.

② 볼리비아 의사에 의해 뜨개질로 만들어진다.

③ 아기의 심장에 삽입된다.

④ 아기들에게 큰 수술을 방지해준다.

⑤ 현재 많은 나라에서 사용된다.

4

전통적인 뜨개질에서 영감을 얻은 한 의학용 장치는 심장에 구멍을 가지고 태어난 아기들을 구하는 데 사용되고 있다.

본문
직독
직해

① One of every hundred babies born across the world / suffers from heart disease. /
전 세계에서 태어난 100명의 아기 중 한 명은   심장병을 앓는다

② Some of these newborns have a hole in their heart. / ③ They struggle to breathe / and do
이 신생아 중 일부는 심장에 구멍을 가지고 있다   그들은 숨 쉬는 데 고군분투한다   그리고

not grow properly. / ④ A doctor in Bolivia decided to create a device / that can help these
제대로 자라지 못한다   볼리비아의 한 의사는 장치를 만들기로 결심했다   이러한 아기들을 도울 수 있는

babies. / ⑤ It had to be small / enough to fit in their tiny hearts. / This made the doctor think
                그것은 작아야 했다   그 아이들의 작은 심장에 맞을 만큼 충분히   이 점은 의사가

of the Aymara people. / ⑥ Aymara women traditionally knit clothes and blankets. / ⑦ He
Aymara 사람들을 떠올리게 했다   Aymara 여성들은 전통적으로 옷과 담요를 (실로) 뜬다   그는

asked some of the Aymara women / to use their knitting skills / to make the device. / ⑧ It
Aymara 여성들 중 몇 명에게 부탁했다   뜨개질 기술을 사용해달라고   그 장치를 만들기 위해   그것은

was a great success! / ⑨ Because the device was very small and sophisticated, / it took only 30
굉장한 성공이었다   그 장치는 매우 작고 정교했기 때문에   30분밖에 걸리지

minutes / to insert it into the heart / and close the hole. / ⑩ Thanks to this device, / the babies
않았다   그것을 심장에 삽입하는 데   그리고 구멍을 막는 데   이 장치 덕분에   아기들은

could avoid major surgery. / ⑪ Since its initial success in Bolivia, / the device has been used /
큰 수술을 피할 수 있었다   볼리비아에서 첫 성공 이후로   그 장치는 사용되어 오고 있다

to save babies / in nearly 60 other countries. /
아기들을 구하는 데   거의 60개의 다른 나라에서

본문 해석

　　전 세계에서 태어난 100명의 아기 중 한 명은 심장병을 앓는다. 이 신생아 중 일부는 심장에 구멍을 가지고 있다. 그들은 숨 쉬는 데 고군분투하고 제대로 자라지 못한다. 볼리비아의 한 의사는 이러한 아기들을 도울 수 있는 장치를 만들기로 결심했다. 그것은 그 아이들의 작은 심장에 맞을 만큼 충분히 작아야 했다. <u>이 점은 의사가 Aymara 사람들을 떠올리게 했다.</u> Aymara 여성들은 전통적으로 옷과 담요를 (실로) 뜬다. 그 의사는 Aymara 여성들 중 몇 명에게 그 장치를 만들기 위해 뜨개질 기술을 사용해달라고 부탁했다. 그것은 굉장한 성공이었다! 그 장치는 매우 작고 정교했기 때문에, 그것을 심장에 삽입하고 구멍을 막는 데 30분밖에 걸리지 않았다. 이 장치 덕분에 아기들은 큰 수술을 피할 수 있었다. 볼리비아에서 첫 성공 이후로 그 장치는 거의 60개의 다른 나라에서도 아기들을 구하는 데 사용되어 오고 있다.

구문 해설

① One of every hundred babies [**born** across the world] suffers from heart disease.
➜ [ ]는 babies를 수식하는 과거분사구이다.

④ A doctor in Bolivia decided to create **a device** [**that** can help these babies].
➜ [ ]는 선행사 a device를 수식하는 주격 관계대명사절이다.

⑤ It had to be **small enough to fit** in their tiny hearts.
➜ 「형용사+enough+to-v」는 '~할 만큼 충분히 …한'의 의미이다.

⑦ He **asked some of the Aymara women to use** their knitting skills *to make* the device.
➜ 「ask+목적어+to-v」는 '~에게 …하는 것을 요청하다'의 의미이다.
➜ to make는 '만들기 위해'의 의미로, 〈목적〉을 나타내는 부사적 용법의 to부정사이다.

⑨ Because the device was very small and sophisticated, **it took only 30 minutes *to insert*** it into the heart and (*to*) *close* the hole.
➜ 「it takes+시간/노력/돈+to-v」는 '~하는 데 …가 들다'의 의미이다.
➜ to insert와 close는 and로 연결된 병렬 구조로, close 앞에 to가 생략되었다.

⑪ **Since** its initial success in Bolivia, the device *has been used* to save babies in nearly 60 other countries.
➜ since는 '~ 이후로'의 의미를 나타내는 전치사로 쓰였다.
➜ has been used는 '사용되어 오다'의 의미로 〈계속〉을 나타내는 현재완료 수동태(have[has] been+p.p.)이다.

본책 • pp. 58-59

2

정답　1 ⑤　　2 ③　　3 ②　　4 collapses, gather, help

문제 해설　1 로봇 뱀의 크기에 대해 설명하는 (C)가 먼저 오고, '그것의 몸체 구성 때문에 다양한 방식으로 움직일 수 있다는 내용의 (B)가 그다음에, (B)의 내용을 가리키는 '이 때문에(Because of this)'로 시작하는 (A)의 흐름이 가장 알맞다.

2 건물이 붕괴되면 로봇 뱀이 그 안으로 들어가 갇힌 사람들을 발견하고 그들을 구하는 데 도움이 되는 일을 할 수 있다는 내용의 글이므로, 빈칸에는 ③ '수많은 생명을 구하는 것을 돕다'가 가장 알맞다.

① 어디든지 가다

② 부상을 입은 사람들을 치료하다

④ 기술자들과 의사소통하다

⑤ 건물이 붕괴되는 것을 막다

3 ② 무게에 관해서는 언급되지 않았다.

①은 문장 ⑥에서 몸체를 구부리고 돌리며 회전하는 방식으로 움직인다고 했고, ③은 문장 ⑦에서 길이가 약 90cm이고 폭이 5cm라고 했고, ④는 문장 ⑧에서 건물이 붕괴된 상황에서 사용될 수 있음을 알 수 있고, ⑤는 문장 ⑩에서 카메라와 스피커, 마이크, 조명을 가지고 있다고 했다.

4
> 건물이 붕괴되면, 로봇 뱀이 그 안으로 배치될 수 있다. 그것은 상황에 대한 정보를 모으고 그것을 기술자에게 전달할 수 있다. 기술자는 또한 갇힌 사람들에게 도움이 오고 있다고 말해주기 위해 그 로봇을 사용할 수 있다.

**본문
직독
직해**

① After a terrible earthquake, / a building has collapsed! / ② Are there people trapped
끔찍한 지진 후에   한 건물이 붕괴되었다   안에 갇힌 사람들이 있는가

inside? / ③ How can we find them? / ④ This is a job for a robotic snake! /
        우리는 어떻게 그들을 발견할 수 있을까   이것은 로봇 뱀의 일이다

⑦ A robotic snake is about 90 centimeters long / and only 5 centimeters wide. / ⑥ Its body
로봇 뱀은 길이가 약 90cm이다   그리고 폭이 5cm밖에 되지 않는다   그것의 몸체는

consists of 16 separate sections, / so it can move in many different ways / by twisting, turning,
16개의 서로 다른 부분으로 구성되어 있다   그래서 그것은 많은 다양한 방식으로 움직일 수 있다   (몸체를) 구부리고 돌리며

and rotating. / ⑤ Because of this, / it can go places / where people and other robots cannot. /
회전함으로써   이 때문에   그것은 장소들에 갈 수 있다   사람들과 다른 로봇들이 갈 수 없는

⑧ When a building collapses, / the robot can be put inside it / with a rope. / ⑨ An engineer
건물이 붕괴되면   그 로봇은 그 안에 놓일 수 있다   밧줄을 단 채   그러면 기술자가

can then use a remote control / to make it move through pipes and other small spaces. /
리모컨을 사용할 수 있다   그것이 배관과 다른 작은 공간들을 통해 움직이게 하기 위해

⑩ It has a light on its head, / as well as a camera, a speaker, and a microphone. / ⑪ Therefore,
그것은 머리에 조명을 가지고 있다   카메라와 스피커, 마이크뿐만 아니라   그러므로

it can gather important information / about the situation inside. / ⑫ The engineer can even
그것은 중요한 정보를 모을 수 있다   내부 상황에 대한   기술자는 심지어

communicate with trapped people, / assuring them / that help is on the way. /
갇힌 사람들과 의사소통할 수 있다   그들에게 확언하며   도움이 오고 있다고

⑬ Hopefully, / the robotic snake will help save many lives / in the future! /
바라건대   로봇 뱀은 수많은 생명을 구하는 것을 도울 것이다   미래에

**본문
해석**

끔찍한 지진 후에, 한 건물이 붕괴되었다! 안에 갇힌 사람들이 있는가? 우리는 어떻게 그들을 발견할 수 있을까? 이것은 로봇 뱀의 일이다!

(C) 로봇 뱀은 길이가 약 90cm이고 폭이 5cm밖에 되지 않는다. (B) 그것의 몸체는 16개의 서로 다른 부분으로 구성되어서, 그것은 (몸체를) 구부리고 돌리며 회전함으로써 많은 다양한 방식으로 움직일 수 있다. (A) 이 때문에, 그것은 사람들과 다른 로봇들이 갈 수 없는 장소들에 갈 수 있다.

건물이 붕괴되면, 그 로봇은 밧줄을 단 채 그 안에 놓일 수 있다. 그러면 기술자는 그것이 배관과 다른 작은 공간들을 통해 움직이게 하기 위해 리모컨을 사용할 수 있다. 그것은 머리에 카메라와 스피커, 마이크뿐만 아니라 조명도 가지고 있다. 그러므로, 그것은 내부 상황에 대한 중요한 정보를 모을 수 있다. 기술자는 심지어 갇힌 사람들

에게 도움이 오고 있다고 확언하며, 그들과 의사소통할 수 있다.

바라건대, 로봇 뱀은 미래에 수많은 생명을 구하는 것을 도울 것이다!

**구문
해설**

⑤ Because of this, it can go **places** [**where** people and other robots cannot].
  ➡ [ ]는 선행사 places를 수식하는 관계부사절이다.

⑫ The engineer can even communicate with trapped people, **assuring** *them* [that help is on the way].
  ➡ assuring은 '확언하며'의 의미로 〈동시동작〉을 나타내는 분사구문이다.
  ➡ them은 앞에 언급된 trapped people을 가리킨다.
  ➡ that은 명사절을 이끄는 접속사로, [ ]는 assuring의 직접목적어로 쓰였다.

본책 • pp. 60-61

3

정답 1 ④ 2 ① 3 ③ 4 (적이 메시지를 차단하지 못하도록) 무선 주파수를 빠르게 전환하는 방법

**문제
해설**

1 다양한 발명품을 만든 한 할리우드 여배우의 업적에 관한 글로, 제목으로 ④ '발명가이기도 했던 한 여배우'가 가장 적절하다.
  ① 영화 기술이 전쟁에서의 승리를 돕는다   ② 와이파이: 제2차 세계대전의 비밀 무기
  ③ Hedy Lamarr: 여배우에서 군인으로   ⑤ 할리우드 여배우의 지루한 삶

2 해당 문장에서 여배우인 그녀가 유명했다고 했으나, 대조를 나타내는 but이 있고, 문장 ③에서 그래서 그녀가 여가 시간에 발명품 개발에 공을 들였다고 언급했으므로, ⓐ의 exciting을 boring으로 바꿔야 한다.

3 ③ 문장 ⑤-⑦에서 전투를 위한 신기술을 발명하기 위해 작곡가와 작업했다고 했다.
  ①은 문장 ①-②에, ②는 문장 ③에, ④는 문장 ⑧에, ⑤는 문장 ⑨에 언급되어 있다.
  ① 그녀는 할리우드에서 유명한 여배우였다.   ② 그녀는 청량음료를 만들 수 있는 알약을 발명했다.
  ③ 그녀는 라디오를 발명하기 위해 작곡가와 함께 작업했다. ④ 그녀의 발명품은 미국 해군에 의해 사용되었다.
  ⑤ 그녀는 1997년에 상을 받았다.

4 밑줄 친 Their invention은 문장 ⑥의 a way of quickly switching between radio frequencies를 가리킨다.

**본문
직독
직해**

① Hedy Lamarr was a Hollywood actress. / ② She was very famous, / but she found
Hedy Lamarr는 할리우드 여배우였다   그녀는 매우 유명했다   하지만 그녀는

acting boring. / ③ So in her free time, / she worked on a variety of inventions, / including an
연기가 지루하다고 생각했다   그래서 여가 시간에   그녀는 다양한 발명품에 공을 들였다

improved traffic light / and a tablet that changed water into a soft drink. /
개선된 신호등을 포함하여   그리고 물을 청량음료로 바꾸는 알약을 포함하여

    ④ During World War II, / Lamarr wanted to help America and its allies. / ⑤ She decided
제2차 세계대전 동안   Lamarr는 미국과 그 연합국을 돕고 싶었다   그녀는

to invent new technology / that could be used to win battles. / ⑥ Working together with a
새로운 기술을 발명하기로 결심했다   전투에서 이기는 데 사용될 수 있는   한 작곡가와 함께 작업하며

composer / named George Antheil, / Lamarr invented / a way of quickly switching between
          George Antheil이라는 이름의   Lamarr는 발명했다   무선 주파수를 빠르게 전환하는 방법을

radio frequencies. / ⑦ It could be used / to stop the enemy from blocking messages. /
　　　　　　　　　　　그것은 사용될 수 있었다　　　　적이 메시지를 차단하는 것을 막는 데

⑧ Although it was never used / during World War II, / the U.S. Navy began using it / 20 years
　그것은 한 번도 사용되지 않았지만　　　제2차 세계대전 동안　　　미국 해군이 그것을 사용하기 시작했다　　20년

later. /
후에

　　　　⑨ In 1997, / Lamarr and Antheil were honored / for their work. / ⑩ Their invention
　　　　1997년에　　　Lamarr와 Antheil은 상을 받았다　　　그들의 노고로　　　그들의 발명은

helped others develop important new technology, / including Bluetooth, Wi-Fi, and GPS. /
다른 사람들이 중요한 신기술을 개발하는 것을 도왔다　　　블루투스와 와이파이, GPS를 포함하여

⑪ Today, / some people even refer to Lamarr as "the mother of Wi-Fi." /
오늘날　　　어떤 사람들은 심지어 Lamarr를 '와이파이의 어머니'라고 부른다

본문 해석

　　Hedy Lamarr는 할리우드 여배우였다. 그녀는 매우 유명했지만, 연기가 지루하다고(← 흥미롭다고) 생각했다. 그래서 여가 시간에, 그녀는 개선된 신호등과 물을 청량음료로 바꾸는 알약을 포함하여 다양한 발명품에 공을 들였다.

　　제2차 세계대전 동안, Lamarr는 미국과 그 연합국을 돕고 싶었다. 그녀는 전투에서 이기는 데 사용될 수 있는 새로운 기술을 발명하기로 결심했다. George Antheil이라는 이름의 한 작곡가와 함께 작업하며, Lamarr는 무선 주파수를 빠르게 전환하는 방법을 발명했다. 그것은 적이 메시지를 차단하는 것을 막는 데 사용될 수 있었다. 그것은 제2차 세계대전 동안 한 번도 사용되지 않았지만, 미국 해군이 20년 후에 그것을 사용하기 시작했다.

　　1997년에, Lamarr와 Antheil은 그들의 노고로 상을 받았다. 그들의 발명은 다른 사람들이 블루투스와 와이파이, GPS를 포함하여 중요한 신기술을 개발하는 것을 도왔다. 오늘날, 어떤 사람들은 심지어 Lamarr를 '와이파이의 어머니'라고 부른다.

구문 해설

② She was very famous, but she **found acting boring.**
　➡ 「find+목적어+형용사」는 '~를 …하다고 생각하다'의 의미이다.

⑤ She decided to invent **new technology** [**that** could *be used to win* battles].
　➡ [ ]는 선행사 new technology를 수식하는 주격 관계대명사절이다.
　➡ 「be used+to-v」는 '~하는 데 사용되다'의 의미이다.

⑥ **Working** together with a composer [*named* George Antheil], Lamarr invented a way of quickly switching between radio frequencies.
　➡ Working은 '작업하면서'의 의미로 〈동시동작〉을 나타내는 분사구문이다.
　➡ [ ]는 a composer를 수식하는 과거분사구이다.

⑦ It could be used to **stop the enemy from blocking** messages.
　➡ 「stop+목적어+from+v-ing」는 '~가 …하는 것을 막다'의 의미이다.

4

정답　**1** ④　　**2** 과속 방지턱이 느린 속도로 이동하는 차에도 손상을 주는 것　　**3** ②

4 (1) harden　(2) fast　(3) install　(4) environment

문제 해설

1 빠른 속도로 과속 방지턱을 넘는 차에게만 영향을 주는 새로운 액체 과속 방지턱에 관한 글이므로, 주제로는 ④ '도로 안전을 개선하기 위해 사용되고 있는 특이한 액체'가 가장 알맞다.

[문제] 글의 주제로 가장 알맞은 것은?

① 자동차를 방수 처리하는 새 안전 제품

② 과속 방지턱으로 인한 환경문제

③ 쉽게 손상되지 않는 플라스틱의 발명

⑤ 많은 운전자들이 과속 방지턱을 좋아하지 않는 이유

2 문장 ④에 언급되어 있다.

[문제] 글의 밑줄 친 this problem이 의미하는 것은 무엇인가? 우리말로 쓰시오.

3 (A) 빈칸 앞 문장에서 과속 방지턱을 빠른 속도로 넘을 때 자동차에 손상을 준다고 했고, 빈칸이 있는 문장에서 과속 방지턱이 느린 속도로 이동하는 차에도 손상을 준다고 했으므로, 빈칸에는 역접을 나타내는 'However(그러나)'가 가장 알맞다.

(B) 빈칸 앞 문장에서 액체로 만들어진 새로운 과속 방지턱은 충격을 받았을 때에만 단단한 장애물이 된다고 했으므로, 느린 운전자에게는 영향이 없을 것이라는 내용의 빈칸이 있는 문장은 'Therefore(그러므로)'로 시작하는 것이 가장 알맞다.

[문제] (A)와 (B)의 빈칸에 들어갈 말로 가장 알맞은 것은?

　　　　　(A)　　　　　　(B)

① 마침내　　…　또한

② 그러나　　…　그러므로

③ 운 좋게도　…　더욱이

④ 그다음　　…　그렇지 않으면

⑤ 대신에　　…　그럼에도 불구하고

4 문장 ⑨-⑫에 언급되어 있다.

[문제] 다음 빈칸에 알맞은 단어를 글에서 찾아 쓰시오.

액체 과속 방지턱

그것들이 어떻게 작동하는지	자동차가 빠른 속도로 과속 방지턱을 넘을 때, 과속 방지턱은 (1) 단단해질 것이다.
그것들의 장점	• 그것들은 (2) 빠른 운전자에게만 문제를 일으킨다. • 그것들은 (3) 설치하기 쉽다. • 그들은 안전하고 (4) 환경을 해치지 않는다.

본문 직독 직해

① Speed bumps are everywhere, / and they have an important purpose. / ② They force
　과속 방지턱은 어디에나 있고　　　　　　그것들은 중요한 목적을 가지고 있다　　　　　　그것들은

drivers to slow down / to a safer speed. / ③ If they don't, / they risk damaging their car / as
운전자들이 감속하게 한다　　더 안전한 속도로　　만약 그렇게 하지 않으면　　그들은 자동차를 손상시킬 위험이 있다

they drive over the speed bump. / ④ However, / speed bumps sometimes damage cars / even
그들이 과속 방지턱을 넘을 때　　　　　　그러나　　　　과속 방지턱은 때때로 자동차들을 손상시킨다

when they're moving at slow speeds. / ⑤ To deal with this problem, / a company has created
자동차들이 느린 속도로 이동할 때도　　　　　　이 문제를 해결하기 위해　　　　　한 회사는

liquid speed bumps. / ⑥ They are made of strong plastic / and contain a special liquid. /
액체 과속 방지턱을 만들었다　　그것들은 강한 플라스틱으로 만들어졌다　　그리고 특별한 액체가 들어있다

⑦ When a car drives slowly / over one of these speed bumps, / the liquid remains a liquid. /
　자동차가 천천히 넘을 때　　　이러한 과속 방지턱 중 하나를　　　그 액체는 액체로 남아있다

⑧ But / if a car drives / over one / at high speeds, / something amazing happens. / ⑨ The
하지만　만약 자동차가 넘으면　과속 방지턱을　빠른 속도로　　놀라운 일이 일어난다

strong impact causes the liquid to harden / and become an obstacle. / ⑩ Therefore, / these
그 강한 충격은 그 액체가 굳어지도록 하고　　　장애물이 된다　　　그러므로

new speed bumps cause problems only for fast drivers / and don't affect slow drivers. /
이 새로운 과속 방지턱은 빠른 운전자에게만 문제를 일으키고　　　느린 운전자에게는 영향을 미치지 않는다

⑪ Liquid speed bumps are easy to install. / ⑫ And more importantly, / the company says / the
액체 과속 방지턱은 설치하기 쉽다　　그리고 더 중요한 것은　　그 회사는 말한다

liquid is safe / and won't harm the environment. /
그 액체가 안전하고　환경을 해치지 않을 것이라고

본문
해석

　　과속 방지턱은 어디에나 있고, 그것들은 중요한 목적을 가지고 있다. 그것들은 운전자들이 더 안전한 속도로 감속하게 한다. 만약 그렇게 하지 않으면, 그들은 과속 방지턱을 넘을 때 자동차를 손상시킬 위험이 있다. 그러나 자동차들이 느린 속도로 이동할 때도 과속 방지턱은 때때로 그것들을 손상시킨다. 이 문제를 해결하기 위해 한 회사는 액체 과속 방지턱을 만들었다. 그것들은 강한 플라스틱으로 만들어졌고 특별한 액체가 들어있다. 자동차가 이러한 과속 방지턱 중 하나를 천천히 넘을 때, 그 액체는 액체로 남아있다. 하지만 만약 자동차가 빠른 속도로 과속 방지턱을 넘으면, 놀라운 일이 일어난다. 그 강한 충격은 그 액체가 굳어지도록 하고 장애물이 된다. 그러므로 이 새로운 과속 방지턱은 빠른 운전자에게만 문제를 일으키고 느린 운전자에게는 영향을 미치지 않는다. 액체 과속 방지턱은 설치하기 쉽다. 그리고 더 중요한 것은, 그 회사는 그 액체가 안전하고 환경을 해치지 않을 것이라고 말한다.

구문
해설

② They **force drivers to slow** down to a safer speed.
　➡ 「force+목적어+to-v」는 '~가 …하도록 강요하다[하게 만들다]'의 의미이다.

③ If they don't, they *risk damaging* their car <u>as</u> they drive over the speed bump.
　➡ If는 '만약 ~라면'의 의미로, 〈조건〉을 나타내는 접속사이다.
　➡ risk는 동명사를 목적어로 취하는 동사이다.
　➡ as는 '~할 때'의 의미의 〈때〉를 나타내는 접속사이다.

⑤ **To deal with** this problem, a company *has created* liquid speed bumps.
　➡ To deal with는 '해결하기 위해'의 의미로, 〈목적〉을 나타내는 부사적 용법의 to부정사이다.
　➡ has created는 '만들었다'의 의미로 〈결과〉를 나타내는 현재완료(have[has]+p.p.)이다.

⑥ They *are made* of strong plastic and *contain* a special liquid.
　➡ 「be made of ~」는 '~로 만들어지다'의 의미이다.
　➡ 문장의 동사 are made와 contain이 접속사 and로 병렬 연결되어 있다.

⑧ But if a car drives over one at high speeds, **something amazing** happens.
　➡ -thing으로 끝나는 대명사는 형용사가 뒤에서 수식하므로, 형용사 amazing이 something 뒤에 왔다.

⑨ The strong impact **causes** the liquid **to harden** and **(to) become** an obstacle.

➔ 「cause+목적어+to-v」는 '~가 …하도록 야기하다'의 의미로, to harden과 (to) become이 접속사 and로 병렬 연결되어 있다.

⑪ Liquid speed bumps are easy **to install**.

➔ to install은 '설치하기에'의 의미로, 형용사 easy를 수식하는 부사적 용법의 to부정사이다.

⑫ And more importantly, the company says [**(that)** the liquid *is* safe and *won't harm* the environment].

➔ [ ]는 동사 says의 목적어로 쓰인 명사절로, 접속사 that이 생략되었다.

➔ 명사절의 동사 is와 won't harm이 접속사 and로 병렬 연결되어 있다.

Review Test

정답 **1** 1) section 2) collapse **2** suffer from **3** ③ **4** communicate **5** ④ **6** Their invention helped others develop important new technology **7** ⑤ **8** liquid, obstacle

문제 해설

1 1) 그 잡지는 여행 구획에서 찾을 수 있습니다.
2) 건물이 심하게 훼손되어서 지붕이 붕괴될지도 모른다.

2 suffer from: ~으로 고통받다, ~을 앓다

3 ⓒ는 a building을 가리키고, 나머지는 a robotic snake를 가리킨다.

4 말하거나 글로 써서 누군가와 정보를 공유하다

5 제2차 세계대전 동안, Lamarr는 미국과 그 연합국을 돕고 싶어 했다는 내용 뒤에, Lamarr가 전투에서 이길 수 있는 새로운 기술을 발명하기로 결심했다는 내용의 (B), 그러기 위해 Lamarr가 George Antheil이라는 이름의 작곡가와 함께 무선 주파수를 빠르게 전환하는 방법을 발명했다는 (C), 적이 메시지를 차단하는 것을 막는 데 그 발명품이 사용될 수 있었다는 (A)로 이어지는 것이 자연스럽다.

6 '~가 …하는 것을 돕다'라는 의미로 「help+목적어+동사원형」을 쓴다.

7 ⑤ 액체 과속 방지턱은 설치하기 쉽다고 했다.

8 새로운 액체 과속 방지턱은 저속에서는 액체로 남아 있고, 고속에서는 장애물이 된다.

1

정답 1 ②   2 (1) T (2) T   3 ④   4 cognitive, vague

문제 해설

1 많은 사람들이 성격 검사가 제공하는 정보가 실제로는 그렇지 않더라도 개개인을 정확하게 설명한다고 생각하게 한다는 인지적 편향인 바넘 효과를 설명한 글이므로, 글의 목적으로는 ② '독자들에게 바넘 효과를 알리기 위해'가 가장 알맞다.

① 성격 검사의 역사를 논하기 위해　　③ MBTI 검사의 효과를 분석하기 위해

④ 여러 유형의 성격 검사를 비교하기 위해　　⑤ 성격 검사의 과학적 근거를 설명하기 위해

2 (1) 문장 ⑤에 언급되어 있다.

(2) 문장 ⑥-⑦에 성격 검사의 모호한 설명은 의도적으로 사람들의 마음을 끌도록 설계되었다고 했다.

3 (A) 성격 검사의 결과가 많은 사람들에게 적용될 수도 있지만, 자신을 개인적으로 설명하는 것처럼 느낀다고 했으므로, 양보의 의미를 나타내는 Even though(비록 ~일지라도)가 가장 알맞다.

(B) 빈칸 앞 문장에서 성격 검사들이 다소 모호한 설명을 제공한다고 했고, 빈칸이 있는 문장에서 그 설명이 의도된 것이라고 부연 설명하고 있으므로, 빈칸에는 In fact(사실)가 가장 알맞다.

	(A)		(B)
①	이후로	…	반면에
②	만약 ~않다면	…	반면에
③	만약 ~않다면	…	사실
④	비록 ~일지라도	…	사실
⑤	비록 ~일지라도	…	그렇지 않으면

4

> **보기** | 상세한　인지적　신체의　모호한

> 바넘 효과는 <u>모호한</u> 성격 묘사가 특정 개인에게 적용되는 것으로 여겨지는 <u>인지적</u> 편향이다.

본문 직독 직해

① Have you ever taken a personality test? / ② Even though the information / it provides /
당신은 성격 검사를 받아본 적이 있는가?　　　　　비록 정보가　　　　그것이 제공하는

could be true / for lots of people, / you might feel like / it describes you personally. / ③ This
사실일 수 있지만　많은 사람들에게　　당신은 ~처럼 느낄지도 모른다　그것이 당신을 개인적으로 설명한다고　이

phenomenon is called the Barnum effect. /
현상은 바넘 효과라고 불린다

④ The Barnum effect is a cognitive bias / that leads people to believe / that general
바넘 효과는 인지적 편향이다　　　　　사람들이 믿게 하는　　　　　일반적인

personality descriptions accurately represent them / as individuals. / ⑤ It has been found /
성격 묘사가 그들을 정확하게 나타낸다고　　　　개개인으로　　　그것은 발견된다

in individuals / responding to horoscopes, / fortune-telling, / and various personality tests. /
개인에게서　　　점성술에 응답하는　　　　점 보기　　　그리고 다양한 성격 검사

⑥ Many personality tests, / such as the MBTI, / tend to provide / a rather vague description
많은 성격 검사들은　　　　　MBTI 같은　　　제공하는 경향이 있다　사람의 성격에 대해

of one's personality. / ⑦ In fact, / those descriptions are designed / to be broadly appealing /
다소 모호한 설명을　　　사실　　그러한 설명은 설계되었다　　　광범위하게 마음을 끌도록

on purpose. / ⑧ Yet individuals often think of them / as their own unique personality traits./
의도적으로　　　하지만 개인들은 흔히 그것들을 여긴다　　　자신들만의 고유한 성격 특성으로

⑨ To avoid falling for the Barnum effect, / remember / that broad statements can apply /
바넘 효과에 빠지지 않으려면　　　　　　　기억해라　　광범위한 진술이 적용될 수 있다

to lots of people / and may not show your true self. /
많은 사람들에게　　그리고 당신의 진정한 모습을 보여주지 않을 수 있음을

**본문
해석**

　　당신은 성격 검사를 받아본 적이 있는가? 비록 그것이 제공하는 정보가 많은 사람들에게 사실일 수 있지만, 당신은 그것이 당신을 개인적으로 설명하는 것처럼 느낄지도 모른다. 이 현상은 바넘 효과라고 불린다.

　　바넘 효과는 사람들이 일반적인 성격 묘사가 그들을 개개인으로 정확하게 나타낸다고 믿게 하는 인지적 편향이다. 그것은 점성술, 점 보기, 그리고 다양한 성격 검사에 응답하는 개인에게서 발견된다. MBTI 같은 많은 성격 검사들은 사람의 성격에 대해 다소 모호한 설명을 제공하는 경향이 있다. 사실, 그러한 설명은 광범위하게 마음을 끌도록 의도적으로 설계되었다. 하지만 개인들은 흔히 그것들을 자신들만의 고유한 성격 특성으로 여긴다.

　　바넘 효과에 빠지지 않으려면 광범위한 진술이 많은 사람들에게 적용될 수 있고 당신의 진정한 모습을 보여주지 않을 수 있음을 기억해라.

**구문
해설**

① **Have** you ever **taken** a personality test?
→ have taken은 '받아 본 적이 있다'의 의미로, 〈경험〉을 나타내는 현재완료(have[has]+p.p.)이다.

② Even though **the information** [(**which[that]**) it provides] could be true for lots of people, you might *feel like* it describes you personally.
→ [ ]는 선행사 the information을 수식하는 목적격 관계대명사절로, 관계대명사 which[that]가 생략되었다.
→ 「feel like ~」는 '~처럼 느껴지다'의 의미이다.

③ This phenomenon **is called** the Barnum effect.
→ is called는 '불린다'의 의미로, 「be+p.p.」의 수동태이다.

④ The Barnum effect is **a cognitive bias** [**that** *leads people to believe* {that general personality descriptions accurately represent them as individuals}].
→ [ ]는 선행사 a cognitive bias를 수식하는 주격 관계대명사절이다.
→ 「lead+목적어+to-v」는 '~가 …하게 하다'의 의미이다.
→ that은 명사절을 이끄는 접속사로, { }는 believe의 목적어로 쓰였다.

⑤ It has been found in individuals [**responding** to horoscopes, fortune-telling, and various personality tests].
→ [ ]는 individuals를 수식하는 현재분사구이다.

⑨ **To** *avoid falling* for the Barnum effect, remember [that broad statements **can apply** to lots of people and **may not show** your true self].
→ To avoid는 '피하기 위해'라는 의미로, 〈목적〉을 나타내는 부사적 용법의 to부정사이다.
→ 「avoid+v-ing」는 '~하는 것을 피하다'의 의미로, avoid는 동명사(falling)를 목적어로 취한다.
→ that은 명사절을 이끄는 접속사로, [ ]는 동사 remember의 목적어로 쓰였다.
→ 명사절의 동사 can apply와 may not show가 접속사 and로 병렬 연결되어 있다.

2

정답 1 ③   2 ②   3 ⑤   4 고향[인도]의 위성 사진을 찾아보는 것

**문제
해설**

1 호주로 입양된 인도 소년이 위성 사진을 이용해 25년만에 고향과 가족을 찾은 여정에 대한 내용이므로, 제목으로 ③ '가족을 찾기 위한 한 남자의 긴 여정'이 가장 알맞다.

① 방학 맞이 인도 여행　　　　　　　　② 다양한 위성 사진 이용법

④ 인도의 시골: 아이들을 위한 최고의 장소　　⑤ Saroo Brierley: 호주에서 길을 잃은 남자

2 Saroo가 인도에서 길을 잃어 호주 가정에 입양되어서도 가족을 찾고 싶어 했다는 내용의 (A), 위성 사진을 보며 어릴 적 살던 곳을 찾는 노력을 반복했다는 내용의 (C), 결국 눈에 익은 마을을 찾아 가족을 만났다는 내용인 (B) 의 흐름이 가장 알맞다.

3 ⑤ 문장 ⑩에서 몇몇 랜드마크만 기억해 냈다고 했다.

①은 문장 ①에, ②는 문장 ②에, ③은 문장 ④-⑤, ⑨-⑩에, ④는 문장 ⑦-⑧에 언급되어 있다.

4 문장 ⑨에 언급되어 있다.

**본문
직독
직해**

① When he was a small boy, / Saroo Brierley became lost / on the streets of Kolkata, / far
그가 어린 소년이었을 때　　　　Saroo Brierley는 길을 잃었다　　　Kolkata의 길거리에서

from his hometown / in rural India. / ② Saroo was adopted / by an Australian family / and
그의 고향에서 멀리 떨어진　인도의 시골에 있는　　Saroo는 입양되었다　　한 호주 가정에 의해　　　그리고

had a happy life. / ③ However, / he never stopped hoping / to find his family in India. /
행복한 삶을 살았다　　　하지만　　그는 바라는 것을 절대 멈추지 않았다　인도에 있는 그의 가족을 찾는 것을

⑨ In college, / Saroo began to search / satellite images of India / to find his hometown. /
대학에서　　Saroo는 찾아보기 시작했다　　인도의 위성 사진을　　　　그의 고향을 찾기 위해

⑩ It seemed like a good idea, / but it was not easy / because he only remembered / the name
그것은 좋은 생각처럼 보였다　　　하지만 그것은 쉽지 않았다　　그는 단지 ~만을 기억했기 때문에　　　이름을

"Ginestlay" / and a few landmarks near his childhood home. / ⑪ Saroo repeatedly stopped
'Ginestlay'라는 이름을　그리고 그의 어린 시절 집 근처의 몇몇 랜드마크를　　　　Saroo는 반복적으로 멈췄다가

and restarted / his search. /
다시 시작했다　　그의 찾기를

④ After many years, / Saroo accidently found a familiar-looking small town / called
수년 후　　　　　Saroo는 눈에 익은 작은 마을을 우연히 찾았다

Ganesh Talai. / ⑤ This was the name / that Saroo mispronounced as "Ginestlay!" / ⑥ One
Ganesh Talai라고 불리는　이것은 그 이름이었다　Saroo가 'Ginestlay'로 잘못 발음한

year later, / Saroo traveled to India / to find his family. / ⑦ With the help of local people, / he
일 년 후　　　Saroo는 인도로 갔다　　그의 가족을 찾기 위해　　현지 사람들의 도움으로　　　　그는

finally met his mother, brother, and sister, / still living in Ganesh Talai. / ⑧ It took 25 years! /
마침내 그의 어머니와 형, 그리고 여동생을 만났다　　여전히 Ganesh Talai에 살고 있던　　25년이나 걸렸다

**본문
해석**

(A) 어린 소년이었을 때, Saroo Brierley는 인도의 시골에 있는 자신의 고향에서 멀리 떨어진 Kolkata의 길거리에서 길을 잃었다. Saroo는 한 호주 가정에 의해 입양되었고 행복한 삶을 살았다. 하지만, 그는 인도에 있는 그의 가족을 찾기를 바라는 것을 절대 멈추지 않았다.

(C) 대학에서, Saroo는 그의 고향을 찾기 위해 인도의 위성 사진을 찾아보기 시작했다. 그것은 좋은 생각처럼 보였지만, 그는 단지 'Ginestlay'라는 이름과 자신의 어린 시절 집 근처의 몇몇 랜드마크만을 기억했기 때문에 그것

은 쉽지 않았다. Saroo는 찾는 것을 반복적으로 멈췄다가 다시 시작했다.

(B) 수년 후, Saroo는 Ganesh Talai라고 불리는 눈에 익은 작은 마을을 우연히 찾았다. 이것은 Saroo가 'Ginestlay'로 잘못 발음한 그 이름이었다! 일 년 후, Saroo는 그의 가족을 찾기 위해 인도로 갔다. 현지 사람들의 도움으로, 그는 마침내 여전히 Ganesh Talai에 살고 있던 그의 어머니와 형, 그리고 여동생을 만났다. 25년이나 걸렸다!

구문 해설

① When he was a small boy, Saroo Brierley became lost on **the streets of Kolkata**, [(which is) far from his hometown in rural India].
  → [ ]는 선행사 the streets of Kolkata를 부연 설명하는 주격 관계대명사절로, 앞에 「관계대명사+be동사」인 which is가 생략되었다.

③ However, he never **stopped** *hoping to find* his family in India.
  → 「stop+v-ing」는 '~하던 것을 멈추다'의 의미이다. (*cf.* 「stop+to-v」는 '~하기 위해 멈추다'의 의미이다.)
  → 「hope+to-v」는 '~하기를 바라다'의 의미이다.

⑤ This was **the name** [**that** Saroo mispronounced as "Ginestlay!"]
  → [ ]는 선행사 the name을 수식하는 목적격 관계대명사절이다.

⑦ With the help of local people, he finally met **his mother, brother, and sister**, [(who were) still living in Ganesh Talai].
  → [ ]는 선행사 his mother, brother, and sister를 부연 설명하는 주격 관계대명사절로, 앞에 「관계대명사+be동사」인 who were가 생략되었다.

⑨ In college, Saroo **began to search** satellite images of India *to find* his hometown.
  → 「begin+to-v[v-ing]」는 '~하기 시작하다'의 의미이다.
  → to find는 '찾기 위해'의 의미로, 〈목적〉을 나타내는 부사적 용법의 to부정사이다.

본책 • pp. 72-73

정답 1 ② 2 ① 3 ② 4 (1) developing (2) limits (3) Internet[phone]

문제 해설

1 문장 ①-②에서 팝콘 브레인이 있는 Lena가 휴가 중에도 휴대전화를 계속 사용하고, 문장 ⑨-⑬에 언급된 팝콘 브레인을 방지하는 방법이 인터넷 사용 시간을 제한하고 다른 재미있는 활동을 하라는 것임을 볼 때, 빈칸에는 ② '항상 온라인상에 있으려는 욕구'가 가장 알맞다.
  ① 일을 마치는 데의 어려움   ③ 가능한 많은 소식을 알리는 욕구
  ④ 가족과 의사소통하는 문제   ⑤ 빠르고 쉽게 정보를 찾는 능력

2 빈칸 앞뒤로 모두 팝콘 브레인이 야기할 수 있는 문제점에 대해 언급하고 있으므로, 빈칸에는 ① Also(또한)가 가장 자연스럽다.
  ② 요컨대   ③ 하지만   ④ 그러므로   ⑤ 그럼에도 불구하고

3 ② 온라인상에서의 의사소통 문제에 대한 언급은 없다.
  ①은 문장 ①-②, ③은 문장 ⑤, ④는 문장 ⑥, ⑤는 문장 ⑦을 통해 알 수 있다.
  ① 그들은 그들의 가족과 친밀한 관계를 가지지 못할지도 모른다.
  ② 그들은 온라인상에서 의사소통하는 데 어려움을 겪을지도 모른다.

③ 그들은 다른 사람들의 감정을 이해하지 못할지도 모른다.

④ 그들은 집중하는 데 문제가 있을지도 모른다.

⑤ 사고에 이용되는 그들의 뇌의 부분이 작아질 수 있다.

4 문장 ⑨-⑬에 언급되어 있다.

팝콘 브레인이 ⑴ <u>생기는</u> 것을 피하는 방법
1. 당신이 온라인상에서 보내는 시간에 ⑵ <u>제한</u>을 두어라.
2. ⑶ <u>인터넷[전화기]</u>을 사용하는 대신 재미있는 무언가를 하도록 노력하라.

본문
직독
직해

① Lena constantly surfs the Internet / and checks her messages / on her cell phone, / even
　Lena는 끊임없이 인터넷을 검색한다　　　그리고 그녀의 메시지를 확인한다　그녀의 휴대전화로　　심지어

when she is on vacation with her family. / ② She knows / she should spend time with them, /
그녀가 그녀의 가족과 함께 휴가 중일 때에도　　　　그녀는 안다　　그녀가 그들과 함께 시간을 보내야 한다는 것을

but she cannot stop using her phone. / ③ Lena has something called "popcorn brain," / which
하지만 그녀는 그녀의 전화를 사용하는 것을 멈출 수 없다　Lena는 '팝콘 브레인'이라고 불리는 것을 가지고 있다

is the need to be online all the time. /
그리고 그것은 항상 온라인상에 있으려는 욕구이다

④ Popcorn brain is a negative effect / of recent developments in technology. / ⑤ People
　팝콘 브레인은 부정적인 결과이다　　　　　최근의 기술 발전의　　　　　　　

with popcorn brain / have difficulty reading human emotions. / ⑥ Popcorn brain even affects
팝콘 브레인을 가진 사람들은　　사람들의 감정을 읽는 데 어려움을 겪는다　　　팝콘 브레인은 심지어 그들의 능력에도

their ability / to focus. / ⑦ Also, / using the Internet excessively for a long time / causes / the
영향을 미친다　집중하는　　또한　　오랫동안 과도하게 인터넷을 사용하는 것은　　　　　~하게 한다

part of the brain used for thought / to become smaller. /
사고에 이용되는 뇌의 부분이　　　　　더 작아지게

⑧ But don't worry! / ⑨ There are ways / to keep popcorn brain from developing. / ⑩ First, /
　하지만 걱정하지 마라　　방법들이 있다　　팝콘 브레인이 생기는 것을 막는　　　　　우선

put limits / on how long you use the Internet. / ⑪ Apps / that track and limit your phone
제한을 두어라　당신이 얼마나 오랫동안 인터넷을 사용하는지에　　앱은　　당신의 전화 사용을 추적하고 제한하는

usage / can help you. / ⑫ Second, / fill up your time / with other fun activities. / ⑬ You can
　　당신을 도울 수 있다　두 번째로　당신의 시간을 채워라　다른 재미있는 활동들로　　　당신은

find a new hobby / or spend time with your friends. /
새로운 취미를 찾을 수 있다　또는 당신의 친구들과 시간을 보낼 수 있다

본문
해석

　　Lena는 심지어 그녀의 가족과 함께 휴가 중일 때에도 끊임없이 그녀의 휴대전화로 인터넷을 검색하고 그녀의 메시지를 확인한다. 그녀는 그녀가 그들과 함께 시간을 보내야 한다는 것을 알지만, 그녀는 그녀의 전화를 사용하는 것을 멈출 수 없다. Lena는 '팝콘 브레인'이라고 불리는 것을 가지고 있는데, 그것은 <u>항상 온라인상에 있으려는 욕구</u>이다.

　　팝콘 브레인은 최근의 기술 발전의 부정적인 결과이다. 팝콘 브레인을 가진 사람들은 사람들의 감정을 읽는 데 어려움을 겪는다. 팝콘 브레인은 심지어 그들의 집중하는 능력에도 영향을 미친다. <u>또한</u>, 오랫동안 과도하게 인터넷을 사용하는 것은 사고에 이용되는 뇌의 부분이 더 작아지게 한다.

　　하지만 걱정하지 마라! 팝콘 브레인이 생기는 것을 막는 방법들이 있다. 우선, 당신이 얼마나 오랫동안 인터넷을 사용하는지에 제한을 두어라. 당신의 전화 사용을 추적하고 제한하는 앱이 당신을 도울 수 있다. 두 번째로, 당신의

시간을 다른 재미있는 활동들로 채워라. 당신은 새로운 취미를 찾거나 당신의 친구들과 시간을 보낼 수 있다.

본책 • pp. 74-75

구문 해설

⑤ People with popcorn brain **have difficulty reading** human emotions.
  → 「have difficulty+v-ing」는 '~하는 데 어려움을 겪다'의 의미이다.

⑨ There are ways [**to** *keep popcorn brain from developing*].
  → [ ]는 ways를 수식하는 형용사적 용법의 to부정사구이다.
  → 「keep+목적어+from+v-ing」는 '가 …하는 것을 막다'의 의미이다.

⑩ First, put limits on [how long you use the Internet].
  → [ ]는 전치사 on의 목적어로 쓰인 간접의문문이다.

⑪ Apps [**that** track and limit your phone usage] can help you.
  → [ ]는 선행사 Apps를 수식하는 주격 관계대명사절이다.

4

정답 1 ② 2 ② 3 (1) T (2) T 4 매운 음식을 좋아[갈망]하며, 도예 수업은 즐기지 않고, 잘 잊어버린다.

문제 해설

1 뇌 이외의 장기들에도 기억이 저장되어, 장기 이식을 받은 사람이 수술 후 기증자의 특성을 보일 수 있다는 내용의 글이므로, 제목으로는 ② '장기 이식이 당신의 특성을 변화시킬 수 있다'가 가장 적절하다.
[문제] 글의 제목으로 가장 알맞은 것은?
① 뇌에 관한 중요한 발견
③ 이식으로 기억력 향상시키기
④ 무서운 이야기: 두 성격을 가진 여성
⑤ 과학의 불가사의—기억은 어디에 저장되는가?

2 세포에 저장된 정보가 그 사람의 기억의 일부를 포함한다는 내용의 (A), 장기들이 옮겨지면 그 기억들(the memories)도 함께 간다는 내용의 (C), 이것(This)이 장기 이식 후 개인이 새로운 습관이나 생각을 형성하는 것을 가능하게 한다는 내용의 (B)의 흐름이 가장 자연스럽다. (B)의 This는 문장 (C)를 가리킨다.
[문제] 문장 (A)~(C)의 가장 알맞은 순서는?

3 (1) 문장 ②에서 Linda는 매운 음식을 싫어했었는데 수술 후에 갈망하기 시작했다고 했다.
(2) 문장 ⑦에서 몇몇 보고가 기억이 뇌에만 저장되는 것이 아니라 신장과 심장 같은 다른 장기들에도 저장된다는 것을 시사한다고 했다.
[문제] 글의 내용과 일치하면 T, 그렇지 않으면 F를 쓰시오.
(1) 이식 후에, Linda의 입맛이 변했다.
(2) 몇몇 보고에 따르면, 뇌는 기억을 저장하는 유일한 장기가 아니다.

4 문장 ②-④에서 Linda의 바뀐 특성을 언급하고 있고, 문장 ⑥-⑦에서 의사가 신장 이식 후 바뀐 Linda의 특성이 신장 기증자에게 동일하게 있었을지도 모른다고 말했다.
[문제] Linda의 기증자는 어떤 특성을 갖고 있을까? 우리말로 쓰시오.

본문 직독 직해

① After Linda got a kidney transplant, / something strange happened. / ② Although she
Linda가 신장 이식을 받은 후   이상한 일이 벌어졌다   그녀는 항상
had always disliked spicy foods, / she started to crave them. / ③ She also stopped enjoying her
매운 음식을 싫어했었는데   그녀는 그것을 갈망하기 시작했다   그녀는 또한 도예 수업을 즐기던 것을

pottery class, / which had been her favorite activity. / ④ Then she started becoming forgetful. /
그만두었다　　　그런데 그것은 그녀가 매우 좋아하는 활동이었었다　　게다가 그녀는 잘 잊어버리기 시작했다

⑤ Linda told her doctor, / who said something shocking. / ⑥ He said / that Linda's donor may
　Linda는 그녀의 의사에게 말했다　　그리고 그는 충격적인 것을 말했다　　　그는 말했다　Linda의 기증자는

have been someone / with these same traits! / ⑦ He explained / that some reports suggest /
사람이었을지도 모른다고　　이러한 동일한 특성들을 가진　　　그는 설명했다　　몇몇 보고가 시사한다고

memory is not only stored in the brain / but also in other organs, / such as the kidneys and
기억이 뇌에 저장될 뿐만 아니라　　　　　　　다른 장기들에도 (저장된다는 것을)　신장과 심장 같은

the heart. /

⑧ According to those reports, / living cells in these organs / store information about a
　　그 보고들에 의하면　　　　　이러한 장기들 안에 살아 있는 세포들은　사람에 대한 정보를 저장한다

person. / ⑨ This information includes parts / of the person's emotional, mental, and physical
　　　　　이 정보는 일부를 포함한다　　　　　사람의 감정적이고 정신적이며 신체적인 기억들의

memories. / ⑪ Whenever the organs are moved, / the memories go with them. / ⑩ This could
　　　　　그 장기들이 옮겨질 때마다　　　　기억들이 그것들과 함께 간다　　　　이는

make it possible / for someone to form new habits or thoughts / after receiving an organ
가능하게 할 수도 있다　누군가가 새로운 습관이나 생각을 형성하는 것을　　　장기 이식을 받은 후에

transplant. / ⑫ Thus, / Linda's changes may have been caused by her new kidney, / which was
　　　　　그러므로　Linda의 변화들은 그녀의 새 신장에 의해 야기되었을지도 모른다　　　그것은

acting / as if it were still inside the donor. /
행동하고 있었기 때문이다　마치 그것이 여전히 기증자 안에 있는 것처럼

본문 해석

　　Linda가 신장 이식을 받은 후, 이상한 일이 벌어졌다. 그녀는 항상 매운 음식을 싫어했었는데, 그녀는 그것을 갈망하기 시작했다. 그녀는 또한 도예 수업을 즐기던 것을 그만두었는데, 그것은 그녀가 매우 좋아하는 활동이었었다. 게다가 그녀는 잘 잊어버리기 시작했다. Linda는 그녀의 의사에게 말했는데, 그는 충격적인 것을 말했다. 그는 Linda의 기증자가 이러한 동일한 특성들을 가진 사람이었을지도 모른다고 말했다! 그는 몇몇 보고가 기억이 뇌뿐만 아니라 신장과 심장 같은 다른 장기들에도 저장된다는 것을 시사한다고 설명했다.

　　그 보고들에 의하면, 이러한 장기들 안에 살아 있는 세포들은 사람에 대한 정보를 저장한다. (A) 이 정보는 사람의 감정적이고 정신적이며 신체적인 기억들의 일부를 포함한다. (C) 그 장기들이 옮겨질 때마다, 기억들이 그것들과 함께 간다. (B) 이는 누군가가 장기 이식을 받은 후에 새로운 습관이나 생각을 형성하는 것을 가능하게 할 수도 있다. 그러므로, Linda의 변화들은 그녀의 새 신장에 의해 야기되었을지도 모르는데, 그것은 마치 그것이 여전히 기증자 안에 있는 것처럼 행동하고 있었기 때문이다.

구문 해설

① After Linda got a kidney transplant, **something strange** happened.
➡ -thing으로 끝나는 대명사는 형용사가 뒤에서 수식한다.

⑥ He said [**that** Linda's donor *may have been* someone with these same traits]!
➡ that은 명사절을 이끄는 접속사로, [ ]는 said의 목적어로 쓰였다.
➡ 「may have+p.p.」는 '~였을지도 모른다'의 의미로 과거에 대한 추측을 나타낸다.

⑦ He explained [**that** some reports suggest {(*that*) memory is <u>not only stored in the brain</u> <u>but also (stored) in other organs</u>, such as the kidneys and the heart}].

→ that은 명사절을 이끄는 접속사로, [ ]는 explained의 목적어로 쓰였다.

→ { }는 suggest의 목적어로 쓰인 명사절로, 접속사 that이 생략되었다.

→ 「not only A but also B」는 'A뿐만 아니라 B도'의 의미이다. A와 B에는 구와 구 또는 절과 절 같이 문법적으로 성격이 대등한 것이 오는데, 여기서는 반복을 피하기 위해 but also 뒤에 stored가 생략되었다.

⑪ **Whenever** the organs are moved, the memories go with them.

→ whenever는 '~할 때마다'의 의미인 관계부사이다.

⑫ Thus, Linda's changes **may have *been* caused** by <u>her new kidney, which</u> was acting **as if it were** still inside the donor.

→ 「may have+p.p.」는 '~였을지도 모른다'의 의미로 과거에 대한 추측을 나타낸다.

→ been caused는 '~되었다', '~당했다'의 의미인 수동태(be+p.p.)로, 여기서는 「may have+p.p.」와 함께 쓰여 '야기되었을지도 모른다'의 의미이다.

→ 「, which」는 선행사 her new kidney를 부연 설명하는 계속적 용법의 관계대명사이다.

→ 「as if+주어+were/일반동사의 과거형」은 가정법 과거로 '마치 ~인 것 처럼'의 의미이다.

정답 **1** 1) cognitive 2) trait **2** on purpose **3** ② **4** vague **5** There are ways to keep popcorn brain from developing. **6** ⑤ **7** ② **8** Linda의 기증자가 동일한 특성을 가진 사람이었을 지도 모른다는 것[기억이 뇌뿐만 아니라 다른 장기들에도 저장된다는 것]

문제
해설

1 1) 퍼즐을 하는 것은 당신의 <u>인지</u> 능력을 돕는다.
2) 친절은 가져야 하는 좋은 <u>특성</u>이다.

2 on purpose: 의도적으로

3 모호한 성격 묘사가 특정 개인에게 적용되는 것으로 여겨지는 인지적 편향인 바넘 효과를 설명하는 글로 '일부 성격 테스트는 기업 환경에서도 팀 구축 연습을 위해 사용된다'는 (b)는 글의 흐름과 무관하다.

4 불분명하고 구체적이지 않은

5 '~가 …하지 못하게 막다'라는 의미의 「keep+목적어+from v-ing」를 이용한다.

6 팝콘 브레인을 막기 위해 인터넷 사용 시간을 제한하고 인터넷 사용 대신 다른 재미있는 활동을 제시하고 있으므로, ⑤ '온라인에서 친구 사귀기'는 적절하지 않다.

7 장기가 옮겨지면 기억도 함께 옮겨지기 때문에, 그로 인해 Linda의 변화는 새로운 신장 때문이었을 것으로 추측하는 내용이므로, 빈칸에는 '② Thus(그러므로)'가 가장 알맞다.
① 대신에 ③ 그러나 ④ 게다가 ⑤ 예를 들어

8 의사는 Linda의 기증자가 Linda가 앞서 말한 특성이 있었을 것이라며 기억이 뇌뿐만 아니라 신장과 심장 같은 다른 장기들에도 저장된다는 충격적인 말을 했다.

본책 ● pp. 80-81

1

정답   **1** ③   **2** ④   **3** (1) F (2) F (3) T   **4** easy, complex, drawn

문제
해설

1 단순한 일을 매우 복잡한 방식으로 수행하는 루브 골드버그 장치에 대한 설명과 그 예시에 관한 글이므로, 제목으로는 ③ '단순한 작업을 위한 복잡한 장치'가 가장 알맞다.
  ① 오래된 기계 부품을 재사용하는 방법   ② 기계를 만드는 가장 간단한 방법
  ④ 만화를 그리는 복잡한 방법   ⑤ 이 기계로 당신의 작업 시간을 절약해라

2 종이 관에 구슬을 떨어뜨려 루브 골드버그 장치를 시작한다는 내용 뒤에, 그 구슬이 테이블에 떨어져 도미노 줄을 건드린다는 내용의 (B), 도미노가 넘어지고 그 중 마지막이 장난감 자동차에 부딪힌다는 내용의 (C), 이 자동차가 굴러가며 테이블에서 바닥으로 간식을 떨어뜨린다는 내용의 (A)로 이어지는 흐름이 가장 알맞다.

3 (1) 문장 ①에서 단순한 일을 복잡한 방식으로 수행한다고 했다.
  (2) 문장 ②에서 일련의 작업을 차례로 수행한다고 했다.
  (3) 문장 ⑫에 언급되어 있다.

4
보기	복잡한 그려진 쉬운 모방된

루브 골드버그 장치는 <u>복잡한</u> 방식으로 <u>쉬운</u> 일을 하는 장치이다. 이런 종류의 최초 장치는 만화가인 루브 골드버그에 의해 <u>그려졌다</u>.

본문
직독
직해

① A Rube Goldberg machine is a device / that carries out a simple task / in a very
루브 골드버그 장치는 기구이다   단순한 일을 수행하는   매우

complicated way. / ② The machine uses a series of simple tasks, / one right after another. /
복잡한 방식으로   그 장치는 간단한 일련의 작업을 수행한다   차례로

③ Once one process ends, / the next one begins immediately. /
일단 한 과정이 끝나면   다음 과정이 즉시 시작된다

④ For example, / here is a Rube Goldberg machine / that gives a dog a tasty treat. / ⑤ You
예를 들어   여기에 루브 골드버그 장치가 있다   강아지에게 맛있는 간식을 주는   당신은

start the machine / by dropping a marble into a paper tube. / ⑦ The marble passes through
장치를 시작한다   종이 관에 구슬을 떨어뜨림으로써   그 구슬은 관을 통과한다

the tube, / rolls down to the table, / and hits a line of dominoes. / ⑧ The dominoes knock
             테이블로 굴러떨어진다   그리고 도미노 줄에 부딪힌다   도미노는

each other down / and the last one hits a toy car. / ⑥ As the toy car rolls, / it pushes the treat
서로를 넘어뜨리고   마지막 하나는 장난감 자동차에 부딪힌다   장난감 자동차가 굴러가면서   그것이 간식을

off the table / and onto the floor. / ⑨ Now / the dog can reach it. /
테이블에서 밀어낸다   그리고 바닥으로   이제   강아지는 그것에 닿을 수 있다

⑩ This kind of machine was named after Rube Goldberg, / an American cartoonist
이런 종류의 장치는 루브 골드버그의 이름을 따서 이름 지어졌다   미국의 만화가이자

and inventor / who lived from 1883 to 1970. / ⑪ He drew these complex machines / in his
발명가인   1883년부터 1970년까지 살았던   그는 이 복잡한 장치를 그렸다

cartoons. / ⑫ You can find these machines / in TV shows, movies, or even science classes. /
그의 만화에   당신은 이 장치를 찾을 수 있다   TV 쇼, 영화 또는 심지어 과학 수업에서도

루브 골드버그 장치는 단순한 일을 매우 복잡한 방식으로 수행하는 기구이다. 그 장치는 간단한 일련의 작업을 차례로 수행한다. 일단 한 과정이 끝나면, 다음 과정이 즉시 시작된다.

예를 들어, 여기에 강아지에게 맛있는 간식을 주는 루브 골드버그 장치가 있다. 당신은 종이 관에 구슬을 떨어뜨림으로써 장치를 시작한다. (B) 그 구슬은 관을 통과하여 테이블로 굴러떨어지고 도미노 줄에 부딪힌다. (C) 도미노는 서로를 넘어뜨리고 마지막 하나는 장난감 자동차에 부딪힌다. (A) 장난감 자동차가 굴러가면서 간식을 테이블에서 바닥으로 밀어낸다. 이제 강아지는 그것에 닿을 수 있다.

이런 종류의 장치는 1883년부터 1970년까지 살았던 미국의 만화가이자 발명가인 루브 골드버그의 이름을 따서 이름 지어졌다. 그는 그의 만화에 이 복잡한 장치를 그렸다. 당신은 TV 쇼, 영화 또는 심지어 과학 수업에서도 이 장치를 찾을 수 있다.

① A Rube Goldberg machine is **a device** [**that** carries out a simple task in a very complicated way].
→ [ ]는 선행사 a device를 수식하는 주격 관계대명사절이다.
③ **Once** one process ends, the next one begins immediately.
→ once 는 '일단 ~하면'의 의미로, 〈조건〉을 나타내는 접속사이다.
④ For example, **here is** *a Rube Goldberg machine* [*that* gives a dog a tasty treat].
→ 부사 here가 문장 앞에 위치해서 주어(a Rube Goldberg machine … treat)와 동사(is)가 도치되었다.
→ [ ]는 선행사 a Rube Goldberg machine을 수식하는 주격 관계대명사절이다.
⑥ **As** the toy car rolls, it pushes the treat *off the table* and *onto the floor*.
→ as는 '~하면서'의 의미인 접속사이다.
→ 전치사구 off the table과 onto the floor가 접속사 and로 병렬 연결되어 있다.
⑩ This kind of machine was named after **Rube Goldberg, an American cartoonist and inventor** [*who* lived from 1883 to 1970].
→ Rube Goldberg와 an American cartoonist … to 1970는 동격 관계이다.
→ [ ]는 선행사 an American cartoonist and inventor를 수식하는 주격 관계대명사절이다.

본책 • pp. 82–83

2

정답 1 ①   2 ②   3 ④   4 weight, pipe, tray

**문제
해설**

1 고대 이집트 신전의 사제들이 하던 일을 대신하는 Hero의 발명품에 관한 내용이므로, 제목으로는 ① '사제의 일을 한 기계'가 가장 알맞다.
② 자동판매기의 역사   ③ Hero of Alexandria의 첫 발명품
④ 자동판매기 사용하기: 현대적이게 되는 방법   ⑤ 사제들의 문제들: 돈과 시간을 절약하는 방법

2 Hero가 자동판매기를 발명함으로써 이 문제들을 해결했다는 주어진 문장은 사제들의 문제를 언급하는 문장 ④-⑤ 뒤에 오는 것이 알맞다. 주어진 문장의 these problems는 문장 ④-⑤의 내용을 가리키고, 문장 ⑥의 this machine은 주어진 문장의 the first vending machine을 가리킨다.

3 Hero의 발명품으로 사제들은 물을 나누어 주느라 시간을 많이 들일 필요가 없었으며, 사람들이 돈을 지불한 만큼의 성수만 주었으므로, 빈칸에는 ④ '시간과 성수를 절약하다'가 가장 알맞다.

① 더 많은 방문객들을 끌어모으다   ② 어느 때보다 더 바빠지다

③ 더 많은 성수를 준비하다   ⑤ 더 적은 돈을 쓰지만 피곤해지다

4   동전의 무게가 파이프를 열었기 때문에, Hero의 자동 물 분배기는 오직 동전이 쟁반 위에 있는 동안에만 성수를 제공했다.

본문 직독 직해

① Vending machines are a modern convenience / that many people use. / ② Surprisingly,
자동판매기는 현대의 편의 시설이다   많은 사람이 이용하는   하지만 놀랍게도

however, / modern people were not the first / to use them. /
현대인이 최초는 아니었다   그것들을 이용한

③ In ancient Egypt, / people bought holy water / to wash themselves / before entering a
고대 이집트에서   사람들은 성수를 샀다   자신들을 씻기 위해   신전에 들어가기 전에

temple. / ④ Priests often distributed holy water, / but this took a long time. / ⑤ However, /
    사제들이 대개 성수를 나누어 주었다   그러나 이것은 시간이 오래 걸렸다   하지만

without the priests, / people could take more water / than they paid for. / A Greek engineer
사제들이 없으면   사람들은 더 많은 물을 가져갈 수 있었다   그들이 지불한 것보다   Hero of Alexandria라는

named Hero of Alexandria / solved these problems / by inventing the first vending machine /
이름의 한 그리스 기술자가   이 문제들을 해결했다   최초의 자동판매기를 발명함으로써

in 215 BC. / ⑥ So how did this machine work? / ⑦ When a visitor put a coin in the machine, /
기원전 215년에   그러면 이 기계는 어떻게 작동했을까   방문객이 그 기계에 동전을 넣으면

it fell onto one side of a long tray. / ⑧ Its weight caused the tray to tilt, / which opened a pipe /
그것은 긴 쟁반의 한 쪽 위로 떨어졌다   그것의 무게는 그 쟁반이 기울게 했다   그리고 그것은 파이프를 열었다

at the bottom of the machine. / ⑨ This allowed the holy water to flow out. / ⑩ When the
그 기계의 바닥에 있는   이것은 성수가 흘러나오도록 했다   그 동전이

coin slid off the tray, / the pipe closed / and no more water came out. / ⑪ Thanks to Hero's
쟁반에서 미끄러져 떨어지면   그 파이프가 닫혔다   그리고 더 이상의 물이 나오지 않았다   Hero의

automatic water dispenser, / many ancient priests were able to save time and holy water! /
자동 물 분배기 덕분에   많은 고대의 사제들은 시간과 성수를 절약할 수 있었다

본문 해석

    자동판매기는 많은 사람이 이용하는 현대의 편의 시설이다. 하지만 놀랍게도, 현대인이 그것들을 이용한 최초는 아니었다.

    고대 이집트에서, 사람들은 신전에 들어가기 전에 자신들을 씻기 위해 성수를 샀다. 사제들이 대개 성수를 나누어 주었는데, 이것은 시간이 오래 걸렸다. 하지만, 사제들이 없으면, 사람들은 그들이 지불한 것보다 더 많은 물을 가져갈 수 있었다. Hero of Alexandria라는 이름의 한 그리스 기술자가 기원전 215년에 최초의 자동판매기를 발명함으로써 이 문제들을 해결했다. 그러면 이 기계는 어떻게 작동했을까? 방문객이 그 기계에 동전을 넣으면, 그것은 긴 쟁반의 한 쪽 위로 떨어졌다. 그것의 무게는 그 쟁반이 기울게 했고, 그것은 그 기계의 바닥에 있는 파이프를 열었다. 이것은 성수가 흘러나오도록 했다. 그 동전이 쟁반에서 미끄러져 떨어지면, 그 파이프가 닫히고 더 이상의 물이 나오지 않았다. Hero의 자동 물 분배기 덕분에, 많은 고대의 사제들은 시간과 성수를 절약할 수 있었다!

구문 해설

① Vending machines are **a modern convenience** [**that** many people use].

➡ [ ]는 선행사 a modern convenience를 수식하는 목적격 관계대명사절이다

② Surprisingly, however, modern people were not the first [**to use** them].
  ➡ [ ]는 the first를 수식하는 형용사적 용법의 to부정사구이다.

③ In ancient Egypt, people bought holy water **to wash** *themselves* before entering a temple.
  ➡ to wash는 '씻기 위해'의 의미로 〈목적〉을 나타내는 부사적 용법의 to부정사이다.
  ➡ themselves는 people을 대신하는 재귀대명사이다.

⑧ Its weight **caused the tray to tilt**, *which* opened a pipe at the bottom of the machine.
  ➡ 「cause+목적어+to-v」는 '~가 …하게 하다'의 의미이다.
  ➡ 「, which」는 계속적 용법의 관계대명사로, 이 문장에서 which는 앞 절 전체를 선행사로 한다.

⑫ A Greek engineer [**named** Hero of Alexandria] solved these problems *by inventing* ….
  ➡ [ ]는 A Greek engineer를 수식하는 과거분사구이다.
  ➡ 「by+v-ing」은 '~함으로써'의 의미이다.

본책 • pp. 84-85

3

정답 1 ① 2 ③ 3 ⑤ 4 (1) Multipurpose (2) LED lights (3) strong (4) reflect

**문제
해설**

1 LED 조명을 이용해 다양한 스포츠를 즐길 수 있게 하는 체육관 바닥에 관한 글이므로, 제목으로는 ① '다양한 스포츠를 위한 단 하나의 바닥'이 가장 적절하다.

② 세상에서 가장 튼튼한 체육관 바닥   ③ 체육관 바닥의 발달 역사
④ LED: 스포츠의 미래를 위한 기술   ⑤ LED의 장단점

2 (A) 빈칸 앞에 한 독일 회사가 멋진 생각을 떠올렸다는 내용이 오고, 빈칸 뒤에 농구코트에서 배구 코트로 바뀔 수 있다는 예시가 오므로 빈칸에는 for example(예를 들어)이 가장 알맞다.
(B) 빈칸 앞에서 LED 조명을 이용한 다목적 체육관 바닥의 장점이 나오고 빈칸 뒤에 또 다른 장점이 추가로 언급되므로, 빈칸에는 첨가의 의미를 나타내는 Moreover(게다가)가 적절하다.

① 그럼에도 불구하고 ······ 그러나   ② 예를 들어 ······ 그러나
④ 반면에 ······ 게다가   ⑤ 반면에 ······ 그렇지 않으면

3 ⑤ 밑줄 친 a brilliant idea는 독일 회사가 만든 체육관 바닥을 가리키며, 문장 ⑩에서 센서가 달린 공을 이용하면 심판들이 더 나은 판단을 빠르게 할 수 있다고 했으므로, 심판의 역할은 많아지기 보다는 줄어든다고 볼 수 있다.
①은 문장 ④에, ②는 문장 ⑤에, ③은 문장 ⑥, ⑧에, ④는 문장 ⑧에 언급되어 있다.

4

(1) 다목적 코트가 구성되는 자재

자재	기능
(2) LED 조명	선들과 표시들을 바닥에 보여 주기
알루미늄 틀	바닥을 그 위에서 스포츠를 경기할 만큼 충분히 **(3) 강하게** 만들기
특별한 유리	빛을 **(4) 반사하지** 않기

① A different court is used / for each different sport / because every game requires / its
　　각기 다른 코트가 사용된다　　　　각각의 다른 스포츠에는　　　　　모든 경기는 필요로 하기 때문에　　　　　그것

own lines and markings. / ② But what if you wanted to play two sports / on one court? / ③ It
자신만의 선들과 표시들을　　　　하지만 당신이 두 가지 스포츠를 하기 원한다면 어떻게 될까　　한 코트에서

would take a lot of time and money / to repaint the gym floor. /
많은 시간과 돈이 들 것이다　　　　　　체육관 바닥을 다시 칠하는 데

④ However, / a German company came up with a brilliant idea. / ⑤ By simply pressing a
　　하지만　　　한 독일 회사가 멋진 생각을 떠올렸다　　　　　　간단히 버튼을 누름으로써

button, / a court can be switched, / for example, / from a basketball court to a volleyball court. /
코트는 바뀔 수 있다　　　예를 들어　　　농구 코트에서 배구 코트로

⑥ The gym floor has LED lights / beneath a surface of hard glass. / ⑦ They show the lines and
　그 체육관 바닥은 LED 조명이 있다　　강화 유리의 표면 아래에　　　　그것들은 선들과 표시들을

markings / for different sports / and can be changed / in a second. / ⑧ Also, / an aluminum
보여 준다　　각기 다른 스포츠를 위한　　그리고 바뀔 수 있다　　순식간에　　또한　　알루미늄

frame protects the floor, / so it is strong / enough to bounce balls on. / ⑨ Moreover, / its
틀이 바닥을 보호한다　　그래서 그것은 강하다　(그것) 위에서 공을 튀길 만큼 충분히　게다가　그것의

special glass does not reflect the light. / ⑩ Plus, / with balls that have sensors, / referees can
그것의 특별한 유리는 빛을 반사하지 않는다　더욱이　센서가 있는 공들로　　　심판들은 볼 수

see / digitally marked landing spots / so that they can quickly make better judgments. / ⑪ In
있다　디지털로 표시된 낙하지점들을　　　그들이 더 나은 판단을 빠르게 하기 위해

the near future, / this multipurpose floor could change / the way sports are played. /
가까운 미래에　　이 다목적 바닥은 바꿀 수도 있다　　　스포츠가 경기되는 방식을

　　모든 경기는 그것 자신만의 선들과 표시들을 필요로 하기 때문에 각각의 다른 스포츠에는 각기 다른 코트가 사용된다. 하지만 당신이 한 코트에서 두 가지 스포츠를 하기 원한다면 어떻게 될까? 체육관 바닥을 다시 칠하는 데 많은 시간과 돈이 들 것이다.

　　하지만, 한 독일 회사가 멋진 생각을 떠올렸다. 간단히 버튼을 누름으로써, 코트는 예를 들어, 농구 코트에서 배구 코트로 바뀔 수 있다. 그 체육관 바닥은 강화 유리의 표면 아래에 LED 조명이 있다. 그것들은 각기 다른 스포츠를 위한 선들과 표시들을 보여 주고 순식간에 바뀔 수 있다. 또한, 알루미늄 틀이 바닥을 보호하므로, 그것은 그것 위에서 공을 튀길 만큼 충분히 강하다. 게다가, 그것의 특별한 유리는 빛을 반사하지 않는다. 더욱이, 센서가 있는 공들로 심판들은 더 나은 판단을 빠르게 하기 위해 디지털로 표시된 낙하지점들을 볼 수 있다. 가까운 미래에, 이 다목적 바닥은 스포츠가 경기되는 방식을 바꿀 수도 있다.

② But **what if you wanted** to play two sports on one court?
→ 「what if+주어+동사의 과거형?」은 '~라면 어떻게 될까?'의 의미인 가정법 과거로, 현재 사실의 반대나 일어날 것 같지 않은 일을 가정·상상해 질문한다.

③ It *would* **take a lot of time and money to repaint** the gym floor.
→ 「it takes+시간/노력/돈+to-v」는 '~하는 데 …가 들다'의 의미이다.
→ would는 가정을 나타내는 조동사로 '~일 것이다'의 의미이다.

⑧ Also, an aluminum frame protects the floor, so it is **strong enough to bounce** balls on.
→ 「형용사+enough+to-v」는 '~할 만큼 충분히 …한'의 의미이다.

⑩ Plus, with **balls** [**that** have sensors], referees can see digitally marked landing spots *so that they can* quickly make better judgments.

➡ [ ]는 선행사 balls를 수식하는 주격 관계대명사절이다.

➡ 「so that+주어+can」은 '~가 …하기 위해'의 의미로 〈목적〉을 나타낸다.

⑪ … , this multipurpose floor could change **the way** [(how) sports are played].

➡ [ ]는 선행사 the way를 수식하는 관계부사절이다. 선행사 the way와 관계부사 how는 함께 쓸 수 없다.

본책 • pp. 86-87

4

정답 1 ③　　2 (1) F (2) T　　3 to tell the world about the tragedy (he had seen)

4 (1) organization　(2) aid[help]　(3) medical

문제 해설

1 Henry Dunant이 솔페리노 전투 후에 써 낸 책이 국제 적십자 위원회의 창설과 1864년 제네바 협약을 고무하는 데 도움을 주었다는 내용의 글이므로, 제목으로 ③ '전장을 바꾼 한 권의 책'이 가장 알맞다.

[문제] 글의 제목으로 가장 알맞은 것은?

① 대 전투를 시작시킨 이야기　　　　② 전장의 용감한 자원봉사자들

④ 더 나은 세상을 위해 협력하는 국가들　　⑤ 부상자들을 위한 치료의 중요성

2 (1) 문장 ①-③에서 솔페리노 전투 후에 다친 군인에게 의료적 도움을 제공할 사람이 아무도 없었다고 했다.

(2) 문장 ⑩에서 1864년 제네바 협약은 전장에서의 적절한 행위에 대한 협약이라고 했다.

[문제] 글의 내용과 일치하면 T, 그렇지 않으면 F를 쓰시오.

(1) 솔페리노 전투 후에, Dunant은 다친 군인들을 치료했다.

(2) 1864 제네바 협약은 전장에 적용된다.

3 문장 ⑤에 언급되어 있다.

[문제] Dunant이 〈솔페리노의 회고〉를 쓴 이유는 무엇인가? 영어로 쓰시오.

4 [문제] 글의 단어를 이용하여 빈칸을 채우시오.

Dunant의 제안들	결과
국가들은 전투에서 다친 군인들을 (2) 돕는 자원봉사자들의 (1) 단체를 만들어야 한다.	국제 적십자 위원회
국가들은 전장에서 모든 국적의 다친 군인들을 치료하고 (3) 의료진들을 보호해야 한다.	1864년 제네바 협약

본문 직독 직해

① In 1859, Henry Dunant, a Swiss businessman, / happened to see the battlefield /
1859년, 스위스 사업가인 Henry Dunant은　　　　　　　우연히 전장을 보았다

after the Battle of Solferino had finished. / ② He saw / at least 40,000 soldiers lying dead
솔페리노 전투가 끝난 후에　　　　　　그는 보았다　최소 4만 명의 군인들이 죽거나

or hurt / on the ground. / ③ Sadly, / nobody was there / to offer them any medical help. /
다쳐 누워 있는 것을　　땅 위에　　　불행히도　그곳에는 아무도 없었다　그들에게 의료적 도움을 제공할

④ Dunant could not stop thinking / about what he had seen. /
Dunant은 생각하는 것을 멈출 수 없었다　　그가 봤던 것에 대해

⑤ To tell the world about the tragedy, / he wrote a book titled *A Memory of Solferino*. / ⑥ In
그 비극을 세상에 알리기 위해　　　　　그는 〈솔페리노의 회고〉라는 제목의 책을 썼다

the book, / Dunant called for a national organization of volunteers / who would aid / soldiers
그 책에서　　Dunant은 국가적인 자원봉사자들의 단체를 요구했다　　　　　도울　　　　

wounded in combat. / ⑦ This led to the creation / of the International Committee of the Red
전투에서 다친 군인들을　　이것은 창설로 이어졌다　　국제 적십자 위원회의

Cross. / ⑧ He also insisted / that doctors and nurses working on the battlefield / should not
　　그는 또한 주장했다　　전장에서 일하는 의사와 간호사들이　　　　　　　　　다쳐서는

be harmed. / ⑨ He wanted them to be able to treat / every wounded soldier, / regardless of
안 된다고　　그는 그들이 치료할 수 있기를 원했다　　모든 다친 군인을　　국적에 상관없이

nationality. / ⑩ This inspired an important international agreement / about proper behavior
　　　이것은 한 중요한 국제 협약을 고무했다　　　　　전장에서의 적절한 행위에 대한

on the battlefield, / known as the 1864 Geneva Convention. / ⑪ It was just one book, / but it
　　　　　　1864년 제네바 협약으로 알려진　　　　　　그것은 단지 한 권의 책이었다　하지만

helped / make the terrible battlefield less tragic. /
그것은 도왔다　끔찍한 전장을 덜 비극적으로 만드는 것을

본문 해석

　　1859년, 스위스 사업가인 Henry Dunant은 솔페리노 전투가 끝난 후에 우연히 전장을 보았다. 그는 적어도 4만 명의 군인들이 죽거나 다쳐 땅 위에 누워 있는 것을 보았다. 불행히도, 그곳에는 그들에게 의료적 도움을 제공할 사람이 아무도 없었다. Dunant은 그가 봤던 것에 대해 생각하는 것을 멈출 수 없었다.

　　그 비극을 세상에 알리기 위해, 그는 〈솔페리노의 회고〉라는 제목의 책을 썼다. 그 책에서, Dunant은 전투에서 다친 군인들을 도울 국가적인 자원봉사자들의 단체를 요구했다. 이것은 국제 적십자 위원회의 창설로 이어졌다. 그는 또한 전장에서 일하는 의사와 간호사들이 다쳐서는 안 된다고 주장했다. 그는 그들이 모든 다친 군인을 국적에 상관없이 치료할 수 있기를 원했다. 이것은 1864년 제네바 협약으로 알려진 전장에서의 적절한 행위에 대한 중요한 국제 협약을 고무했다. 그것은 단지 한 권의 책이었지만, 끔찍한 전장을 덜 비극적으로 만드는 것을 도왔다.

구문 해설

③ Sadly, **nobody was** there *to offer* them any medical help.
→ nobody는 '아무도 ~ 않다'의 의미로, 단수 취급한다.
→ to offer는 nobody를 수식하는 형용사적 용법의 to부정사이다.

④ Dunant could not **stop thinking** about [*what* he <u>had seen</u>].
→ 「stop+v-ing」는 '~하는 것을 멈추다'의 의미이다. (*cf.* 「stop+to-v」: ~를 하기 위해 멈추다)
→ [ ]는 전치사 about의 목적어로 쓰인 명사절이다. what은 '~하는 것'의 의미인 선행사를 포함하는 관계대명사이다.
→ had seen은 대과거(had+p.p.)로, 본 것(had seen)이 멈출 수 없었던 것(could not stop)보다 먼저 일어났음을 나타낸다.

⑧ He also insisted [**that** doctors and nurses {*working* on the battlefield} should not be harmed].
→ that은 명사절을 이끄는 접속사로, [ ]는 동사 insisted의 목적어로 쓰였다.
→ { }는 doctors and nurses를 수식하는 현재분사구이다.

정답 **1** 1) insisted 2) tilted **2** ③ **3** here is a Rube Goldberg machine that gives a dog a tasty treat **4** ③ **5** ④ **6** distribute **7** ④ **8** 두 스포츠를 한 코트에서 하고 싶을 때 체육관 바닥을 다시 칠하면 시간과 돈이 많이 들기 때문에

문제 해설

1 1) 그 남자는 그 자리가 자신의 것이라고 <u>주장했다</u>.
2) 테이블이 약간 <u>기울어서</u> 펜이 굴러떨어졌다.

2 modern(현대의)과 반대 의미의 단어는 ③ 'ancient(고대의)'이다.

> 그 박물관은 많은 <u>현대의</u> 그림을 보유하고 있다.

① 신성한 ② 복잡한 ④ 국가의 ⑤ 자동의

3 '~가 여기 있다'라는 의미인 「here is[are]+명사」와 a Rube Goldberg machine을 수식하는 주격 관계대명사절을 이용한다.

4 강아지가 닿을 수 있는 것으로, 앞 문장에 언급된 테이블에서 바닥으로 떨어진 간식이다.

5 빈칸 뒤에는 그리스 기술자가 발명한 자동판매기가 어떻게 작동했는지에 대한 설명이 언급되었으므로, 빈칸에는 ④ '이 기계가 어떻게 작동했을까'가 알맞다.
① 누가 이 기계를 발명했는가
② 이 기계는 무엇으로 만들어졌는가
③ 이 기계는 어디에 설치되었는가
⑤ 엔지니어들은 얼마나 많은 돈을 벌었는가

6
> 어떤 것을 다른 사람들에게 나누어 주거나 전하다

7 ④ 빛을 반사하지 않는다고 했다.

8 디지털 코트는 두 스포츠를 한 코트에서 하고 싶을 때 체육관 바닥을 다시 칠하면 시간과 돈이 많이 들어서 만들어졌다고 했다.
> Q. 왜 이 새로운 디지털 코트가 발명되었는가?

본책 • pp. 92-93

1

정답　　1 ③　　2 ②　　3 ⓐ: The flowers　ⓑ: These unique roofs　　4 (1) population　(2) absorbing

문제해설

1 벌의 개체수 감소에 대한 해결책으로 만든 벌 버스 정류장이 인간과 자연에게 모두 도움이 된다는 내용의 글이므로, 제목으로는 ③ '인간과 자연에 유익한 버스 정류장'이 가장 알맞다.

① 왜 벌은 버스 정류장에 끌리는가?

② 꽃가루 매개자를 위한 운송 체계

④ 버스 정류장을 꽃밭으로 바꾸자

⑤ 벌을 시원하게 하는 것은 그들이 건강하게 유지하는 것을 돕는다

2 (A): 앞에서 벌의 서식지가 감소하고 있다고 했으므로, 자연 지역이 '사라지고(disappearing)' 있다는 내용이 자연스럽다.

(B): 앞에서 벌과 다른 꽃가루 매개자들이 가장 좋아하는 꽃으로 정류장 지붕의 정원이 조성된다고 했으므로, 꽃가루 매개자 개체수가 '감소하는(decreasing)' 것을 막는다는 내용이 자연스럽다.

(C): 뒤에 여름에 도시를 더 시원하게 만드는 등의 이점들이 언급되고 있으므로, 다른 '이점들(benefits)'이 있다는 내용이 자연스럽다.

① 사라지는 …… 증가하는 …… 손상들　　② 사라지는 …… 감소하는 …… 이점들

③ 사라지는 …… 증가하는 …… 이점들　　④ 나타나는 …… 감소하는 …… 이점들

⑤ 나타나는 …… 증가하는 …… 손상들

3 (1) 문장 ⑧에 언급되어 있다.

(2) 문장 ⑪에 언급되어 있다.

4

벌 버스 정류장

그것들의 목적은 무엇인가?	그것들은 벌들과 다른 꽃가루 매개자들의 (1) 개체수 감소를 막는 데 도움을 준다.
그것들은 어떻게 사람들에게 도움을 주는가?	그것들은 빛과 열을 (2) 흡수함으로써 여름에 도시를 시원하게 유지할 수 있다.

본문 직독 직해

① Bees are pollinators. / ② They help us grow plants / by transferring pollen / from flower
　벌들은 꽃가루 매개자이다　　　그들은 우리가 식물을 기르도록 도와준다　꽃가루를 옮겨　　　꽃에서

to flower. / ③ Their population, however, has been decreasing / due to habitat loss. / ④ As
꽃으로　　　　　그러나 그들의 개체수는 줄어들고 있다　　　　　서식지 감소로 인해

cities and towns expand, / natural areas are disappearing. / ⑤ This is why / bee bus stops were
도시와 마을이 확장되면서　　　자연 지역이 사라지고 있다　　　이것이 ~ 이유이다　벌 버스 정류장이

created. /
만들어진

⑥ Bee bus stops are found / in some European countries, / including the Netherlands and
　벌 버스 정류장은 발견된다　　일부 유럽 국가에서　　　　　　네덜란드와 영국을 포함한

the UK. / ⑦ They are similar / to normal bus stops, / except for the small gardens / on their
the UK.　그들은 비슷하다　　일반 버스 정류장과　　　　작은 정원을 제외하고는　　　그들의

roofs. / ⑧ The flowers in these gardens were specially selected / by experts. / ⑨ They are
지붕에 있는　이 정원의 꽃들은 특별히 선택되었다　　　　　전문가들에 의해　　그것들은

favorites of bees and other pollinators. / ⑩ So / they help / stop pollinator populations from
벌과 다른 꽃가루 매개자들이 가장 좋아하는 것이다　　　그래서　그것들은 도움이 된다　꽃가루 매개자 개체수가 감소하는
decreasing. /
것을 막는 데

⑪ These unique roofs have other benefits / as well. / ⑫ In summer, / their plants help cool
이 독특한 지붕은 다른 이점들 가지고 있다　　　역시　　　여름에　　　그것들의 식물은 도시를
the city / by absorbing extra light and heat. / ⑬ They are also made from materials / that were
시원하게 하는 것을 돕는다　추가적인 빛과 열을 흡수함으로써　그것들은 또한 재료로 만들어진다　　　　　　
either recycled or upcycled. / ⑭ These eco-friendly bus stops will help both bees and humans /
재활용되거나 업사이클링 된　　　이러한 친환경 버스 정류장은 벌과 인간 모두를 도울 것이다
by creating a sustainable environment. /
지속 가능한 환경을 조성함으로써

본문 해석

　　벌들은 꽃가루 매개자이다. 그들은 꽃가루를 꽃에서 꽃으로 옮겨 우리가 식물을 기르도록 도와준다. 그러나 그들의 개체수는 서식지 감소로 인해 줄어들고 있다. 도시와 마을이 확장되면서, 자연 지역이 <u>사라지고</u> 있다. 이것이 벌 버스 정류장이 만들어진 이유이다.

　　벌 버스 정류장은 네덜란드와 영국을 포함한 일부 유럽 국가에서 발견된다. 그들은 지붕에 있는 작은 정원을 제외하고는 일반 버스 정류장과 비슷하다. 이 정원의 꽃들은 전문가들에 의해 특별히 선택되었다. 그것들은 벌과 다른 꽃가루 매개자들이 가장 좋아하는 것이다. 그래서 그것들은 꽃가루 매개자 개체수가 <u>감소하는</u> 것을 막는 데 도움이 된다.

　　이 독특한 지붕은 다른 <u>이점들</u> 역시 가지고 있다. 여름에 그것들의 식물은 추가적인 빛과 열을 흡수함으로써 도시를 시원하게 하는 것을 돕는다. 그것들은 또한 재활용되거나 업사이클링 된 재료로 만들어진다. 이러한 친환경 버스 정류장은 지속 가능한 환경을 조성함으로써 벌과 인간 모두를 도울 것이다.

구문 해설

② They **help us grow** plants *by transferring* pollen from flower to flower.
　→ 「help+목적어+동사원형[to-v]」은 '~가 …하는 것을 돕다'의 의미이다.
　→ 「by+v-ing」는 '~함으로써'의 의미로, 〈방법〉을 나타낸다.
③ Their population, however, **has been decreasing** *due to* habitat loss.
　→ has been decreasing은 「have[has] been+v-ing」의 현재완료진행형으로 과거의 어느 시점부터 지금까지 진행되고 있는 일을 강조하기 위해 썼다.
　→ due to는 '~ 때문에'의 전치사이다.
⑤ **This is why** bee bus stops were created.
　→ this is why ~는 '이것이 ~한 이유이다'의 의미로, 뒤에 결과에 해당하는 내용이 온다.
⑧ The flowers [in these gardens] **were** specially **selected** by experts.
　→ [ ]는 The flowers를 수식하는 전치사구이다.
　→ were selected는 '선택되었다'의 의미의 수동태(be+p.p.)이다.
⑩ So they **help** *stop pollinator populations from decreasing.*
　→ 「help+동사원형[to-v]」은 '~하는 것을 돕다'의 의미이다.
　→ 「stop+목적어+from+v-ing」는 '~가 …하는 것을 막다'의 의미이다.

⑬ They are also made from **materials** [**that** were *either recycled or upcycled*].

→ [ ]는 선행사 materials를 수식하는 주격 관계대명사절이다.

→ 「either A or B」는 'A 또는 B 둘 중 하나'의 의미이다.

2

정답 **1** ④   **2** ③   **3** (1) T (2) T   **4** highest, tallest, sea[ocean]

문제 해설

1 해발 고도를 기준으로 하면 세계에서 가장 높은 산은 에베레스트산이고, 전체 키를 기준으로 하면 마우나케아가 가장 키가 큰 산이라는 내용의 글로, 글의 요지로 ④가 가장 알맞다.

2 인터넷에서 가장 높은 산을 검색하면 결과는 대부분 에베레스트산이라는 내용의 (B), 하지만 가장 키가 큰 산을 검색하면 마우나케아라는 결과를 얻게 되는데, 전혀 그렇게 보이지 않는다는 내용의 (C), 마우나케아가 높아 보이지 않는 이유를 설명하는 내용인 (A)의 흐름이 가장 알맞다.

3 (1) 문장 ①에서 마우나케아의 절반 이상이 바다 아래에 있다고 했다.

(2) 문장 ⑤에서 에베레스트산의 해발 고도는 8,848m이고, 문장 ⑨에서 마우나케아의 해발 고도는 4,205m라고 했으므로, 두 배 이상임을 알 수 있다.

4
> 에베레스트산은 세계에서 <u>가장 높은</u> 산이지만 마우나케아는 <u>가장 키가 큰</u> 산인데, 마우나케아의 절반 이상이 <u>바다</u> 아래에 있기 때문이다.

본문 직독 직해

④ If you search for "the highest mountain in the world" / on the Internet, / most of the
만약 당신이 '세계에서 가장 높은 산'을 검색한다면   인터넷에서   대부분의

results will say / it is Mt. Everest. / ⑤ Those results will also tell you / that Mt. Everest's peak is
결과들은 말할 것이다 그것이 에베레스트산이라고 그 결과들은 또한 당신에게 말할 것이다 에베레스트산의 정상이

8,848 meters above sea level. /
해발 8,848m라고

⑥ However, / if you change the search words slightly, / you will get different results. /
하지만   만약 당신이 검색어를 약간 바꾼다면   당신은 다른 결과들을 얻을 것이다

⑦ Change "the highest" to "the tallest." / ⑧ Then the results will most likely say / it is Mauna
'가장 높은'을 '가장 키가 큰'으로 변경하라   그러면 그 결과들은 아마도 틀림없이 말할 것이다   그것이

Kea, a Hawaiian volcano. / ⑨ It does not seem to be the tallest mountain at all, / because it
하와이의 화산인 마우나케아라고   그것은 전혀 가장 키가 큰 산으로 보이지 않는다   그것이

only reaches 4,205 meters / above sea level. /
겨우 4,205m에 이르기 때문에   해발

① However, / over half of it is hidden / under the sea. / ② From its true base / at the bottom
하지만   그것의 절반 이상이 숨겨져 있다 바다 아래에   그것의 진짜 바닥부터   바다의

of the ocean / to its peak, / it is 10,203 meters tall! / ③ So, / Mauna Kea is more than one
밑바닥에 있는   그것의 정상까지   그것은 키가 10,203m이다   그래서 마우나케아는 1km 이상

kilometer taller / than Mt. Everest, / even though it is not as high. /
더 키가 크다   에베레스트산보다   비록 그것이 그만큼 높지는 않더라도

(B) 만약 당신이 인터넷에서 '세계에서 가장 높은 산'을 검색한다면, 대부분의 결과들은 그것이 에베레스트산이라고 말할 것이다. 그 결과들은 또한 에베레스트산의 정상이 해발 8,848m라고도 말할 것이다.

(C) 하지만, 만약 당신이 검색어를 약간 바꾼다면, 당신은 다른 결과들을 얻을 것이다. '가장 높은'을 '가장 키가 큰'으로 변경하라. 그러면 그 결과들은 아마도 틀림없이 그것이 하와이의 화산인 마우나케아라고 말할 것이다. 그것은 전혀 가장 키가 큰 산으로 보이지 않는데, 그것이 겨우 해발 4,205m에 이르기 때문이다.

(A) 하지만, 그것의 절반 이상이 바다 아래에 숨겨져 있다. 바다의 밑바닥에 있는 그것의 진짜 바닥부터 정상까지, 그것은 키가 10,203m이다! 그래서 마우나케아는 비록 에베레스트산만큼 높지는 않더라도, 그것보다 1km 이상 더 키가 크다.

① However, over **half of it is** hidden under the sea.
→ half of 뒤에 오는 (대)명사의 수에 동사를 일치시킨다.

③ So, Mauna Kea is more than one kilometer taller than Mt. Everest, **even though** it is not *as high* (as Mt. Everest).
→ even though는 '비록 ~일지라도'의 의미의 접속사이다.
→ 원급 비교인 as high 뒤에 비교 대상인 as Mt. Everest가 생략되었다.

⑤ Those results will also tell you [**that** Mt. Everest's peak is 8,848 meters above sea level].
→ that은 명사절을 이끄는 접속사로, [ ]는 tell의 직접목적어로 쓰였다.

⑨ It does **not** seem to be the tallest mountain **at all**, because it only reaches 4,205 meters above sea level.
→ 「not ~ at all」은 '전혀 ~ 않다'의 의미이다.

본책 • pp. 96-97

3

1 ③　　**2** ③　　**3** ④　　**4** 많은 각기 다른 종류의 바나나를 재배하는 것

1 세계 생산량의 대부분을 차지하는 Cavendish 품종의 바나나가 새로운 종류의 파나마병으로 인해 위협받고 있다는 내용의 글이므로, 제목으로 ③ '바나나의 멸종: 정말 일어나고 있는가?'가 가장 적절하다.
① 바나나 나무를 재배하는 방법　　　　　　② 세계적으로 가장 유명한 바나나
④ 남아메리카에서 바나나를 보호하는 가장 좋은 방법　　⑤ 경쟁자들: Gros Michel과 Cavendish

2 바나나 나무는 씨앗을 심어 키우지 않고 바나나 나무의 조각을 심어 번식시키기 때문에 질병이 쉽게 확산된다고 설명하는 부분이므로, 바나나가 본래 자랐던 지역을 언급하는 내용의 (c)는 흐름과 관계없다.

3 ④ Cavendish를 대체할 품종은 언급되지 않았다.
①은 문장 ①-③에서 1965년 이후임을 알 수 있고, ②는 문장 ⑤를 통해 파나마 병의 새로운 종류가 위협하기 때문임을 알 수 있고, ③은 문장 ⑥에서 아시아와 호주, 아프리카, 남아메리카라고 했고, ⑤는 문장 ⑦과 ⑨에서 다른 바나나 나무의 작은 조각에서 자란다고 했다.

4 문장 ⑪에 언급되어 있다.

① Until 1965, / the world ate a more delicious type of banana, / the Gros Michel. /
1965년까지　　세계는 더 맛있는 종류의 바나나를 먹었다　　　Gros Michel이라는

② However, / Panama disease killed / almost all of the Gros Michel plants. / ③ Banana
그러나　　　파나마병이 죽게 했다　　거의 모든 Gros Michel 나무를

growers then began / to depend on a different type of banana, / the Cavendish. / ④ Now, /
그래서 바나나 재배자들은 시작했다　다른 종류의 바나나에 의존하기　　　Cavendish라는　　이제

almost all bananas in the world / are grown from this type of plant. / ⑤ However, / a new type
세계의 거의 모든 바나나가　　　이 종류의 나무에서 재배된다　　　그러나　　그 질병의

of the disease / is threatening the Cavendish / as well. / ⑥ This disease has already spread / to
새로운 종류가　　Cavendish를 위협하고 있다　　역시　　이 질병은 이미 퍼졌다

Asia, Australia, and Africa, / and is now endangering South America. / ⑦ The problem is /
아시아와 호주, 아프리카에　　　그리고 이제는 남아메리카를 위험에 빠뜨리고 있다　　문제는 ~이다

that banana plants do not grow / from seeds. / (⑧ Bananas originally grew / in South East
바나나 나무가 자라지 않는다는 것　　씨앗에서　　바나나는 본래 자랐다　　동남아시아와

Asia and India. /) ⑨ Instead, / they grow from small pieces / of other banana plants. / ⑩ So
인도에서　　　대신　　그것들은 작은 조각에서 자란다　　다른 바나나 나무의　　　그래서

if one plant has a disease, / all of the plants / that grow from it / will also be easily affected /
나무 하나가 질병에 걸리면　　　모든 나무들은　　그것으로부터 자라는　　또한 쉽게 영향을 받게 된다

by that disease. / ⑪ Experts agree / that the only way / to save bananas / is to grow many
그 질병에 의해　　　전문가들은 동의한다　유일한 방법이　　바나나를 구할　　많은 각기

different types of bananas. / ⑫ This will make it harder / for diseases to spread / from one
다른 종류의 바나나를 재배하는 것이라는 데　이는 더 어렵게 만들 것이다　질병이 퍼지는 것을　　한 종류의

type of banana plant / to another. /
바나나 나무에서　　　다른 종류로

　　1965년까지, 세계는 더 맛있는 종류의 바나나인 Gros Michel을 먹었다. 그러나 파나마병이 거의 모든 Gros Michel 나무를 죽게 했다. 그래서 바나나 재배자들은 다른 종류의 바나나인 Cavendish에 의존하기 시작했다. 이제, 세계의 거의 모든 바나나가 이 종류의 나무에서 재배된다. 그러나, 그 질병의 새로운 종류가 Cavendish 역시 위협하고 있다. 이 질병은 이미 아시아와 호주, 아프리카에 퍼졌고, 이제는 남아메리카를 위험에 빠뜨리고 있다. 문제는 바나나 나무가 씨앗에서 자라지 않는다는 것이다. (바나나는 본래 동남아시아와 인도에서 자랐다.) 대신, 그것들은 다른 바나나 나무의 작은 조각에서 자란다. 그래서 나무 하나가 질병에 걸리면, 그것으로부터 자라는 모든 나무들 또한 그 질병에 의해 쉽게 영향을 받게 된다. 전문가들은 바나나를 구할 유일한 방법이 많은 각기 다른 종류의 바나나를 재배하는 것이라는 데 동의한다. 이는 질병이 한 종류의 바나나 나무에서 다른 종류로 퍼지는 것을 더 어렵게 만들 것이다.

⑩ So if *one plant* has a disease, **all of the plants** [**that** grow from *it*] will also be easily affected by that disease.
　➔ [ ]는 선행사 all of the plants를 수식하는 주격 관계대명사절이다.
　➔ it은 앞에서 언급된 one plant를 가리킨다.

⑪ Experts agree [**that** the only way *to save* bananas is {to grow many different types of bananas}].
　➔ that은 명사절을 이끄는 접속사로, [ ]는 동사 agree의 목적어로 쓰였다.

→ to save는 the only way를 수식하는 형용사적 용법의 to부정사이다.

→ to grow는 명사적 용법의 to부정사로, { }는 that절의 보어로 쓰였다.

⑫ This will **make** *it* **harder** *for diseases to spread from one type of banana plant to another.*

→ 「make+목적어+형용사」는 '~를 …하게 만들다'의 의미이다.

→ it은 가목적어, for diseases는 의미상 주어, to spread 이하가 진목적어이다.

정답

1 ②　　**2** (1) F　(2) T　　**3** (물고기와 악어는 사막 기후에서 살 수 없으므로) 그 당시 사하라는 사막 기후가 아니었다.

4 found[uncovered], rainfall, Green Sahara period, 5,000

문제 해설

1 사하라 사막이 과거에는 물과 생물이 많은 곳이었을지도 모른다는 내용이므로, 빈칸에는 ② '뜻밖의 과거'가 가장 알맞다.

[문제] 빈칸에 들어갈 말로 가장 알맞은 것은?

① 미래의 변화　③ 현재의 상태　④ 환경적 가치　⑤ 특이한 환경

2 (1) 문장 ③에서 그 시대는 약 11,000년 전에 시작해 약 5,000년 전까지 지속했을지도 모른다고 했다.

(2) 문장 ⑥에서 낚시 도구가 발견되었다고 했다.

[문제] 녹색 사하라 시대에 관해 글의 내용과 일치하면 T, 그렇지 않으면 F를 쓰시오.

(1) 연구자들은 그 시대가 약 8,000년 동안 지속됐다고 믿는다.

(2) 그 시대에 사하라 사막에 살았던 사람들은 낚시했다.

3 밑줄 친 문장은 '이 동물들은 사막 기후에서는 생존할 수 없었을 것이다.'라는 의미이며, 연구자들이 사막 기후에서 살 수 없는 동물인 물고기와 악어의 뼈를 발견했다는 것은 사하라 사막이 과거에는 사막 기후가 아니었다는 것을 의미한다.

[문제] 밑줄 친 문장이 암시하는 바는 무엇인가? 우리말로 쓰시오.

4 [문제] 다음 빈칸에 알맞은 단어나 표현을 글에서 찾아 쓰시오.

> 한 연구팀이 사하라 사막이 한때 많은 강우를 가졌었다는 증거를 찾았다[발견했다]. 그들은 이 시대를 녹색 사하라 시대라고 부르고, 그것은 약 5,000년 전에 끝난 것으로 생각된다.

본문 직독 직해

① When you look at the Sahara desert today, / you see a dry, lifeless land. / ② However, / it
당신이 오늘날 사하라 사막을 보면,　　　　　당신은 건조하고, 생명체가 살지 않는 땅을 본다　그러나

is believed that / the Sahara once received lots of rainfall / and had lakes and rivers. / ③ This
~라고 믿어진다　　사하라 사막이 한때 많은 강우를 받았다고　　　그리고 호수와 강이 있었다고　　　이

period, / now known as the Green Sahara period, / may have started about 11,000 years ago /
시대는　　현재 녹색 사하라 시대로 알려진　　　　약 11,000년 전에 시작했을지도 모른다

and lasted until about 5,000 years ago. / ④ What do you think this region was like / then? /
그리고 약 5,000년 전까지 계속됐을지도 모른다　　이 지역이 어땠을 것 같다고 생각하는가　　그때

⑤ A team of researchers made a surprising discovery / that helps us understand more /
한 연구팀이 놀라운 발견을 했다　　　　　　우리가 더 이해하는 것을 돕는

about this interesting time. / ⑥ They found / the skeletons of more than 200 human beings, /
이 흥미로운 시대에 대해서　　　　그들은 찾았다　　200구 이상의 인간 해골들을

along with hunting tools, fishing instruments, and other artifacts. / ⑦ They also uncovered /
사냥 도구와 낚시 도구, 다른 공예품들과 함께　　　　　　　　그들은 또한 발견했다

the bones of large fish and crocodiles. / ⑧ These animals could not have survived /
커다란 물고기와 악어의 뼈를　　　　　　　이 동물들은 생존할 수 없었을 것이다

in a desert climate. /
사막 기후에서는

　　　⑨ Can you now believe / the Sahara desert used to be very different? / ⑩ Researchers
　　　당신은 이제 믿을 수 있는가　　사하라 사막이 매우 달랐었다는 것을　　　　　　연구자들은

will continue to study this area. / ⑪ We can expect to learn more / about the Sahara desert's
이 지역을 계속 연구할 것이다　　　우리는 더 알게 될 것이라고 예상할 수 있다　사하라 사막의

unexpected past / and the ancient people / who once called the Sahara their home. /
뜻밖의 과거에 대해　　그리고 고대의 사람들에 대해　한때 사하라 사막을 그들의 집이라고 불렀던

본문 해석

　　당신이 오늘날 사하라 사막을 보면, 건조하고, 생명체가 살지 않는 땅을 본다. 그러나, 사하라 사막은 한때 많은 강우를 받았고 호수와 강이 있었다고 믿어진다. 현재 녹색 사하라 시대로 알려진 이 시대는 약 11,000년 전에 시작해서 약 5,000년 전까지 계속됐을지도 모른다. 그때 이 지역이 어땠을 것 같다고 생각하는가?

　　한 연구팀이 이 흥미로운 시대에 대해서 우리가 더 이해할 수 있도록 돕는 놀라운 발견을 했다. 그들은 사냥 도구와 낚시 도구, 다른 공예품들과 함께 200구 이상의 인간 해골들을 찾았다. 그들은 또한 커다란 물고기와 악어의 뼈를 발견했다. 이 동물들은 사막 기후에서는 생존할 수 없었을 것이다.

　　당신은 이제 사하라 사막이 매우 달랐었다는 것을 믿을 수 있는가? 연구자들은 이 지역을 계속 연구할 것이다. 우리는 사하라 사막의 <u>뜻밖의 과거</u>와 한때 사하라 사막을 그들의 집이라고 불렀던 고대의 사람들에 대해 더 알게 될 것이라고 예상할 수 있다.

구문 해설

③ This period, … , **may have *started*** about 11,000 years ago and ***lasted*** until about 5,000 years ago.
　➡ 「may have+p.p.」는 '~했을지도 모른다'의 의미로 과거에 대한 추측을 나타낸다.
　➡ 과거분사 started와 lasted는 접속사 and로 병렬 연결되어 있다.

④ **What do you think this region was** like then?
　➡ 간접의문문(what this region was)이 의문문 「do you think ~?」의 목적어로 쓰인 것으로, 「의문사+do you think+주어+동사」의 어순이다.

⑧ These animals **could not have survived** in a desert climate.
　➡ 「could not have+p.p.」는 '~할 수 없었을 것이다'의 의미로 과거에 대한 부정적 추측을 나타낸다.

Review Test

정답
1 ④　2 depend on　3 여름에 추가적인 빛과 열을 흡수함으로써 도시를 시원하게 하는 것을 돕는다.
4 ⑤　5 ①　6 peak　7 ③　8 This will make it harder for diseases to spread

문제 해설

1　uncover(알아내다)와 비슷한 의미의 단어는 ④ discover(알아내다)이다.

> 우리는 그녀의 결정 뒤에 있는 이유를 알아내려고 노력하고 있다.

① 확대하다　② 도달하다　③ 옮기다　⑤ 위협하다

2　depend on: ~에 의존하다

3　세 번째 문단 두 번째 문장에 언급되어 있다.

4　친환경 벌 버스 정류장은 벌에게 서식지를 제공하고, 도시의 열을 식히며, 재활용되거나 업사이클링 된 재료로 만들어졌다고 했으므로, 빈칸에는 ⑤ '지속 가능한'이 적절하다.
① 현대의　② 바쁜　③ 임시의　④ 인공적인

5　ⓐ는 the highest mountain in the world를 가리키고, 나머지는 Mauna Kea를 가리킨다.

6　> 산의 맨 위 부분

7　주어진 문장은 그 질병의 새로운 종류가 Cavendish를 위협하고 있다는 내용으로, 그 질병이 퍼졌다고 언급하는 문장의 앞인 ③에 들어가는 것이 가장 알맞다.

8　make 뒤에 가목적어 it을 쓰고, 진목적어 to spread는 형용사 harder 뒤에 쓴다. to spread의 의미상 주어인 for diseases는 to spread 앞에 쓴다.

1

정답　**1** ⑤　　**2** ⑤　　**3** ②　　**4** (마우나로아는) 인간 활동에서 멀리 떨어져 있어서, 깨끗한 공기를 수집하는 데 이상적이었기 때문에

문제
해설

1 대기 중 이산화탄소 농도를 보여주는 킬링 곡선을 통해 이산화탄소의 양이 증가할수록 극심한 기상 사태가 더 발생한다는 내용의 글이므로, 주제로는 ⑤가 가장 알맞다.

2 빈칸 앞에서 곡선이 높아진다고 언급한 것은 이산화탄소 농도가 증가한다는 것을 뜻하고 빈칸 뒤 문장 ⑥-⑫에서 이산화탄소 농도 증가가 극심한 기상 사태를 초래한다는 원리를 자세히 설명하고 있으므로, 빈칸에는 ⑤ more severe(더 극심한)가 가장 알맞다.
① 더 더운　② 더 온화한　③ 더 추운　④ 더 안정적인

3 태풍이 더 극심해지는 이유를 설명하는 부분으로, 이산화탄소 농도가 증가하면 지구 기온과 해수면이 올라간다는 내용의 (B), 이것(This)이 대기 중 수증기량을 증가시킨다는 내용의 (A), 그 모든 물 분자들(All those water molecules)이 서로 맞비벼져서 에너지를 만든다는 내용의 (C)로 이어지는 흐름이 가장 알맞다.

4 문장 ④에 언급되어 있다.

본문
직독
직해

① The "Keeling Curve" is a graph / that shows the changes / in the level of CO₂ in the air /
'킬링 곡선'은 그래프이다　　　　　　　　변화를 보여 주는　　　　대기 중 이산화탄소 농도의

over time / in a particular place. / ② It was named after the scientist Charles Keeling, / who
시간의 흐름에 따른　특정 장소에서의　　　　그것은 과학자 Charles Keeling의 이름을 따서 이름 지어졌다

actually measured the change / every day for 47 years. / ③ This continuous measurement took
그리고 그는 그 변화를 실제로 측정했다　47년간 매일　　　　　이 지속적인 측정은 일어났다

place / at Mauna Loa in Hawaii. / ④ Being far away from human activity, / this location was
　　　하와이의 마우나로아에서　　　　인간 활동에서 멀리 떨어져 있어서　　　　이 장소는

ideal for collecting clean air. /
깨끗한 공기를 수집하는 데 이상적이었다

⑤ Interestingly, / the higher the curve goes, / the more severe the weather becomes. /
흥미롭게도　　　　곡선이 높아지면 질수록　　　날씨가 더 극심해진다

⑥ This is because / CO₂ is highly related to climate change. / ⑦ Let's look at the example of
이는 ~ 때문이다　이산화탄소가 기후 변화와 상당히 관련이 있기　　　　태풍의 예를 보자

typhoons. / ⑨ If CO₂ levels in the air increase, / temperatures and sea levels around the globe /
　　　　　만약 대기 중 이산화탄소 농도가 증가하면　전 세계적으로 기온과 해수면이

rise. / ⑧ This increases the amount of water vapor / in the air. / ⑩ All those water molecules
올라간다　이것은 수증기량을 증가시킨다　　　　　　　대기 중　　　그 모든 물 분자들은

rub together / and create energy. / ⑪ Typhoons absorb this energy / and become stronger and
서로 맞비벼진다　그리고 에너지를 만들어 낸다　태풍은 이 에너지를 흡수한다　　그리고 더 강하고

more dangerous / than before. / ⑫ In other words, / an increase of CO₂ can endanger people's
더 위험해진다　　　전보다　　　다시 말해서　　　　이산화탄소의 증가가 인명을 위태롭게 만들 수 있다

lives / by causing violent weather events. /
　　　극심한 기상 사태를 유발함으로써

'킬링 곡선'은 특정 장소에서의 시간의 흐름에 따른 대기 중 이산화탄소 농도의 변화를 보여 주는 그래프이다. 그것은 과학자 Charles Keeling의 이름을 따서 이름 지어졌는데, 그는 47년간 매일 그 변화를 실제로 측정했다. 이 지속적인 측정은 하와이의 마우나로아에서 일어났다. 인간 활동에서 멀리 떨어져 있어서, 이 장소는 깨끗한 공기를 수집하는 데 이상적이었다.

흥미롭게도, 곡선이 높아지면 질수록, 날씨가 더 <u>극심해진다</u>. 이는 이산화탄소가 기후 변화와 상당히 관련이 있기 때문이다. 태풍의 예를 보자. (B) 만약 대기 중 이산화탄소 농도가 증가하면, 전 세계적으로 기온과 해수면이 올라간다. (A) 이는 대기 중 수증기량을 증가시킨다. (C) 그 모든 물 분자들은 서로 맞부벼지고 에너지를 만들어 낸다. 태풍은 이 에너지를 흡수하여 전보다 더 강하고 위험해진다. 다시 말해서, 이산화탄소의 증가가 극심한 기상 사태를 유발함으로써 인명을 위태롭게 만들 수 있다.

② It was named after **the scientist Charles Keeling, who** actually measured the change every day for 47 years.
→ 「, who」는 선행사 the scientist Charles Keeling을 부연 설명하는 계속적 용법의 주격 관계대명사로, '그리고 그는'의 의미이다.

④ **Being** far away from human activity, this location was ideal for *collecting* clean air.
→ Being은 〈이유〉를 나타내는 분사구문으로, Because it was far away로 바꿔 쓸 수 있다.
→ collecting은 전치사 for의 목적어로 쓰인 동명사이다.

⑤ Interestingly, **the higher** the curve goes, **the more severe** the weather becomes.
→ 「the+비교급, the+비교급」은 '~하면 할수록, 더 …하다'의 의미이다.

본책 • pp. 106-107

2

정답 1 ③ 2 ③ 3 ③ 4 (1) make (2) melt (3) break (4) push

**문제
해설**

1 데스밸리 국립공원의 바위가 비, 얼음, 태양, 바람의 작용에 의해 움직인다는 내용의 글이므로, 제목으로 ③ '바위를 움직이는 자연의 힘'이 가장 알맞다.
① 데스밸리로의 여행
② 돌의 핵심 성분
④ 고대인이 바위 도시를 건설한 방식
⑤ 기술로 날씨 측정하기

2 (A) 네모 앞에 '미끄러지듯 움직이는 돌'의 수수께끼를 언급하고, 네모 뒤에 자국이 남았다는 내용이 오므로, move(움직이다)를 쓰는 것이 자연스럽다.
(B) 네모 뒤에 비와 얼음, 태양, 바람이 바위의 움직임에 미치는 영향을 설명하고 있으므로, 이들의 힘의 '결합(combination)'이 바위가 움직이도록 했다는 내용이 자연스럽다.
(C) 앞에서 수십 년 동안 수수께끼였던 '미끄러지듯 움직이는 돌'이 생성된 이유를 과학적으로 설명했으므로, 수수께끼가 '풀렸다(solved)'는 내용이 자연스럽다.
① 움직이다 ····· 결합····· 유지된
② 움직이다 ····· 분리 ····· 유지된
③ 움직이다 ····· 결합····· 풀린
④ 머물다 ····· 분리 ····· 유지된
⑤ 머물다 ····· 결합····· 풀린

3 ③ 문장 ⑩에 언급되어 있다.

4

| 보기 | 밀다 | 녹이다 | 만들다 | 얼다 | 부수다 |

요소	그것들이 하는 일
비	얕은 연못을 (1) <u>만든다</u>
태양	얼음을 (2) <u>녹이고</u> 조각으로 (3) <u>부순다</u>
바람과 얼음	바위에 대고 (4) <u>밀어낸다</u>

**본문
직독
직해**

① California's Death Valley National Park is home / to the "sailing stones," / large rocks /
캘리포니아의 데스밸리 국립공원은 고향이다   '미끄러지듯 움직이는 돌'의   커다란 바위인

that actually move across the mud. / ② For decades, / the rocks were a mystery / because they
실제로 진흙을 가로질러 움직이는   수십 년 동안   그 바위들은 수수께끼였다   왜냐하면 그것들은

weigh up to 318 kg. / ③ Moreover, / no one had ever seen them move, / but they left clear
무게가 318kg까지 나가기 때문이다   게다가   아무도 한 번도 그것들이 움직이는 것을 보지 못했다 하지만 그것들은 분명한

tracks / in the mud. / ④ Finally, / a team of scientists decided to investigate. / ⑤ Using GPS,
자국을 남겼다 진흙에   마침내   과학자 한 팀이 조사하기로 결정했다   GPS와

cameras, and weather data, / they found / that the movement is caused by a combination / of
카메라, 기상 정보를 이용해서   그들은 밝혀냈다 그 움직임은 결합에 의해 야기된다는 것을

rain, ice, sun, and wind. / ⑥ First, / rain creates a shallow pond. / ⑦ At night, / the water at the
비와 얼음, 태양 그리고 바람의   우선   비가 얕은 연못을 형성한다   밤에   연못 표면의 물이

surface of the pond / freezes, / and the ice surrounds the rocks. / ⑧ During the day, / however, /
연못 표면의 물이   언다   그리고 얼음이 바위들을 둘러싼다   낮 동안에   그러나

the ice starts to melt, / breaking up into large sheets / that push against the rocks. / ⑨ Of
그 얼음은 녹기 시작한다   그리고 커다란 판들로 부서진다   그 바위들에 대고 밀어내는

course, / this alone isn't enough / to move the rocks. / ⑩ When wind speeds reach about 11
물론   이것만으로는 충분하지 않다   그 바위들을 움직이기에   풍속이 약 시속 11km에 이를 때

km/h, / the force of the ice and wind together / causes the rocks to move / at speeds up to five
얼음과 바람이 함께하는 힘은   그 바위들이 움직이게 한다   분당 5미터에

meters per minute. / ⑪ The mystery was solved! /
달하는 속도로   수수께끼가 풀렸다

**본문
해석**

　　캘리포니아의 데스밸리 국립공원은 실제로 진흙을 가로질러 움직이는 커다란 바위인 '미끄러지듯 움직이는 돌'
의 고향이다. 수십 년 동안, 그 바위들은 무게가 318kg까지 나가기 때문에 수수께끼였다. 게다가, 아무도 한 번도
그것들이 <u>움직이는</u> 것을 보지 못했지만, 그것들은 진흙에 분명한 자국을 남겼다. 마침내, 과학자 한 팀이 조사하기
로 결정했다. GPS와 카메라, 기상 정보를 이용해서 그들은 그 움직임이 비와 얼음, 태양 그리고 바람의 결합에 의
해 야기된다는 것을 밝혀냈다. 우선, 비가 얕은 연못을 형성한다. 밤에, 연못 표면의 물이 얼고, 얼음이 바위들을 둘
러싼다. 그러나 낮 동안에 그 얼음은 녹기 시작하여, 그 바위들에 대고 밀어내는 커다란 판들로 부서진다. 물론, 이
것만으로는 그 바위들을 움직이기에 충분하지 않다. 풍속이 약 시속 11km에 이를 때, 얼음과 바람이 함께하는 힘
은 그 바위들이 분당 5미터에 달하는 속도로 움직이게 한다. 수수께끼가 <u>풀렸</u>다!

① California's Death Valley National Park is home to **the "sailing stones,"** *large rocks* [*that* **actually move across the mud**].

→ the "sailing stones"와 large rocks that actually move across the mud는 동격 관계이다.

→ [ ]는 선행사 large rocks를 수식하는 주격 관계대명사절이다.

③ Moreover, no one **had ever** *seen* them move, but they left clear tracks in the mud.

→ had ever seen은 〈경험〉을 나타내는 과거완료(had+p.p.)이다.

→ 「see+목적어+동사원형」은 '~가 …하는 것을 보다'의 의미이다.

⑤ **Using** GPS, cameras, and weather data, they found [*that* the movement is caused by a combination of rain, ice, sun, and wind].

→ Using은 '사용하면서'의 의미로 〈동시동작〉을 나타내는 분사구문이다.

→ that은 명사절을 이끄는 접속사로, [ ]는 found의 목적어로 쓰였다.

⑧ During the day, however, the ice starts to melt, **breaking up into** *large sheets* [*that* push against the rocks].

→ breaking up into는 〈연속동작〉을 나타내는 분사구문으로, and it breaks up into로 바꿔 쓸 수 있다.

→ [ ]는 선행사 large sheets를 수식하는 주격 관계대명사절이다.

⑨ Of course, **this** alone isn't enough *to move* the rocks.

→ this는 앞 문장 전체의 내용을 가리킨다.

→ to move는 형용사 enough를 수식하는 부사적 용법의 to부정사이다.

본책 • pp. 108-109

정답 **1** ①   **2** ③   **3** ④   **4** algae, glaciers

문제 해설

1 수박 눈이 예쁠지도 모르지만 빙하를 더 빠르게 녹게 만드는 문제를 야기한다는 내용의 글이므로, 제목으로 ① '수박 눈: 예쁘지만 문제가 있다'가 가장 적절하다.

② 눈이 전혀 없는 세상의 장점

③ 아주 작고 불그스름한 조류로 빙하 보호하기

④ 눈을 모든 무지개색으로 바꾸기

⑤ 북극에서 수박을 재배하는 것이 가능한가?

2 ⓒ는 일반적인 눈을 가리키는 반면, 나머지는 모두 수박 눈을 가리킨다.

3 ④ 수박 눈이 녹은 후의 색에 관한 언급은 없다.

①은 문장 ②에서 로키산맥, 히말라야산맥 등을 포함하는 세계의 다양한 장소라고 했고, ②는 문장 ⑤-⑥에서 수박 눈이 영하의 기온과 물의 존재를 포함하는 환경에서 나타나는 경향 때문이라고 했고, ③은 문장 ⑦-⑧에서 조류(algae)가 급속하게 나타나기 때문임을 알 수 있고, ⑤는 문장 ⑩-⑪에서 빙하가 녹는 속도를 높여 결과적으로 지구의 생명체를 위협함을 알 수 있다.

① 그것은 어디서 발견되었는가?

② 그것은 왜 빙하가 존재하는 곳에서 발생하는가?

③ 무엇이 그것을 분홍색으로 만드는가?

④ 그것은 녹은 후에 무슨 색으로 변하는가?

⑤ 그것은 무엇을 야기하는가?

4
> 수박 눈은 그 안에 아주 작고 분홍빛을 띤 <u>조류</u>가 있기 때문에 분홍색이다. 더 많은 햇빛을 흡수함으로써, 그것은 <u>빙하</u>를 더 빠르게 녹게 만든다.

① Snow isn't always white. / ② A type of mysterious pink snow, / known as "watermelon
눈이 항상 하얗지는 않다   한 종류의 불가사의한 분홍색 눈이   '수박 눈'으로 알려진

snow," / has been found in various places around the world, / including the Rocky Mountains,
          세계의 다양한 장소에서 발견되었다   로키산맥과

the Himalayas, the Arctic, and Antarctica. / ③ For thousands of years, / people were unable to
히말라야산맥, 북극 그리고 남극 대륙을 포함하여   수천 년 동안   사람들은 그것을

explain it. / ④ Finally, / a scientist discovered its cause / —tiny reddish algae. / ⑤ These algae
설명하지 못했다   마침내   한 과학자가 그 원인을 알아냈다   아주 작고 불그스름한 조류였다   이 조류들은

tend to bloom / in conditions / that include freezing temperatures and the presence of water. /
나타나는 경향이 있다   환경에서   영하의 기온과 물의 존재를 포함하는

⑥ For this reason, / watermelon snow occurs / in mountain ranges and other places / where
    이런 이유로   수박 눈은 발생한다   산맥과 다른 장소들에서   빙하가

glaciers exist. / ⑦ When the sun begins to melt snow / in early spring, / the algae begin to
존재하는   태양이 눈을 녹이기 시작할 때   초봄에   그 조류가 급속히

bloom rapidly / in snow. / ⑧ This colors the snow pink. / ⑨ Pink snow may be pretty, / but
나타나기 시작한다   눈 속에서   이는 눈을 분홍색으로 물들인다   분홍색 눈은 예쁠지 모른다   하지만

it actually causes a serious problem. / ⑩ Watermelon snow's pinkish color / makes it absorb
그것은 사실 심각한 문제를 야기한다   수박 눈의 분홍빛을 띤 색은   그것이 더 많은

more sunlight, / which speeds up the melting process of glaciers. / ⑪ Considering / that the
햇빛을 흡수하게 만든다   그리고 이는 빙하의 녹는 과정의 속도를 높인다   고려하면

rapid melting of glaciers / threatens life on Earth, / it is definitely not our friend! /
빙하가 빠르게 녹는 것이   지구의 생명체를 위협한다는 것을   그것은 우리의 친구가 분명 아니다

눈이 항상 하얗지는 않다. '수박 눈'으로 알려진 한 종류의 불가사의한 분홍색 눈이 로키산맥과 히말라야산맥, 북극 그리고 남극 대륙을 포함하여 세계의 다양한 장소에서 발견되었다. 수천 년 동안, 사람들은 그것을 설명하지 못했다. 마침내, 한 과학자가 그 원인을 알아냈는데, 아주 작고 불그스름한 조류였다. 이 조류들은 영하의 기온과 물의 존재를 포함하는 환경에서 나타나는 경향이 있다. 이런 이유로, 수박 눈은 빙하가 존재하는 산맥과 다른 장소들에서 발생한다. 태양이 초봄에 눈을 녹이기 시작할 때, 그 조류가 눈 속에서 급속히 나타나기 시작한다. 이는 눈을 분홍색으로 물들인다. 분홍색 눈은 예쁠지 모르지만, 그것은 사실 심각한 문제를 야기한다. 수박 눈의 분홍빛을 띤 색은 그것(눈)이 더 많은 햇빛을 흡수하게 만들고, 이는 빙하의 녹는 과정의 속도를 높인다. 빙하가 빠르게 녹는 것이 지구의 생명체를 위협한다는 것을 고려하면, 그것은 우리의 친구가 분명 아니다!

① Snow is**n't always** white.
→ always가 not과 함께 쓰이면, '항상 ~인 것은 아니다'의 의미로 〈부분부정〉을 나타낸다.

② A type of mysterious pink snow, [**known** as "watermelon snow,"] *has been found* in various places around the world, … .
→ [ ]는 A type of mysterious pink snow를 수식하는 과거분사구로, 문장 중간에 삽입되었다.
→ 「have[has] been+p.p.」는 '~되었다', '~당했다'의 의미인 현재완료 수동태이다.

⑥ For this reason, watermelon snow occurs in **mountain ranges and other places** [where glaciers exist].
→ [ ]는 선행사 mountain ranges and other places를 수식하는 관계부사절이다.

⑩ Watermelon snow's pinkish color **makes it absorb** more sunlight, *which* speeds up the melting process of glaciers.

　→ 「make+목적어+동사원형」은 '~가 …하게 하다[만들다]'의 의미이다.

　→ 「, which」는 계속적 용법의 주격 관계대명사로, 이 문장에서 which는 앞 절 전체를 선행사로 한다.

본책 • pp. 110-111

4

정답　1 ⑤　　2 ②　　3 ③　　4 대기 오염, 질병 발생 위험 증가, 지구 흐리기 현상(지구를 더 어둡게 만드는 것)

문제 해설

1　화석 연료의 사용으로 생긴 아주 작은 조각들이 지구 흐리기 현상을 발생시키는 원인이라는 것과 그것이 지구에 미치는 영향에 대한 글이므로, 제목으로는 ⑤ '지구 흐리기 현상의 원인과 영향'이 가장 알맞다.

[문제] 글의 주제로 가장 알맞은 것은?

① 지구 흐리기 현상을 막는 방법　　　　　② 햇빛의 각각 다른 역할

③ 석탄과 기름의 중요성　　　　　　　　④ 지구 온난화 현상과 지구 흐리기 현상

2　지구 흐리기 현상이 초래되는 이유를 설명하는 부분으로, 관련 연구 결과를 제시하는 (B), 그 결과가 나타난 원인을 분석한 내용의 (A), 추가적인 원인을 하나 더 제시하는 (C)의 흐름이 알맞다. (A)의 This는 (B)의 목적절(that 이하)을 가리키고, (C)의 They는 (A)의 these tiny objects를 가리킨다.

[문제] 문장 (A)~(C)의 가장 알맞은 순서는?

3　문장 ⑥에서 공기 속의 아주 작은 물질들이 태양 복사열을 다시 우주로 반사한다고 했으므로, 지구에 도달하는 태양 복사열의 양을 감소시킨다는 것을 알 수 있다.

①은 문장 ②-⑤에, ②는 문장 ④-⑤에, ④는 문장 ⑦에, ⑤는 문장 ⑧-⑨에 언급되어 있다.

[문제] 글의 내용과 일치하지 <u>않는</u> 것은?

① 석탄과 기름을 태우는 것은 지구 흐리기 현상을 야기할 수 있다.

② 지구 흐리기 현상은 지구가 더 어두워지는 환경 문제이다.

③ 공기 중의 먼지는 지구에 이르는 태양 복사열의 양을 증가시킨다.

④ 지구는 과거에 받았던 것보다 더 적은 햇빛을 받는다.

⑤ 오염된 구름은 햇빛이 지구로 통과하는 것을 방해한다.

4　밑줄 친 pieces of dust and other material은 석탄과 기름을 태울 때 발생하는 것으로, 대기 오염과 질병 발생 위험 증가, 지구 흐리기 현상을 야기한다고 문장 ②-⑤에 언급되어 있다.

[문제] 밑줄 친 pieces of dust and other material의 결과 3가지는 무엇인가? 우리말로 쓰시오.

본문 직독 직해

① Have you ever seen tiny objects / floating in a sunbeam? / ② They are often pieces of dust
아주 작은 물체를 본 적 있는가　　　　햇살 속에 떠다니는　　　　그것들은 흔히 먼지와

and other material / produced when coal and oil are burned. / ③ They cause air pollution /
다른 물질의 조각들이다　　석탄과 기름이 태워질 때 발생되는　　　　그것들은 대기 오염을 야기한다

and increase the risk of many diseases. / ④ However, they also cause another problem / —
그리고 많은 질병의 위험을 증가시킨다　　　　하지만 그것들은 다른 문제도 야기한다

they make the earth darker. / ⑤ This is known as global dimming. /
그것들은 지구를 더 어둡게 만든다　　　이것은 지구 흐리기 현상이라고 알려져 있다

76 정답 및 해설

⑦ Studies have shown / that the earth currently receives / less sunlight / than it did
연구들은 보여 왔다   지구가 현재 받는다는 것을   더 적은 햇빛을   그것이

50 years ago. / ⑥ This is because / these tiny objects in the air / absorb some of the sun's
50년 전에 받았던 것보다   이는 ~이기 때문이다   공기 중 이 아주 작은 물체들이   태양 에너지의 일부를 흡수하기

energy / and reflect solar radiation back into space. / ⑧ They also pollute clouds, / making
(때문)   그리고 태양 복사열을 다시 우주로 반사하기 (때문)   그것들은 또한 구름을 오염시킨다   만들면서

it harder / for sunlight to pass through. / ⑨ As a result of these things, / some sunlight
그리고 더 어렵게 만든다   햇빛이 통과하는 것을   이것들의 결과로   일부 햇빛은

cannot reach the earth's surface. / ⑩ Since all living things need sunlight / to survive, / global
지구의 표면에 이르지 못한다   모든 생명체는 햇빛을 필요로 하기 때문에   생존하기 위해   지구

dimming can have serious effects. / ⑪ It can also cause changes / in the earth's weather. /
흐리기 현상은 심각한 영향을 미칠 수 있다   그것은 또한 변화를 야기할 수도 있다   지구의 날씨에

⑫ What should we do / to reduce dust and stop global dimming? /
우리는 무엇을 해야 하는가   먼지를 줄이고 지구 흐리기 현상을 멈추기 위해서

본문 해석

　햇살 속에 떠다니는 아주 작은 물체를 본 적 있는가? 그것들은 흔히 석탄과 기름이 태워질 때 발생되는 먼지와 다른 물질의 조각들이다. 그것들은 대기 오염을 야기하고 많은 질병의 위험을 증가시킨다. 하지만, 그것들은 다른 문제도 야기하는데, 그것들이 지구를 더 어둡게 만드는 것이다. 이것은 지구 흐리기 현상이라고 알려져 있다.

　(B) 연구들은 지구가 현재 그것이 50년 전에 받았던 것보다 더 적은 햇빛을 받는다는 것을 보여 왔다. (A) 이는 공기 중 이 아주 작은 물체들이 태양 에너지의 일부를 흡수하고 태양 복사열을 다시 우주로 반사하기 때문이다. (C) 그것들은 또한 구름을 오염시켜서 햇빛이 통과하는 것을 더 어렵게 만든다. 이것들의 결과로, 일부 햇빛은 지구의 표면에 이르지 못한다. 모든 생명체는 생존하기 위해 햇빛을 필요로 하기 때문에, 지구 흐리기 현상은 심각한 영향을 미칠 수 있다. 그것은 또한 지구의 날씨에 변화를 야기할 수도 있다.

　먼지를 줄이고 지구 흐리기 현상을 멈추기 위해서 우리는 무엇을 해야 하는가?

구문 해설

⑥ **This is because** these tiny objects in the air *absorb* some of the sun's energy and *reflect* solar radiation back into space.
　➔ 「this is because」는 '이는 ~이기 때문이다'의 의미이다.
　➔ 접속사 because가 이끄는 절의 동사로 쓰인 absorb와 reflect가 접속사 and로 병렬 연결되어 있다.

⑦ Studies **have shown** [*that* the earth currently receives less sunlight than it did 50 years ago].
　➔ have shown은 '보여 왔다'의 의미로 〈계속〉을 나타내는 현재완료(have[has]+p.p.)이다.
　➔ that은 명사절을 이끄는 접속사로, [ ]는 동사 have shown의 목적어로 쓰였다.
　➔ it은 앞에 언급된 the earth를 가리키고, did는 반복을 피하기 위해 received 대신 쓰였다.

⑧ They also pollute clouds, *making it harder* for sunlight to pass through.
　➔ making은 〈연속동작〉을 나타내는 분사구문으로, and they make로 바꿔 쓸 수 있다.
　➔ 「make+목적어+형용사」는 '~을 …하게 만들다'의 의미이다.
　➔ it은 가목적어, for sunlight은 의미상 주어, to pass through는 진목적어이다.

⑩ **Since** all living things need sunlight *to survive*, global dimming can have serious effects.
　➔ since는 '~하기 때문에'의 의미인 접속사이다.
　➔ to survive는 '생존하기 위해'의 의미로, 〈목적〉을 나타내는 부사적 용법의 to부정사이다.

정답 **1** 1) weigh 2) float **2** ③ **3** ③ **4** ④ **5** ② **6** occur **7** ① **8** making it harder for sunlight to pass through

문제
해설

1 1) 소포들은 총 <u>무게가</u> 3.5kg이다.
2) 달콤한 향기가 공기 중에 <u>떠다닌다.</u>

2 melt(녹다)의 반대 의미의 단어는 ⑤ 'freeze(얼다)'이다.

기후가 따뜻해지면, 빙하가 녹을 것이다.

① 도달하다 ② 피다 ④ 오염시키다 ⑤ 위협하다

3 대기 중 이산화탄소 농도를 보여주는 킬링 곡선을 통해 이산화탄소의 양이 증가할수록 극심한 기상 사태가 더 발생한다는 내용의 글이므로, 사실 이산화탄소가 식물 성장에 중요한 요소라는 내용의 (c)는 흐름과 관계없다.

4 대기 중 이산화탄소 농도를 보여주는 킬링 곡선을 통해 이산화탄소의 양이 증가할수록 극심한 기상 사태가 더 발생한다는 내용의 글로, 빈칸 뒤에서 앞의 내용을 재진술하고 있으므로 ④ '다시 말해서'가 알맞다.
① 예를 들어 ② 그러나 ③ 대신에 ⑤ 게다가

5 '수박 눈'으로 알려진 눈이 분홍색인 이유를 설명하는 부분으로, 수천 년간 사람들이 그 현상을 설명할 수 없었다는 내용의 (A), 결국 과학자들이 그 원인을 발견했다는 내용의 (C), 원인으로 보는 그 조류(These algae)가 나타날 수 있는 환경 조건에 관한 내용의 (B)로 이어지는 흐름이 가장 알맞다.

6 일어나거나 발생하다

7 햇살 속에 떠다니는 아주 작은 물체는 석탄과 기름이 태워질 때 발생되는 먼지와 다른 물질의 조각들이며, 이것들은 대기 오염을 야기한다고 했으므로 ⓐ의 decrease(감소시키다)를 increase(증가시키다)로 바꿔야 한다.

8 '~을 …하게 만들다'의 의미의 「make+목적어+형용사」와 가목적어 it, 진목적어 to부정사를 쓴다.

Section

10 Math & Science

본책 • pp. 116-117

정답   1 ①   2 ②   3 (1) T (2) F   4 (1) liquid (2) glass (3) normal solid (4) molecules

문제 해설

1 유리의 분자 배열을 통해 유리가 고체인지 액체인지에 대해 설명하는 글로, 주제로 ① '유리는 실제로 무엇인가'가 가장 적절하다.

② 유리창을 만드는 방법 　　　　　　③ 고체와 액체의 차이점

④ 어떻게 분자가 일상용품에 영향을 미치는가 　　⑤ 왜 오래된 대성당은 형형색색의 창이 있는가

2 문장 ①과 ⑪에서 아래쪽 근처가 더 두껍다고 했으며, 문장 ⑨에서 분자가 고르지 않다고 했기 때문에 ②번이 적절하다.

3 (1) 문장 ⑤-⑥에 언급되어 있다.

(2) 문장 ⑪-⑫에서 오래된 유리창의 아래쪽 근처가 더 두꺼운 이유는 당시 유리를 평평하게 만드는 기술이 부족했기 때문이라고 했다.

4

보기	분자들　일반 고체　대성당　액체　유리		

	(1) 액체	(2) 유리	(3) 일반 고체
(4) 분자들의 구조		곧지 않음	곧음
당신은 그것이 흐르는 것을 볼 수 있는가?	예	아니오	

본문 직독 직해

① Glass in some windows / of old cathedrals / is thicker near the bottom. / ② Tour guides
몇몇 창문의 유리는　오래된 대성당의　아래쪽 근처가 더 두껍다　여행 가이드는

often say / that this happens / because glass is actually a type of liquid / that slowly flows
흔히 말한다　이런 일이 생긴다고　유리가 사실은 액체의 한 종류이기 때문에　천천히

downward / over hundreds of years. / ③ Is this true?
아래로 흐르는　수백 년에 걸쳐　이것이 사실일까

④ Glass is not a liquid, / but a special type of solid. / ⑤ Normal solids, like gold, / have
유리는 액체가 아니라　특별한 종류의 고체이다　금과 같은 일반적인 고체는

very straight and ordered molecules. / ⑥ If you heat gold, / it becomes a liquid like water,
매우 곧고 질서 정연한 분자들을 가지고 있다　금을 가열하면　그것은 물과 같은 액체가 된다

and the molecules move around. / ⑦ When gold cools down, / the molecules line up, / and
그리고 분자들은 여기저기 이동한다　금이 식으면　분자들은 줄을 선다　그리고

gold will become a perfectly straight solid again, / much like ice. / ⑧ When glass is heated
금은 다시 완전히 곧은 고체가 될 것이다　마치 얼음처럼　유리가 가열되면

and becomes a liquid, / its molecules also move around. / ⑨ However, / when glass cools
그리고 액체가 되면　그것의 분자들 또한 여기저기 이동한다　하지만　유리가 식어서

to become a solid, / its molecules still remain uneven. / ⑩ Even though these molecules are
고체가 될 때　그것의 분자들은 여전히 계속 고르지 않다　이 분자들이 고르지 않음에도 불구하고

uneven, / they can't move freely / like a liquid's molecules. /
그것들은 자유롭게 이동할 수 없다　액체의 분자들처럼

본문 해석

　　오래된 대성당의 몇몇 창문의 유리는 아래쪽 근처가 더 두껍다. 여행 가이드는 흔히 유리가 사실은 수백 년에 걸쳐 천천히 아래로 흐르는 액체의 한 종류이기 때문에 이런 일이 생긴다고 말한다. 이것이 사실일까?

　　유리는 액체가 아니라 특별한 종류의 고체이다. 금과 같은 일반적인 고체는 매우 곧고 질서 정연한 분자들을 가지고 있다. 금을 가열하면, 그것은 물과 같은 액체가 되고 분자들은 여기저기 이동한다. 금이 식으면, 분자들은 줄을 서고, 금은 마치 얼음처럼 다시 완전히 곧은 고체가 될 것이다. 유리가 가열되어 액체가 되면, 그것의 분자들 또한 여기저기 이동한다. 하지만, (액체 상태의) 유리가 식어서 고체가 될 때, 그것의 분자들은 여전히 계속 고르지 않다. 이 분자들이 고르지 않음에도 불구하고, 그것들은 액체의 분자들처럼 자유롭게 이동할 수 없다.

　　그렇다면 왜 오래된 창문은 아래쪽 근처가 더 두꺼울까? 그것은 단지 사람들이 완전히 평평한 유리를 만드는 방법을 아직 알지 못했기 때문이다!

구문 해설

② Tour guides often say [**that** this happens because glass is actually *a type of liquid* {*that* slowly flows downward over hundreds of years}].
→ 첫 번째 **that**은 명사절을 이끄는 접속사로, [ ]는 **say**의 목적어로 쓰였다.
→ { }는 선행사 **a type of liquid**를 수식하는 주격 관계대명사절이다.

⑨ However, when glass cools **to become** a solid, its molecules still remain uneven.
→ **to become**은 '~가 된다'의 의미로, 〈결과〉를 나타내는 부사적 용법의 **to**부정사이다.

⑫ It's simply **because** people *had not* yet *learned* how to make perfectly flat glass!
→ 「it is because」는 '그것이 ~한 이유이다'의 의미로 뒤에 원인에 해당하는 내용이 온다.
→ **had not learned**는 '알지 못했다'의 의미로 〈완료〉를 나타내는 과거완료(**had**+**p.p.**)이다.
→ 「**how**+**to**-v」는 '~하는 방법'의 의미이다.

본책 • pp. 118-119

정답　1 ①　2 ③　3 spin　4 ⑤

문제 해설

1 아이스 서클이 회전하는 물리학적 원리를 설명하는 글로, 제목으로 ① '아이스 서클은 어떻게 작용하는가'가 가장 적절하다.
　② 물은 왜 가라앉으면서 회전하는가　　③ 결코 녹지 않는 불가사의한 얼음
　④ 겨울에 강에 일어나는 일　　⑤ 숨겨진 위험: 회전목마 위의 얼음

2 빈칸 뒤에 각각 불가사의하지만 자연 형성물이고, 흐르는 물이 아이스 서클을 회전시킨다고 생각했던 것과 상반되게 흐르지 않는 곳에서도 회전한다는 내용이 나오므로, 빈칸에는 대조를 나타내는 접속사 ③ Although(비록 ~일지라도)가 가장 알맞다.

3 아이스 서클의 회전 원리를 설명하는 내용으로, 녹은 물이 가라앉을 때 회전하면서 그 위의 얼음도 회전하게 하므로 빈칸에 spin(회전하다)이 적절하다.

4 문장 ⑤에서 아이스 서클의 생성 조건이 아니라 그것이 회전하는 이유가 밝혀졌음을 알 수 있다.
①은 문장 ②, ②와 ③은 문장 ③, ④는 문장 ④를 통해 알 수 있다.

**본문
직독
직해**

① In the middle of a cold river, / a circle of ice slowly spins / like a merry-go-round. /
차가운 강 가운데에   얼음으로 된 원이 천천히 회전한다   회전목마처럼

② Although it looks mysterious, / it is actually a natural formation / called an "ice circle." /
그것은 불가사의하게 보이지만   그것은 사실 자연 형성물이다   '아이스 서클'이라고 불리는

③ Ice circles, / which are usually found / in cold parts of North America and Europe, / can
아이스 서클은   주로 발견되는   북아메리카와 유럽의 추운 지방에서

be as small as a CD / or as large as 17 meters across. / ④ Although people used to think / that
CD만큼 작을 수 있다   또는 직경 17미터만큼 크거나   사람들은 생각했었지만

flowing water caused ice circles to spin, / they also have been found in lakes / where the water
흐르는 물이 아이스 서클을 회전하게 했다고   그것들은 호수에서도 발견되어 왔다   물이

doesn't move. /
움직이지 않는

⑤ Scientists figured out the real reason / why ice circles spin. / ⑥ First of all, / cold water
과학자들이 진짜 이유를 알아냈다   아이스 서클이 회전하는   우선   차가운 물은

is generally heavier / than warm water. / ⑦ Secondly, / water spins / as it sinks. / ⑧ Think of
일반적으로 더 무겁다   따뜻한 물보다   둘째로   물은 회전한다   그것이 가라앉을 때 물을

water / going down a drain. / ⑨ As an ice circle slowly melts, / it cools the water right under
생각해 보라   배수관을 내려가는   아이스 서클이 천천히 녹으면서   그것은 그 바로 아래에 있는 물을 차갑게

it. / ⑩ This water sinks / because it is heavier than the lake's warmer water. / ⑪ As it sinks, / it
한다   이 물은 가라앉는다   그것이 호수의 더 따뜻한 물보다 더 무겁기 때문에   그것이 가라앉으면서

spins, / causing the ice above it to spin too! /
그것은 회전한다   그리고 그 위의 얼음도 회전하게 한다

**본문
해석**

차가운 강 가운데에 얼음으로 된 원이 회전목마처럼 천천히 회전한다. 그것은 불가사의하게 보이지만, 사실은
'아이스 서클'이라고 불리는 자연 형성물이다. 북아메리카와 유럽의 추운 지방에서 주로 발견되는 아이스 서클은,
CD만큼 작거나 직경 17미터만큼 클 수 있다. 사람들은 흐르는 물이 아이스 서클을 회전하게 했다고 생각했었지만,
그것들은 물이 움직이지 않는 호수에서도 발견되어 왔다.

과학자들이 아이스 서클이 회전하는 진짜 이유를 알아냈다. 우선, 차가운 물은 일반적으로 따뜻한 물보다 더
무겁다. 둘째로, 물은 가라앉을 때 회전한다. 배수관을 내려가는 물을 생각해 보라. 아이스 서클이 천천히 녹으면
서, 그 바로 아래에 있는 물을 차갑게 한다. 이 물은 호수의 더 따뜻한 물보다 더 무겁기 때문에 가라앉는다. 그것
이 가라앉으면서 회전하고, 그 위의 얼음도 <u>회전하게</u> 한다!

**구문
해설**

② Although it **looks mysterious**, it is actually a natural formation [*called* an "ice circle]."
→ 「look+형용사」는 '~하게 보이다'의 의미이다.
→ [ ]는 a natural formation을 수식하는 과거분사구이다.

③ **Ice circles**, [**which** are usually found in cold parts of North America and Europe], can be
as small as a CD or *as large as* 17 meters across.
→ [ ]는 선행사 Ice circles를 부연 설명하는 계속적 용법의 주격 관계대명사절로 문장 중간에 삽입되었다.
→ 「as+형용사의 원급+as」는 '~만큼 …한'의 의미이다.

④ Although people **used to think** [*that* flowing water caused ice circles to spin], they also <u>have been found</u> in **lakes** [**where** the water doesn't move].

➙ 「used to+동사원형」은 '(과거에) ~였다/~하곤 했다'의 의미로 과거의 상태나 습관을 나타낸다.

➙ that은 명사절을 이끄는 접속사로, [ ]는 think의 목적어로 쓰였다.

➙ have been found는 '발견되어 왔다'의 의미로 〈계속〉을 나타내는 현재완료 수동태(have[has] been+p.p.)이다.

➙ 두 번째 [ ]는 선행사 lakes를 수식하는 관계부사절이다.

⑤ Scientists figured out **the real reason** [**why** ice circles spin].

➙ [ ]는 선행사 the real reason을 수식하는 관계부사절이다.

⑪ **As** it sinks, it spins, *causing* the ice above it to spin too!

➙ as는 '~할 때', '~하면서'의 의미인 접속사이다.

➙ causing은 〈연속동작〉을 나타내는 분사구문으로, and it causes로 바꿔 쓸 수 있다.

본책 ● pp. 120-121

정답 1 ② 2 ④ 3 모든 탄산음료 캔들이 원기둥과 같은 모양으로 만들어진 것
4 economical, material[aluminum], soda

문제 해설

1 모든 탄산음료 캔이 원기둥 모양으로 만들어진 이유 중 하나가 원기둥 모양의 캔을 만드는 데 드는 재료의 양에 비해 상대적으로 많은 음료를 담을 수 있기 때문이라는 것을 수학적으로 설명하는 글이므로, 제목으로 ② '탄산음료 캔 모양 뒤에 숨은 수학'이 가장 적절하다.

① 재미있는 모양의 탄산음료 캔
③ 원기둥 모양의 캔 대 구 모양의 캔
④ 가장 경제적인 탄산음료 캔 모양, 구!
⑤ 표면적과 부피: 그것들은 왜 중요한가?

2 ⓓ는 several advantages를 가리키고, 나머지는 cylinders를 가리킨다.

3 문장 ①에 언급되어 있다.

4 탄산음료 캔으로 가장 경제적인 모양은 구인데, 그것은 가장 적은 양의 재료[알루미늄]를 사용하고 가장 많은 양의 탄산음료를 담는다.

본문 직독 직해

① Have you ever noticed / that all of the soda cans in the supermarket / are shaped like
당신은 알아차린 적이 있는가   슈퍼마켓의 모든 탄산음료 캔들이   원기둥과 같은

cylinders? / ② Why do you think they are shaped this way? / ③ Is it because / cylinders
모양으로 만들어진 것을   당신은 왜 그것들이 이러한 모양으로 만들어졌다고 생각하는가   그것은 ~이기 때문인가 원기둥이

look good? / ④ Or / is it because / they are easy to hold? / ⑤ Actually, / they have several
좋아 보이기   아니면   그것은 ~이기 때문인가   그것들이 잡기 쉽기   실제로   그것들은 몇몇

advantages. / ⑥ One of them is that they are economical! / ⑦ We can use math / to show /
이점들이 있다   그것들 중 한 가지는 그것들이 경제적이라는 것이다   우리는 수학을 이용할 수 있다   보여주기 위해

how they help manufacturers save money. / ⑧ The amount of material / a shape requires
그것들이 제조자들이 돈을 아끼도록 돕는 방법을   재료의 양은   한 모양이 필요로 하는

is called its "surface area," / and the amount of soda / it can hold / is called its "volume."
그것의 '표면적'이라고 불린다   그리고 탄산음료의 양은   그것이 담을 수 있는 그것의 '부피'라고 불린다

⑨ So, / for the manufacturers, / the best shape would be / one with the lowest surface area
그래서   제조자들에게   최상의 모양은 ~일 것이다   가장 작은 표면적과

and the highest volume. / ⑩ The sphere is the shape / with the lowest surface area / compared
가장 큰 부피를 가진 것   구(球)는 모양이다   가장 작은 표면적을 가진

to its volume. / ⑪ But imagine sphere-shaped soda cans! / ⑫ When you put them down,
그것의 부피 대비   하지만 구 모양의 탄산음료 캔들을 상상해 봐라   당신이 그것들을 내려놓으면

they would roll away. / ⑬ Thus, / the cylinder, / which requires a little more aluminum than a
그것들은 굴러갈 것이다   그래서   원기둥이   구보다 조금 더 많은 알루미늄을 필요로 하는

sphere / but stays still, / is used! /
      하지만 가만히 있는   사용된다

본문
해석

　당신은 슈퍼마켓의 모든 탄산음료 캔들이 원기둥과 같은 모양으로 만들어진 것을 알아차린 적이 있는가? 당신은 왜 그것들이 이러한 모양으로 만들어졌다고 생각하는가? 원기둥이 좋아 보이기 때문일까? 아니면 그것들이 잡기 쉽기 때문일까? 실제로, 그것들은 몇몇 이점들이 있다. 그것들 중 한 가지는 그것들이 경제적이라는 것이! 그것들이 제조자들이 돈을 아끼도록 돕는 방법을 보여주기 위해 우리는 수학을 이용할 수 있다. 한 모양이 필요로 하는 재료의 양은 그것의 '표면적'이라고 불리고, 그것이 담을 수 있는 탄산음료의 양은 그것의 '부피'라고 불린다. 그래서, 제조자들에게, 최상의 모양은 가장 작은 표면적과 가장 큰 부피를 가진 것일 것이다. 구(球)가 그것의 부피 대비 가장 작은 표면적을 가진 모양이다. 하지만 구 모양의 탄산음료 캔들을 상상해 봐라! 당신이 그것들을 내려놓으면, 그것들은 굴러갈 것이다. 그래서, 구보다 조금 더 많은 알루미늄을 필요로 하지만 가만히 있는 원기둥이 사용된다!

구문
해설

① **Have** you ever **noticed** [*that* all of the soda cans in the supermarket are shaped like cylinders]?

→ Have noticed는 '알아차린 적이 있다'의 의미로 〈경험〉을 나타내는 현재완료(have[has]+p.p.)이다.

→ that은 명사절을 이끄는 접속사로, [ ]는 동사 noticed의 목적어로 쓰였다.

② **Why do you think they are shaped** this way?

→ 간접의문문(why they are shaped this way)이 의문문 「do you think … ?」의 목적어로 쓰인 것으로, 「의문사+do you think+주어+동사」의 어순이다.

⑦ We can use math **to show** [*how* they help manufacturers save money].

→ to show는 '보여주기 위해'의 의미로, 〈목적〉을 나타내는 부사적 용법의 to부정사이다.

→ [ ]는 show의 목적어 역할을 하는 관계부사절로, how는 '~하는 방법[방식]'의 의미이다. 방법을 나타내는 선행사 the way와 관계부사 how는 같이 쓸 수 없으므로, 둘 중 하나는 반드시 생략한다.

⑧ **The amount of material** [(**which**[**that**]) a shape requires] is called its "surface area," and *the amount of soda* {(*which*[*that*]) it can hold} is called its "volume."

→ [ ]와 { }는 각각 선행사 The amount of material과 the amount of soda를 수식하는 목적격 관계대명사절로, 앞에 관계대명사 which[that]가 생략되었다.

⑬ Thus, **the cylinder**, [**which** *requires* a little more aluminum than a sphere but *stays* still], is used!

→ [ ]는 선행사 the cylinder를 부연 설명하는 계속적 용법의 주격 관계대명사절로, 문장 중간에 삽입되었다.

→ requires와 stays는 관계대명사절의 두 동사로, 접속사 but으로 병렬 연결되어 있다.

본책 • pp. 122-123

4

정답   **1** ①   **2** ②   **3** ③   **4** subtract

문제 해설

1 로마 숫자를 읽는 방법을 예시와 함께 설명하는 글이므로, 주제로 ① '로마 숫자를 읽는 방법'이 가장 알맞다.

[문제] 글의 주제로 가장 알맞은 것은?

② 로마 숫자의 역사   ③ 로마 숫자로 계산하기

④ 로마 숫자를 사용하는 이유들   ⑤ 로마 숫자의 복잡성

2 CXLIV = 100+(50−10)+(5−1) = 144

[문제] 빈칸에 들어갈 말로 가장 알맞은 것은?

3 (A) 문장 ⑥에서 I, X, C, M은 세 번까지 반복될 수 있다고 했다.

(B) 문장 ⑦에서 한 숫자가 더 큰 숫자 뒤에 오면 그것들을 더하라고 했다.

(C) 문장 ⑩-⑪에서 세 개 이상의 숫자들이 있다면, 더 큰 숫자들 앞에 있는 숫자들을 찾아서 뺄셈을 하고 그다음에 나머지를 더하라고 했다.

[문제] 글의 내용과 일치하는 것들은?

> (A) 숫자 X는 두 번 반복될 수 있다.
> (B) 한 숫자가 더 큰 것의 뒤를 이으면, 그것들을 더해라.
> (C) 세 개 이상의 숫자가 있으면, 숫자들을 모두 더해라.

4 문장 ⑨에 언급되어 있다.

[문제] 다음 빈칸에 알맞은 단어를 글에서 찾아 쓰시오.

> 당신은 더 큰 것에서 오직 한 개의 더 작은 수만을 뺄 수 있으므로 숫자 3은 III이지 IIV가 아니다.

본문 직독 직해

① Do you know / what XIX means? / ② It is not a word / but the number 19. / ③ It looks
당신은 아는가   XIX가 무엇을 의미하는지   그것은 단어가 아니라   숫자 19이다   그것은

different / because it is a Roman numeral. / ④ Roman numerals may seem complicated, /
다르게 보인다   그것이 로마 숫자이기 때문에   로마 숫자는 복잡해 보일지도 모른다

but you only need to know three things / to read them! /
하지만 당신은 세 가지만 알면 된다   그것들을 읽기 위해

1. ⑤ Learn the seven numerals: / I=1, V=5, X=10, L=50, C=100, D=500, and M=1,000. /
일곱 숫자들을 배워라   I=1, V=5, X=10, L=50, C=100, D=500 그리고 M=1,000이다

⑥ Of these numerals, / I, X, C, and M can be repeated / up to three times, / and you need
이 숫자들 중에   I와 X, C 그리고 M은 반복될 수 있다   세 번까지   그리고 당신은

to add them. /
그것들을 더해야 한다

2. ⑦ If a numeral comes after a larger one, / add them. / ⑧ If a numeral comes before a larger
만약 한 숫자가 더 큰 것 뒤에 오면   그것들을 더해라   만약 한 숫자가 더 큰 것 앞에 오면

one, / subtract it from the larger one. / ⑨ However, / you can subtract only one number /
더 큰 것에서 그것을 빼라   그러나   당신은 오직 한 개의 수를 뺄 수 있다

from another, / so 3 is III, not IIV. /
또 다른 수로부터   그러므로 3은 III이지 IIV가 아니다

3. ⑩ If there are more than three numerals, / find any numerals / before larger ones /
만약 세 개 이상의 숫자들이 있다면   어떤 숫자든지 찾아라   더 큰 것들 앞에 있는

and do the subtraction. / ⑪ Then add the rest. /
그리고 뺄셈을 해라   그리고 나서 나머지를 더해라

⑫ Now you can read complicated Roman numerals! / ⑬ Try this one: / What does CXLIV
이제 당신은 복잡한 로마 숫자를 읽을 수 있다   이것을 시도해 봐라   CXLIV가

mean? / ⑭ The answer is 144. /
무엇을 의미하는가   정답은 144이다

당신은 XIX가 무엇을 의미하는지 아는가? 그것은 단어가 아니라 숫자 19이다. 그것은 로마 숫자이기 때문에
다르게 보인다. 로마 숫자는 복잡해 보일지도 모르지만, 당신은 그것들을 읽기 위해 세 가지만 알면 된다!

1. 일곱 숫자들을 배워라: I=1, V=5, X=10, L=50, C=100, D=500 그리고 M=1,000이다. 이 숫자들 중에, I와 X,
   C 그리고 M은 세 번까지 반복될 수 있고 당신은 그것들을 더해야 한다.

2. 만약 한 숫자가 더 큰 것 뒤에 오면, 그것들을 더해라. 만약 한 숫자가 더 큰 것 앞에 오면, 더 큰 것에서 그것
   을 빼라. 그러나, 당신은 또 다른 수로부터 오직 한 개의 수를 뺄 수 있으므로, 3은 III이지 IIV가 아니다.

3. 만약 세 개 이상의 숫자들이 있다면, 더 큰 것들 앞에 있는 어떤 숫자든지 찾아서 뺄셈을 해라. 그리고 나서 나
   머지를 더해라.

이제 당신은 복잡한 로마 숫자를 읽을 수 있다! 이것을 시도해 봐라. CXLIV가 무엇을 의미하는가? 정답은 <u>144</u>
이다.

**구문
해설**

① Do you know [**what** XIX means]?
   ➡ [ ]는 「의문사+주어+동사」의 간접의문문으로, 동사 know의 목적어로 쓰였다.

② It is **not** a word **but** the number 19.
   ➡ 「not A but B」는 'A가 아니라 B'의 의미이다.

정답   **1** figure out   **2** ①   **3** 오래된 대성당의 창문 아래쪽 유리가 더 두꺼운 것   **4** ⑤   **5** ⑤   **6** spin

7 ④   **8** how they help manufacturers save money

문제
해설

1   figure out: ~을 알아내다

2   subtract와 반대 의미의 단어는 ① 'add(더하다)'이다.

> 100에서 10을 <u>빼면</u>, 90이 된다.

② 놓다   ③ 머무르다   ④ 가지고 가다   ⑤ 따르다

3   앞 문장에 언급되어 있다.

4   ⑤ 유리가 식으면 고체가 되고, 그것의 분자는 고르지 못하다고 했다.

5   주어진 문장의 'This water(이 물)'은 아이스 서클이 녹으면서 차가워진 물을 가리키므로 ⑤에 들어가는 것이 가장 알맞다.

6
> 중심점 주위를 빠르게 돌다

7   빈칸 뒤에 탄산음료 캔이 원기둥과 같은 모양으로 만들어진 것에 대한 이점에 대해 언급되고 있으므로 빈칸에는 ④ '이점'이 알맞다.

① 모양   ② 용도   ③ 디자인   ⑤ 특징

8   '~하는 방법'이라는 의미의 관계부사 how를 이용한다.

독해	듣기	수능·기타

Reading TUTOR 리딩튜터

10단계 초·중·고등 독해 프로그램
STARTER 1 | 2 | 3
JUNIOR 1 | 2 | 3 | 4
수능 입문 | 기본 | 실력 (예정)

능률 중학영어 듣기 모의고사 22회

전국 16개 시·도 교육청 주관
영어듣기평가 실전대비서
Level 1 | Level 2 | Level 3

첫번째 수능 영어

한 발 앞서 시작하는
중학생을 위한 수능 대비서
기본 | 유형 | 실전

1316 READING

기초부터 내신까지 중학 독해 완성
Level 1 | Level 2 | Level 3
🔗 1316 Grammar | 1316 Listening

1316 LISTENING

기초부터 실전까지 중학 듣기 완성
Level 1 | Level 2 | Level 3
🔗 1316 Grammar | 1316 Reading

능률 중학 영어

문법, 독해, 쓰기, 말하기를
함께 배우는 중학 영어 종합서
예비중 | 중1 | 중2 | 중3

JUNIOR READING EXPERT

앞서가는 중학생들을 위한 원서형 독해 교재
Level 1 | Level 2 | Level 3 | Level 4
🔗 Junior Listening Expert |
Reading Expert

JUNIOR LISTENING EXPERT

앞서가는 중학생들을 위한 원서형 듣기 교재
Level 1 | Level 2 | Level 3 | Level 4
🔗 Junior Reading Expert

열중16강

문법과 독해를 완성하는 특강용 교재
문법 Level 1 | Level 2 | Level 3
문법+독해 Level 1 | Level 2 | Level 3

READING Inside

중상위권 대상의 통합교과 원서형 독해서
Starter | Level 1 | Level 2 | Level 3
🔗 Grammar Inside

NE능률 영어교육연구소

NE능률 영어교육연구소는 전문성과 탁월성을 기반으로
영어 교육 트렌드를 선도합니다.

Reading TUTOR 리딩튜터 Junior 4

펴 낸 날	2024년 10월 5일 (초판 1쇄)
펴 낸 이	주민홍
펴 낸 곳	(주)NE능률
지 은 이	NE능률 영어교육연구소
개 발 책 임	김지현
개 발	조은영, 권영주, 김영아, 최리
영 문 교 열	Patrick Ferraro, Julie Tofflemire, Keeran Murphy
디자인책임	오영숙
디 자 인	안훈정, 오솔길
제 작 책 임	한성일
등 록 번 호	제1-68호
I S B N	979-11-253-4762-0

대 표 전 화	02 2014 7114
홈 페 이 지	www.neungyule.com
주 소	서울시 마포구 월드컵북로 396(상암동) 누리꿈스퀘어 비즈니스타워 10층

Culture

1 여행을 하며 문화를 배워요

prepare	图 준비하다
multiple	웹 많은, 다수의
make sure	확실히하다, 확인하다
instruct	图 지시하다
historic	웹 역사적인, 역사적으로 중요한
serve	图 제공하다
local	웹 지역의
hidden	웹 감춰진
region	웹 지역
wrap up	마무리 짓다
conclude	图 결론을 내리다; 끝내다, 마치다
review	웹 후기
successful	웹 성공적인
curious	웹 호기심 많은
explore	图 답사[탐방]하다
specific	웹 구체적인; 특정한
feature	웹 특징, 특색

2 거미줄이 가져다준 선물

prey	웹 먹이
stitch	웹 바늘땀, 한 땀
technique	웹 기법, 기술
weave	图 짜다, 엮다
respond	图 대답하다
repay	图 (빌린 돈을) 갚다; (은혜를) 갚다

1

faithful	⒠ 충직한
spin a web	거미줄을 치다
take off	~를 벗다
shout	⒟ 외치다
rush	⒟ 서두르다; 돌진하다
creature	⒨ 생물
sweetheart	⒨ 얘야(애정을 담아 남을 부르는 호칭)
ordinary	⒠ 보통의; 평범한
poisonous	⒠ 독이 있는
magical	⒠ 마법의

3 그리스 로마 신화에 숨겨진 'clue'

clue	⒨ 단서
originally	⒫ 원래, 본래
spell	⒟ 철자를 말하다[쓰다]
ball	⒨ 공; 덩이, 뭉치
thread	⒨ 실
refer to	언급[지칭]하다
lie	⒟ 누워 있다; 있다
ancient	⒠ 고대의
Greek	⒠ 그리스의
myth	⒨ 신화
bull	⒨ 황소
maze	⒨ 미로
escape	⒟ 탈출하다
name	⒟ 이름을 지어주다
trail	⒨ 오솔길
be familiar with	~에 익숙하다
record	⒟ 기록하다

common	📘 흔한, 평범한
standard	📘 일반적인; 표준의

4 그걸 다 센다고?

fascinate	📗 매혹[매료]하다
judge	📙 심판 📗 판단하다
attempt	📙 시도, 도전
stack	📗 쌓다
vertically	📓 수직으로
bare	📘 벌거벗은, 맨~
uncracked	📘 갈라 지지[금이 가지] 않은
stay	📗 유지하다, ~인 채로 있다
upright	📘 똑바른, 수직의
claim	📗 주장하다
variety	📙 여러 가지; 품종, 종류
count	📗 (수를) 세다
accurate	📘 정확한
responsible	📘 책임감 있는
apply	📗 적용하다
set a record	기록을 세우다
be willing to-v	기꺼이 ~하다
meet	📗 만나다; 충족시키다
requirement	📙 필요조건, 자격

1 감자칩 봉지의 색다른 활용

throw away	~을 버리다[없애다]
nonprofit	📙 비영리적인
organization	📗 단체, 기구
transform A into B	A의 용도를 B로 바꾸다
sleeping bag	침낭
homeless	📙 노숙자의
after a while	잠시 후
recruit	📘 모집하다
volunteer	📗 자원봉사자
soak	📘 (액체 속에 푹) 담그다[담기다]
soapy water	비눗물
iron	📘 다리미질을 하다
complete	📘 완성하다
give out	나눠주다
garbage	📗 쓰레기
reduce	📘 줄이다
recycling	📗 재활용
collect	📘 모으다
worm	📗 벌레

2 함께 해변을 즐겨요

tough	📙 힘든, 어려운
effortless	📙 힘이 들지 않는
thankfully	📕 고맙게도, 다행스럽게도
develop	📘 성장하다; 개발하다

disabled	휑 장애를 가진
access	동 접속하다; 접근하다
	(accessible 휑 접근하기 쉬운)
attach	동 붙이다
track	명 길; 트랙
stretch	동 늘이다; 뻗어 있다[펼쳐지다]
smoothly	부 부드럽게
system	명 제도; 장치
challenging	휑 도전적인; 간단하지 않은
ideal	휑 이상적인
including	전 ~을 포함하여
pregnant	휑 임신한
elderly	휑 연세가 드신
manage	동 ~을 해내다; (기계 등을) 다루다, 조작하다
remote control	리모컨
operate	동 가동하다
assemble	동 모이다; 조립하다
power	동 작동시키다, 동력을 공급하다 명 동력, 에너지
entirely	부 완전히
solar	휑 태양의
form	명 방식[형태]
for free	무료로
mainly	부 주로
fund	동 자금을 대다
strengthen	동 강화하다, 더 튼튼하게 하다
target	명 목표, 대상

3 웃고 우는 책

research	동 조사[연구]하다

directly	🖁 직접 (direct 🖲 직접적인)
refer to A as B	A를 B라고 부르다
expert	🖲 전문가
conversation	🖲 대화
purpose	🖲 목적
one another	서로
specific	🖲 구체적인; 특정한
encourage	🖲 격려하다; 장려하다
normally	🖁 보통, 정상적으로
prejudice	🖲 편견
stereotype	🖲 고정 관념
concern	🖲 걱정; 관심사
conflict	🖲 갈등
misunderstanding	🖲 오해

4 아기가자고있어요!

stroller	🖲 유모차
frequently	🖁 자주
nap	🖲 낮잠을 자다
infant	🖲 아기, 유아
outdoors	🖁 야외에서 (outdoor 🖲 옥외[야외]의)
essential	🖲 필수적인, 중요한
northern	🖲 북쪽에 위치한
breathe	🖲 숨을 쉬다
illness	🖲 병
support	🖲 지지하다; 지원하다
lung	🖲 폐
tend to-v	~하는 경향이 있다
fit	🖲 (어느 장소에 들어가기에) 맞다

construct	통 건설하다
practice	명 실행; 관행
thermometer	명 온도계
monitor	명 모니터, 감시 장치
keep watch over	~을 지키다, 감시하다
constant	형 끊임없는
importance	명 중요성
crib	명 아기 침대
spot	명 점; 장소
strategy	명 전략
indoors	부 실내에서
extra	형 추가의
expose	통 드러내다; (유해한 환경 등에) 노출시키다
take a nap	낮잠자다

Section 03 Sports & Leisure

1 일곱 개의 돌을 맞혀라!

Indian	형 인도의
rubber	명 고무
pile	명 (위로 차곡차곡) 포개[쌓아] 놓은 것, 더미
flat	형 평평한
throw	통 던지다
knock down	쓰러뜨리다
opposing	형 서로 겨루는, 상대방의
succeed	통 성공하다 (successfully 부 성공적으로)

attack	통 공격하다
stack	통 쌓다
defend	통 방어[수비]하다
hit	통 치다; 맞히다
pass	통 지나가다; 건네주다
teammate	명 팀 동료
switch	통 바꾸다
rock climbing	암벽 등반
unusual	형 특이한, 색다른
training	명 교육, 훈련
method	명 방법
athlete	명 운동선수
origin	명 기원

2 이 정도는 돼야 고수지!

term	명 용어
outstanding	형 뛰어난, 두드러진
victory	명 승리
major	형 주요한
eventually	부 결국
achieve	통 달성하다, 성취하다 (achievement 명 업적)
championship	명 선수권 대회
when it comes to	~에 관해서라면
batter	명 타자
base	명 (사물의) 맨 아래 부분; [야구] 루, 베이스
field	명 들판; 분야
stand out	두드러지다
accomplish	통 성취하다

surf	동 파도타기[서핑]를 하다
professional	형 전문적인; 직업으로 하는, 프로의
bite	동 물다 (bite-bit-bitten)
intention	명 의사, 의도
give up	포기하다
leave the hospital	퇴원하다
competition	명 경쟁; 대회, 시합
passionate	형 열렬한, 열정적인
recover	동 회복하다
injury	명 부상

4 껌을 씹는 이유가 뭘까?

chew	동 (음식을) 씹다
claim	동 주장하다
performance	명 공연; 실적, 성과
electrical	형 전기의
signal	명 신호
concentrate on	~에 집중하다
reaction	명 반응
benefit	명 이점
relatively	부 비교적[상대적]으로
hormone	명 호르몬
decision	명 결정
under pressure	스트레스를 받는[압박감을 느끼는]
at one's best	가장 좋은 상태에서
increase	동 증가시키다[하다]
adverse	형 부정적인, 불리한

active	ᢀ 활동적인
peaceful	ᢀ 평화로운
remain	ᢀ 계속[여전히] ~이다
focus	ᢀ 집중하다

Section 04 Art

1 계란, 그림에 양보하세요

dough	ᢀ 밀가루 반죽
stick	ᢀ 찌르다; 붙다
fall apart	산산이 부서지다
bind	ᢀ 묶다; 뭉치다
mixture	ᢀ 혼합물
certain	ᢀ 확실한; 어떤
oil paint	유성 페인트; 유화 물감
pigment	ᢀ 색소
yolk	ᢀ 노른자
work	ᢀ 일하다; 제작[작업]하다
apply	ᢀ 신청하다; (페인트 등을) 바르다
produce	ᢀ 생산하다; 만들어내다
smooth	ᢀ 매끈한
finish	ᢀ 마지막 부분; (페인트 등의) 마감 칠(상태)
fade	ᢀ 바래다[희미해지다]
reliable	ᢀ 믿을 수 있는
prefer	ᢀ 선호하다

when it comes to	~에 관한 한
Roman	웹 고대 로마의
headless	웹 머리가 없는
sculpture	웹 조각품
iconic	웹 상징이 되는
image	웹 이미지, 인상
accidental	웹 우연한
damage	웹 손상
obvious	웹 명백한
missing	웹 없어진
statue	웹 조각상
practical	웹 실용적인
adaptable	웹 적응할 수 있는
situation	웹 상황
heroic	웹 영웅적인
figure	웹 수치; 인물
unpopular	웹 인기 없는 (↔ popular 인기 있는)
remove	웹 제거하다 (removable 웹 제거할 수 있는)
replace A with B	A를 B로 교체하다
typical	웹 전형적인
changeable	웹 바뀔 수도 있는
identity	웹 정체성
lack	웹 ~이 없다[부족하다]
restore	웹 회복시키다; 복원하다
public opinion	여론
broken	웹 깨진, 부서진
artwork	웹 삽화; 미술품
standard	웹 기준

rarely	🖲 드물게, 좀처럼 ~하지 않는

③ 나도 이 집에 살고 싶어!

dollhouse	🗨 인형의 집
contain	🗨 ~이 들어 있다
furniture	🗨 가구
hand-made	🗨 수제의
decorate	🗨 장식하다
in detail	상세하게
time	🗨 시간; pl. 시대
luxurious	🗨 사치스러운
turn out	밝혀지다
historical	🗨 역사적인
exist	🗨 존재하다
no longer	더 이상 ~ 아닌
childish	🗨 어린애 같은
wealthy	🗨 부유한

④ 누가 여자고 누가 남자게?

appearance	🗨 외모, 모습
unnatural	🗨 부자연스러운, 이상한
muscular	🗨 근육질의
conduct	🗨 (특정한 활동을) 하다, 시행하다
subject	🗨 주제
ceiling	🗨 천장
masterpiece	🗨 명작
feature	🗨 특징
unique	🗨 독특한; 고유의

male	**형** 남성의
broad	**형** 넓은
narrow	**형** 좁은
thigh	**명** 허벅지
likely	**부** 아마도
female	**형** 여성의
complete	**동** 완료하다, 끝마치다

Section 05 Technology

1 생명을 지키는 뜨개질

suffer from	~로 고통받다, ~을 앓다
disease	**명** 질병
newborn	**명** 신생아
struggle	**동** 분투하다
properly	**부** 제대로, 적절히
traditionally	**부** 전통적으로
knit	**동** (실로 옷 등을) 뜨다
success	**명** 성공
sophisticated	**형** 세련된; 정교한
insert	**동** 끼우다, 넣다, 삽입하다
surgery	**명** 수술
initial	**형** 처음의, 초기의
nearly	**부** 거의
medical	**형** 의학[의료]의 (medicine **명** 의학, 의술)

earthquake	명 지진
collapse	통 붕괴되다
trap	통 가두다
robotic	형 로봇의
consist of	~로 구성되다
separate	형 분리된; 서로 다른, 별개의
section	명 부분, 구획
rotate	통 회전하다
rope	명 밧줄
engineer	명 기술자
microphone	명 마이크
communicate	통 의사소통하다
assure	통 장담하다, 확언하다
hopefully	부 바라건대
treat	통 대하다; 치료하다
injured	형 부상을 입은

actress	명 여배우
work on	~에 공을 들이다
a variety of	다양한
invention	명 발명품 (invent 통 발명하다)
improved	형 개선된, 향상된
traffic light	신호등
tablet	명 알약
soft drink	청량음료
battle	명 전투

composer	명 작곡가
switch between	~(사이)를 전환하다
enemy	명 적(군/국)
block	동 막다, 차단하다
navy	명 해군
be honored for	~로 상을 받다
weapon	명 무기

4 액체지만 강력해!

speed bump	과속 방지턱
force	동 ~을 강요하다[~하게 만들다]
risk	동 위태롭게 하다[걸다]; ~의 위험을 무릅쓰다
damage	동 손상을 주다
liquid	명 액체
impact	명 영향, 충격
harden	동 굳다
obstacle	명 장애물
affect	동 영향을 끼치다
install	동 설치하다
harm	동 해를 끼치다
waterproof	형 방수의
otherwise	부 그렇지 않으면
nevertheless	부 그럼에도 불구하고
advantage	명 장점

Section 06 Life

personality	몡 성격
describe	통 묘사하다 (description 몡 서술, 표현)
phenomenon	몡 현상
cognitive	혱 인지의
bias	몡 편견, 편향
general	혱 일반적인
accurately	틧 정확하게
represent	통 대표하다; 나타내다
individual	몡 개인
fortune-telling	몡 길흉 판단, 점
rather	틧 꽤, 약간
vague	혱 모호한
design	통 설계하다; 만들다[고안하다]
broadly	틧 광범위하게 (broad 혱 광범위한)
appealing	혱 매력적인, 흥미로운
on purpose	의도적으로
trait	몡 특성
apply to	~에 적용되다
self	몡 모습
inform	통 알리다
analyze	통 분석하다
effectiveness	몡 효과성
compare	통 비교하다
basis	몡 근거, 이유
refer to	~에 적용되다

hometown	몡 고향
rural	혱 시골의, 지방의
adopt	통 입양하다
accidently	뿐 우연히
familiar-looking	혱 눈에 익은, 익숙한
mispronounce	통 잘못 발음하다
travel	통 (특히 장거리를) 여행하다; 가다
college	몡 대학교
search	통 찾아보다 몡 찾기
satellite	몡 위성
landmark	몡 랜드마크, 주요 지형지물
childhood	몡 어린 시절
repeatedly	뿐 반복적으로
restart	통 다시 시작하다

constantly	뿐 끊임없이
surf the Internet	인터넷을 검색하다
be on vacation	휴가 중이다
negative	혱 부정적인
effect	몡 영향, 결과
recent	혱 현재의
emotion	몡 감정
excessively	뿐 과도하게
limit	몡 제한 통 제한하다
track	통 추적하다
usage	몡 사용(법)

desire	몧 욕구
relationship	몧 관계
concentrate	통 집중하다

kidney	몧 신장
dislike	통 싫어하다
crave	통 갈망[열망]하다
pottery	몧 도자기; 도예
forgetful	혱 잘 잊어버리는
donor	몧 기증자
suggest	통 제안하다; 시사하다
store	통 저장하다
organ	몧 장기
cell	몧 세포
emotional	혱 감정의
mental	혱 정신의
taste	몧 맛; 입맛, 미각

Section 07 Origins & Inventions

1 복잡할수록 재밌어

machine	몧 기계, 장치
carry out	실행하다
task	몧 작업

complicated	형 복잡한
a series of	일련의
one after another	차례로, 잇따라서
immediately	부 즉시
tasty	형 맛있는
treat	명 간식
marble	명 대리석; 구슬
tube	명 (기체·액체를 실어나르는) 관
roll	동 구르다, 굴러가다
push	동 밀다
pass through	통과하다
domino	명 도미노 패
knock down	쓰러뜨리다
reach	동 도착하다
be named after	~의 이름을 따서 (이름) 지어지다
cartoonist	명 만화가 (cartoon 명 만화)
complex	형 복잡한
reuse	동 재사용하다

2 자동판매기가 왜 거기에?

vending machine	자동판매기
modern	형 현대의
convenience	명 편리; 편의 시설
ancient	형 고대의
holy water	명 성수
temple	명 신전, 사원
priest	명 사제
distribute	동 나누어 주다
work	동 일하다; 작동하다

tray	명 쟁반
tilt	통 기울다
flow out	흘러나오다
slide off	미끄러져 떨어지다
automatic	형 자동의
attract	통 마음을 끌다; 끌어모으다

require	통 필요로 하다
marking	명 무늬, 반점; 표시
repaint	통 다시 칠하다
gym	명 체육관
come up with	~를 떠올리다, 생각해 내다
beneath	전 아래에
in a second	금세, 순식간에
frame	명 틀
bounce	통 튀기다
reflect	통 반사하다
sensor	명 센서, 감지기
referee	명 심판
judgment	명 판단
multipurpose	형 다목적의
disadvantage	명 단점

businessman	명 회사원; 사업가
battlefield	명 전장
lie	통 누워 있다

LEVEL 2

*A 4-level grammar course
with abundant writing practice*

A Best-Selling
Grammar
Book

NE_Neungyule

1 간결하고 명확한 핵심 문법 설명

꼭 알아야 할 중학 영문법

필수 개념만 담은 4단계 구성

2 철저한 학교 내신 대비

실제 학교 시험과 가장 유사한 유형의 문제와

서술형 문제 대폭 수록

3 풍부한 양의 문제 수록

수업용 및 과제용으로 이용할 수 있는

두꺼운 Workbook 제공

시리즈 구성

STARTER

LEVEL 1

LEVEL 2

LEVEL 3

1316 GRAMMAR

기초부터 내신까지 중학 영문법 완성

Level 1 | Level 2 | Level 3

1316 Reading | 1316 Listening

GRAMMAR ZONE

대한민국 영문법 교재의 표준

입문 | 기초 | 기본 1 | 기본 2 | 종합
(각 Workbook 별매)

중학영문법 —

중잘못 모의고사

내신 상위권을 위한 학교 영문법 통합형 모의고사

Level 1 | Level 2 | Level 3

어휘

주니어 능률 VOCA

대한민국 중등 어휘 교재의 표준

Starter 1 | Starter 2 | 입문
기본 | 실력 | 숙어

능률 VOCA

대한민국 어휘서의 표준

어원편 Lite | 어원편 | 고교기본 |
고교필수 2000 | 수능완성 2200 | 숙어 | 고난도

해답 교재와 연계되는 시리즈

BOOK LIST

도/서/목/록

중등

문법

GRAMMAR Inside

많은 양의 문제로 체계적으로
학습하는 중학 영문법

CD Reading Inside

Starter | Level 1 | Level 2 | Level 3

문제로
마스터하는
중학영문법

많은 문제로 확실히 끝내는 중학 영문법

CD
문제로 마스터하는 고등 영문법

Level 1 | Level 2 | Level 3

구문·서술형

중학 천문장

구문이 독해로 연결되는 해석 공식

CD 천문장

Level 1 | Level 2 | Level 3

정말 기특한
구문독해

독해가 쉬워지는 중등 구문 독해서

입문 | 기본 | 완성

쓰기로
마스터하는
중학서술형

최신 중간·기말고사 빈출 서술형 마스터

1학년 | 2학년 | 3학년

필수 문법부터 서술형까지
한 권에 다 담다!

with **workbook**

GRAMMAR

Inside

NE능률

NE

tragedy	몡 비극 (tragic 혱 비극적인)
title	동 제목을 붙이다
call for	요구하다
national	혱 국가의, 국가적인 (nationality 몡 국적)
aid	동 돕다
wounded	혱 다친
combat	몡 전투
creation	몡 창조, 창설
insist	동 주장하다
harm	동 해를 입히다; 다치게 하다
regardless of	~에 상관없이
inspire	동 고무하다, 격려하다
agreement	몡 협정, 합의
behavior	몡 행동, 행위

Section 08 Nature

1 모여라, 벌들아!

transfer	동 옮기다, 이동하다
pollen	몡 꽃가루
decrease	동 감소하다 (↔ increase 동 증가하다)
habitat	몡 서식지
loss	몡 상실, 손실
expand	동 확대[확장]되다
disappear	동 사라지다 (↔ appear 동 나타나다)
stop	몡 멈춤; 정류장

European	형 유럽의
except for	~을 제외하고
favorite	명 좋아하는 물건
absorb	통 흡수하다
material	명 직물; 재료
recycle	통 재활용하다
upcycle	통 (재활용품을) 업사이클하다, 더 나은 것으로 만들다
eco-friendly	형 친환경적인
sustainable	형 (환경 파괴 없이) 지속 가능한
transportation	명 운송, 이동
replace	통 대신[대체]하다
prevent	통 막다
decline	명 감소

2 잃어버린 5,798m

half	명 반, 절반
base	명 기초, 토대; 바닥
bottom	명 밑바닥
peak	명 봉우리, 꼭대기
search for	~를 검색하다
above sea level	해발
search word	검색어
slightly	부 약간, 조금
most likely	아마도 틀림없이
volcano	명 화산

3 더 맛있는 바나나가 있었어?

| depend on | ~에 의존하다 |

threaten	통 위협하다
as well	또한, 역시
endanger	통 위험에 빠뜨리다
seed	명 씨
extinction	명 멸종
competitor	명 경쟁자

4 사막에서 낚시를

lifeless	형 죽은; 생명체가 살지 않는
rainfall	명 강우
period	명 기간, 시기
last	통 계속되다
skeleton	명 뼈대; 해골
human being	사람
along with	~와 함께
tool	명 연장, 도구
fishing	명 낚시 (fish 통 낚시하다)
instrument	명 기구, 도구
artifact	명 공예품
uncover	통 발견하다
continue	통 계속하다
expect	통 기대하다; 예상하다
unexpected	형 예상 밖의, 뜻밖의
value	명 가치
evidence	명 증거

Section 09 Environment

1 부드러운 곡선, 날카로운 현실

curve	명 곡선
particular	형 특정한
measure	동 측정하다 (measurement 명 측정)
continuous	형 지속적인
take place	일어나다
location	명 장소
highly	부 매우, 상당히
be related to	~와 관련이 있다
typhoon	명 태풍
increase	동 증가시키다[하다] 명 증가
the amount of	~의 양
globe	명 지구
rise	동 오르다, 올라가다
rub	동 문지르다; 맞비벼지다
violent	형 난폭한; 극심한
stable	형 안정적인
severe	형 극심한

2 바위 전용 워터파크

sail	동 항해하다; 미끄러지듯 나아가다
decade	명 10년
weigh	동 무게가 ~이다
up to	~까지
combination	명 결합
separation	명 분리, 구분

shallow	형 얕은
freeze	동 얼다
surround	동 둘러싸다
melt	동 녹다, 녹이다
break up into	~로 부서지다
sheet	명 시트, 판, 장
reach	동 도착하다; (어떤 상태나 결과에) 이르다[도달하다]
element	명 요소, 성분

3 예쁜 눈의 비애

the Arctic	북극 (지방)
Antarctica	명 남극 대륙
reddish	형 불그스름한
bloom	동 (식물 · 꽃이) 나타나다[피다]
condition	명 상태; pl. 환경
freezing	형 영하의
presence	명 있음, 존재
occur	동 일어나다, 발생하다
rapidly	부 급속하게, 빨리 (rapid 형 빠른)
color	동 물들이다
pinkish	형 분홍빛을 띤
speed up	속도를 높이다
definitely	부 분명(히)
problematic	형 문제가 있는

4 지구에 커튼을 친 것도 아닌데!

float	동 뜨다, 떠다니다
sunbeam	명 햇살

coal	명 석탄
pollution	명 오염 (pollute 통 오염시키다)
space	명 공간; 우주
currently	부 현재

Section 10 Math & Science

1 유리를 알고 싶다

cathedral	명 대성당
downward	부 아래쪽으로
solid	명 고체
normal	형 보통의, 일반적인
ordered	형 정돈된, 질서 정연한
line up	줄을 서다
uneven	형 평평하지 않은; 고르지 않은
flat	형 평평한
structure	명 구조(물)

2 돌아라, 아이스 서클

spin	통 돌다, 회전하다
merry-go-round	명 회전목마
formation	명 형성(물)
across	부 가로질러; 지름[직경]으로
figure out	~를 알아내다
sink	통 가라앉다

drain	📵 배수관

3 음료수 캔 모양을 얘들이 결정했대

shape	📵 (어떤) 모양[형태]으로 만들다 📵 모양
cylinder	📵 원기둥
hold	📵 잡다; 담다
economical	📵 경제적인, 실속 있는
manufacturer	📵 제조자
the amount of	~의 양
volume	📵 책, 권; 부피
sphere	📵 구(球)
compared to	~와 비교[대비]하여
put down	내려놓다
still	📵 가만히 있는, 정지한
amusing	📵 재미있는

4 암호가 아니라 숫자야!

numeral	📵 숫자
repeat	📵 반복하다
add	📵 추가하다; 합하다
subtract	📵 빼다 (subtraction 📵 뺄셈)
the rest	나머지
complexity	📵 복잡성
follow	📵 따라가다; 뒤를 잇다

Word Review

Section 01 Culture

다음 우리말은 영어로, 영어는 우리말로 쓰시오.

1 prepare _____

2 make sure _____

3 historic _____

4 prey _____

5 weave _____

6 faithful _____

7 clue _____

8 thread _____

9 myth _____

10 fascinate _____

11 bare _____

12 claim _____

13 지시하다 _____

14 감춰진 _____

15 후기 _____

16 바늘땀, 한 땀 _____

17 ~을 벗다 _____

18 서두르다; 돌진하다 _____

19 철자를 말하다[쓰다] _____

20 황소 _____

21 미로 _____

22 시도, 도전 _____

23 쌓다 _____

24 책임감 있는 _____

Section 02 Society

다음 우리말은 영어로, 영어는 우리말로 쓰시오.

1 throw away   _____

2 organization   _____

3 recruit   _____

4 access   _____

5 attach   _____

6 entirely   _____

7 expert   _____

8 specific   _____

9 encourage   _____

10 frequently   _____

11 infant   _____

12 construct   _____

13 자원봉사자   _____

14 (액체 속에 푹) 담그다[담기다]   _____

15 다리미질을 하다   _____

16 부드럽게   _____

17 도전적인; 간단하지 않은   _____

18 가동하다   _____

19 대화   _____

20 편견   _____

21 고정 관념   _____

22 필수적인, 중요한   _____

23 숨을 쉬다   _____

24 끊임없는   _____

Sports & Leisure

다음 우리말은 영어로, 영어는 우리말로 쓰시오.

1 flat _____

2 knock down _____

3 succeed _____

4 outstanding _____

5 major _____

6 when it comes to _____

7 professional _____

8 intention _____

9 passionate _____

10 chew _____

11 signal _____

12 under pressure _____

13 공격하다 _____

14 방어[수비]하다 _____

15 바꾸다 _____

16 원래, 본래 _____

17 들판; 분야 _____

18 성취하다 _____

19 물다 _____

20 포기하다 _____

21 부상 _____

22 전기의 _____

23 결정 _____

24 평화로운 _____

 **Section 04 Art**

다음 우리말은 영어로, 영어는 우리말로 쓰시오.

1 dough _____

2 fall apart _____

3 fade _____

4 sculpture _____

5 damage _____

6 practical _____

7 furniture _____

8 hand-made _____

9 in detail _____

10 muscular _____

11 subject _____

12 narrow _____

13 목적 _____

14 확실한; 어떤 _____

15 노른자 _____

16 명백한 _____

17 인기 없는 _____

18 제거하다 _____

19 장식하다 _____

20 사치스러운 _____

21 부유한 _____

22 외모, 모습 _____

23 넓은 _____

24 완료하다, 끝마치다 _____

Section 05 Technology

다음 우리말은 영어로, 영어는 우리말로 쓰시오.

1   suffer from   _____

2   struggle   _____

3   device   _____

4   earthquake   _____

5   trap   _____

6   consist of   _____

7   work on   _____

8   a variety of   _____

9   be honored for   _____

10 force   _____

11 liquid   _____

12 obstacle   _____

13 질병   _____

14 세련된; 정교한   _____

15 끼우다, 넣다, 삽입하다   _____

16 붕괴되다   _____

17 회전하다   _____

18 장담하다, 확언하다   _____

19 개선된, 향상된   _____

20 신호등   _____

21 막다, 차단하다   _____

22 위태롭게 하다[걸다]; ~의 위험을 무릅쓰다   _____

23 영향, 충격   _____

24 설치하다   _____

Section 06 Life

다음 우리말은 영어로, 영어는 우리말로 쓰시오.

1 personality _____

2 phenomenon _____

3 general _____

4 rural _____

5 travel _____

6 satellite _____

7 constantly _____

8 recent _____

9 excessively _____

10 kidney _____

11 donor _____

12 organ _____

13 묘사하다 _____

14 모호한 _____

15 특성 _____

16 입양하다 _____

17 어린 시절 _____

18 반복적으로 _____

19 추적하다 _____

20 제한; 제한하다 _____

21 집중하다 _____

22 갈망[열망]하다 _____

23 저장하다 _____

24 정신의 _____

Section 07 Origins & Inventions

다음 우리말은 영어로, 영어는 우리말로 쓰시오.

1	carry out	_____
2	task	_____
3	complicated	_____
4	convenience	_____
5	temple	_____
6	attract	_____
7	require	_____
8	come up with	_____
9	frame	_____
10	tragedy	_____
11	aid	_____
12	regardless of	_____
13	즉시	_____
14	구르다, 굴러가다	_____
15	도착하다	_____
16	사제	_____
17	나누어 주다	_____
18	자동의	_____
19	체육관	_____
20	반사하다	_____
21	판단	_____
22	누워 있다	_____
23	국가의, 국가적인	_____
24	고무하다, 격려하다	_____

Section 08 Nature

다음 우리말은 영어로, 영어는 우리말로 쓰시오.

1   transfer _____

2   expand _____

3   except for _____

4   sustainable _____

5   transportation _____

6   peak _____

7   sea level _____

8   depend on _____

9   as well _____

10 period _____

11 along with _____

12 uncover _____

13 서식지 _____

14 사라지다 _____

15 흡수하다 _____

16 재활용하다 _____

17 친환경적인 _____

18 약간, 조금 _____

19 화산 _____

20 위협하다 _____

21 멸종 _____

22 계속되다 _____

23 가치 _____

24 증거 _____

Section 09 Environment

다음 우리말은 영어로, 영어는 우리말로 쓰시오.

1 particular _____

2 continuous _____

3 globe _____

4 severe _____

5 sail _____

6 separation _____

7 melt _____

8 bloom _____

9 occur _____

10 speed up _____

11 float _____

12 pollution _____

13 곡선 _____

14 측정하다 _____

15 난폭한; 극심한 _____

16 안정적인 _____

17 10년 _____

18 얕은 _____

19 요소, 성분 _____

20 급속하게, 빨리 _____

21 물들이다 _____

22 분명(히) _____

23 석탄 _____

24 공간; 우주 _____

Math & Science

다음 우리말은 영어로, 영어는 우리말로 쓰시오.

1 downward _____

2 solid _____

3 uneven _____

4 spin _____

5 merry-go-round _____

6 figure out _____

7 economical _____

8 manufacturer _____

9 compared to _____

10 numeral _____

11 add _____

12 complexity _____

13 정돈된, 질서 정연한 _____

14 줄을 서다 _____

15 구조(물) _____

16 형성(물) _____

17 가라앉다 _____

18 배수관 _____

19 원기둥 _____

20 내려놓다 _____

21 재미있는 _____

22 빼다 _____

23 반복하다 _____

24 따라가다; 뒤를 잇다 _____

Word Review 정답

Section 01

1 준비하다 2 확실히하다, 확인하다 3 역사적인, 역사적으로 중요한 4 먹이 5 짜다, 엮다 6 충직한 7 단서 8 실 9 신화 10 매혹[매료]하다 11 벌거벗은, 맨~ 12 주장하다 13 instruct 14 hidden 15 review 16 stitch 17 take off 18 rush 19 spell 20 bull 21 maze 22 attempt 23 stack 24 responsible

Section 02

1 ~을 버리다[없애다] 2 단체, 기구 3 모집하다 4 접속하다; 접근하다 5 붙이다 6 완전히 7 전문가 8 구체적인; 특정한 9 격려하다; 장려하다 10 자주 11 아기, 유아 12 건설하다 13 volunteer 14 soak 15 iron 16 smoothly 17 challenging 18 operate 19 conversation 20 prejudice 21 stereotype 22 essential 23 breathe 24 constant

Section 03

1 평평한 2 쓰러뜨리다 3 성공하다 4 뛰어난, 두드러진 5 주요한 6 ~에 관해서라면 7 전문적인; 직업으로 하는, 프로의 8 의사, 의도 9 열렬한, 열정적인 10 (음식을) 씹다 11 신호 12 스트레스를 받는[압박감을 느끼는] 13 attack 14 defend 15 switch 16 originally 17 field 18 accomplish 19 bite 20 give up 21 injury 22 electrical 23 decision 24 peaceful

Section 04

1 밀가루 반죽 2 산산이 부서지다 3 바래다[희미해지다] 4 조각품 5 손상 6 실용적인 7 가구 8 수제의 9 상세하게 10 근육질의 11 주제 12 좁은 13 purpose 14 certain 15 yolk 16 obvious 17 unpopular 18 remove 19 decorate 20 luxurious 21 wealthy 22 appearance 23 broad 24 complete

Section 05

1 ~로 고통받다, ~을 앓다 2 분투하다 3 장치[기구] 4 지진 5 가두다 6 ~로 구성되다 7 ~에 공을 들이다 8 다양한 9 ~로 상을 받다 10 ~을 강요하다[~하게 만들다] 11 액체 12 장애물 13 disease 14 sophisticated 15 insert 16 collapse 17 rotate 18 assure 19 improved 20 traffic light 21 block 22 risk 23 impact 24 install

Section 06

1 성격 2 현상 3 일반적인 4 시골의, 지방의 5 (특히 장거리를) 여행하다; 가다 6 위성 7 끊임없이 8 현재의 9 과도하게 10 신장 11 기증자 12 장기 13 describe 14 vague 15 trait 16 adopt 17 childhood 18 repeatedly 19 track 20 limit 21 concentrate 22 crave 23 store 24 mental

Section 07

1 실행하다 2 작업 3 복잡한 4 편리; 편의 시설 5 신전, 사원 6 마음을 끌다; 끌어모으다 7 필요로 하다 8 ~을 떠올리다, 생각해 내다 9 틀 10 비극 11 돕다 12 ~에 상관없이 13 immediately 14 roll 15 reach 16 priest 17 distribute 18 automatic 19 gym 20 reflect 21 judgment 22 lie 23 national 24 inspire

Section 08

1 옮기다, 이동하다 2 확대[확장]되다 3 ~을 제외하고 4 (환경 파괴 없이) 지속 가능한 5 운송, 이동 6 봉우리, 꼭대기 7 해발 8 ~에 의존하다 9 또한, 역시 10 기간, 시기 11 ~와 함께 12 발견하다 13 habitat 14 disappear 15 absorb 16 recycle 17 eco-friendly 18 slightly 19 volcano 20 threaten 21 extinction 22 last 23 value 24 evidence

Section 09

1 특정한 2 지속적인 3 지구 4 극심한 5 항해하다; 미끄러지듯 나아가다 6 분리, 구분 7 녹다, 녹이다 8 (식물·꽃이) 나타나다[피다] 9 일어나다, 발생하다 10 속도를 높이다 11 뜨다, 떠다니다 12 오염 13 curve 14 measure 15 violent 16 stable 17 decade 18 shallow 19 element 20 rapidly 21 color 22 definitely 23 coal 24 space

Section 10

1 아래쪽으로 2 고체 3 평평하지 않은; 고르지 않은 4 돌다, 회전하다 5 회전목마 6 ~을 알아내다 7 경제적인, 실속 있는 8 제조자 9 ~와 비교[대비]하여 10 숫자 11 추가하다; 합하다 12 복잡성 13 ordered 14 line up 15 structure 16 formation 17 sink 18 drain 19 cylinder 20 put down 21 amusing 22 subtract 23 repeat 24 follow